JUDY & TASHI TENZING

IM SCHATTEN DES EVEREST

Die Geschichte der Sherpa

Aus dem Englischen von

Thomas Bauer

NATIONAL GEOGRAPHIC
FREDERKING & THALER

Tashi und Norgay Tenzing, 1965

Für Pem Pem,
unsere *amala*,

eine außergewöhnliche Frau, die außergewöhnliche Zeiten und viele Höhen und Tiefen des Abenteuers Everest erlebt hat.

Und für die heutigen Generationen von Tenzings, welche die Zukunft der Sherpa verkörpern:

Pasang, Kinzom, Dechen, Deki, Nikhil, Tashi Phinzo, Syaza, Pema und Dechen, Karchen, Norbu, Khenrab, Vrinda, Norkila,Tshering Dolkar, Pasang Tshering, Phinzo Tashi, Lhakpa Tshering, Kunzes Tsedol, Riwu Dorje, Riggyal Motup, Kesang Deki, Phurpi Yangzee, Karmi Diki, Nima Kanchi und Tashi Sera.

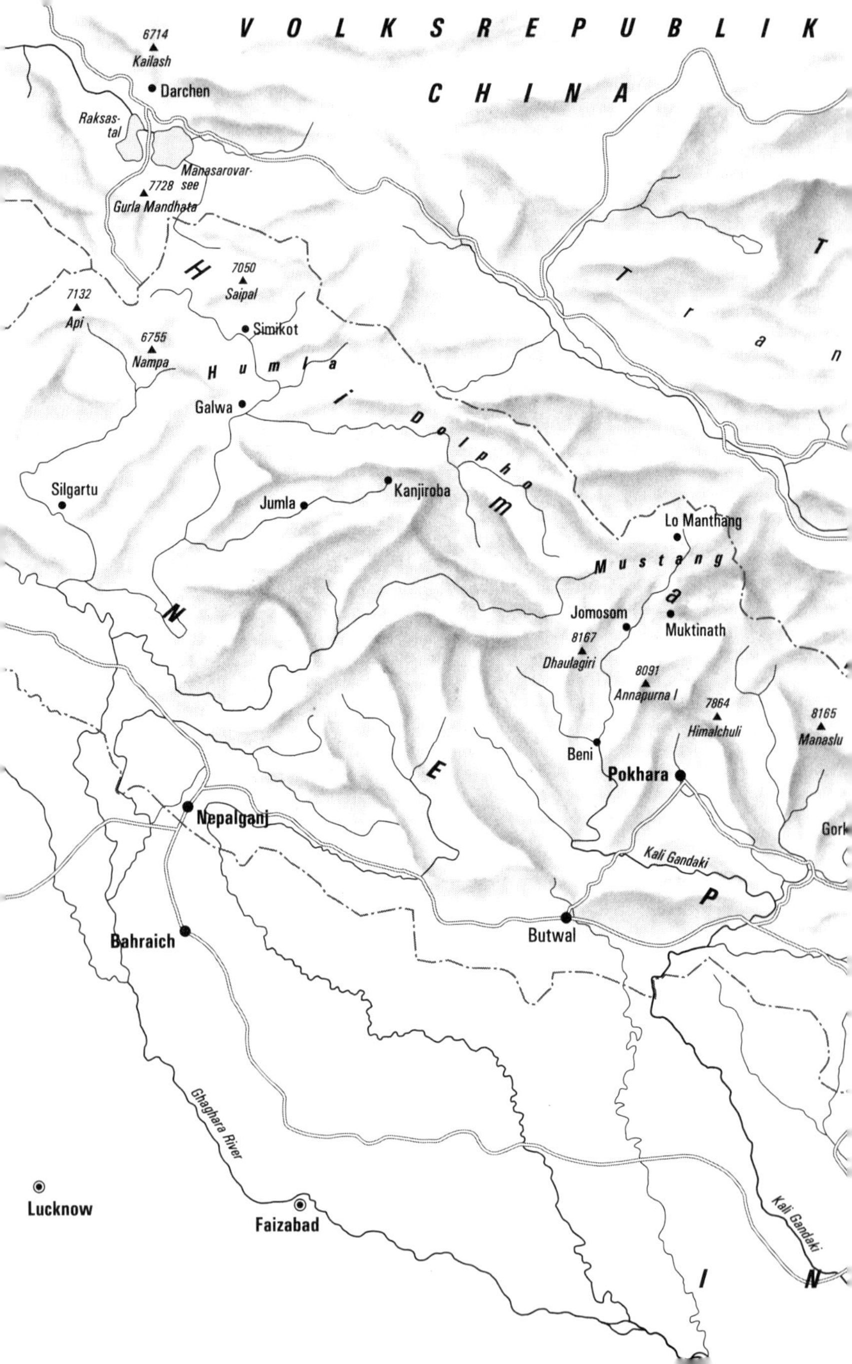

VOLKSREPUBLIK
CHINA
6714
Kailash
Darchen
Raksas-tal
Manasarovar-see
7728
Gurla Mandhata
H
7050
Saipal
7132
Api
Simikot
6755
Nampa
Humla
Galwa
Dolpho
Silgartu
Kanjiroba
Jumla
M
Lo Manthang
Mustang
Jomosom
Muktinath
8167
Dhaulagiri
8091
Annapurna I
7864
Himalchuli
8165
Manaslu
N
E
Beni
Pokhara
Nepalganj
Gork
Kali Gandaki
P
Butwal
Bahraich
Ghaghara River
Lucknow
Faizabad
Kali Gandaki
I
N
Tran
A

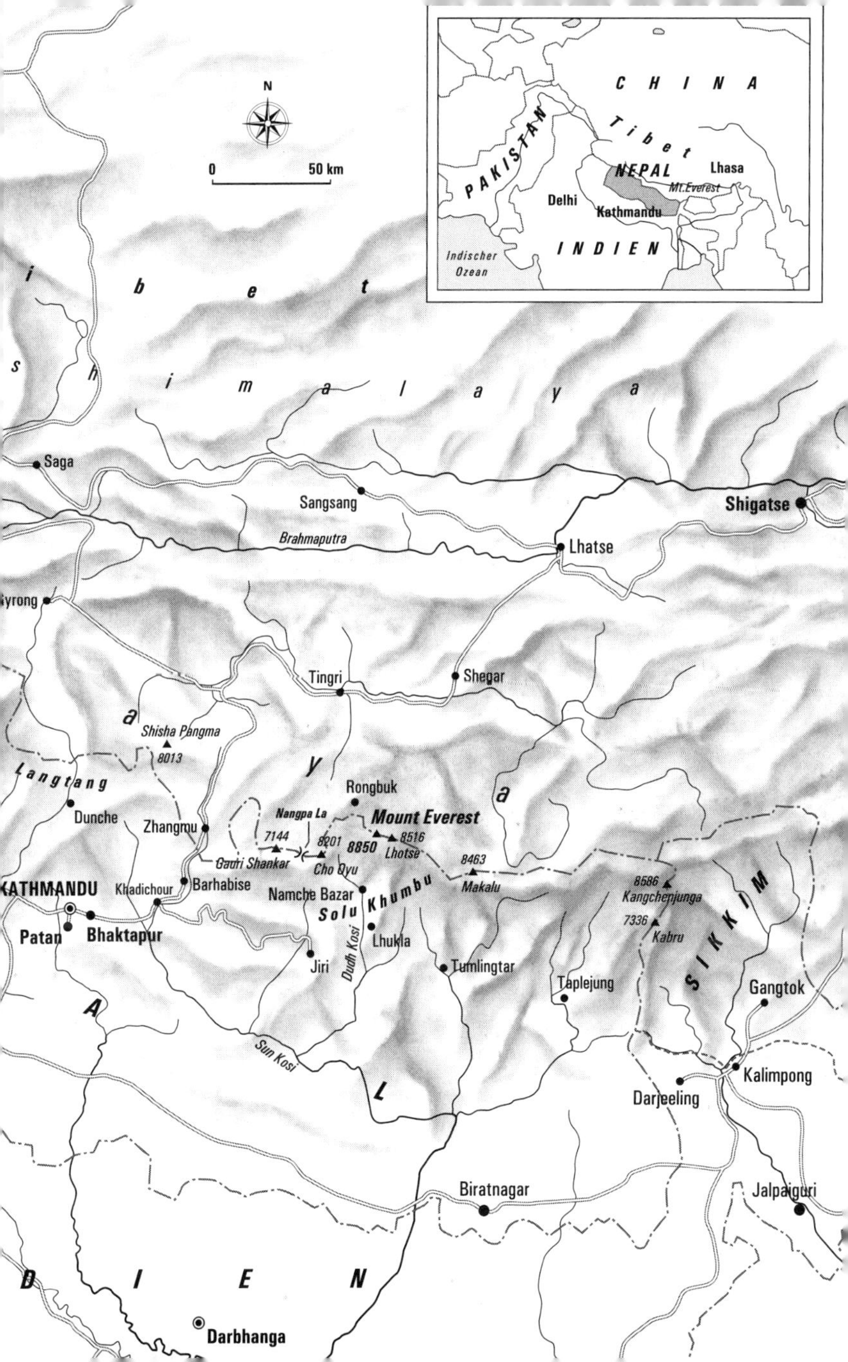
N
0
50 km
CHINA
Tibet
PAKISTAN
NEPAL
Lhasa
Mt.Everest
Delhi
Kathmandu
INDIEN
Indischer Ozean
Tibet
Himalaya
Saga
Sangsang
Shigatse
Brahmaputra
Lhatse
Gyrong
Tingri
Shegar
Shisha Pangma
8013
Langtang
Rongbuk
Dunche
Zhangmu
Nangpa La
Mount Everest
7144
8201
8516
8850
Lhotse
Gauri Shankar
Cho Oyu
8463
Makalu
KATHMANDU
Khadichour
Barhabise
Namche Bazar
Solu Khumbu
8586
Kangchenjunga
7336
Kabru
SIKKIM
Patan
Bhaktapur
Lhukla
Jiri
Dudh Kosi
Tumlingtar
Taplejung
Gangtok
Sun Kosi
Kalimpong
Darjeeling
Biratnagar
Jalpaiguri
INDIEN
Darbhanga

Inhalt

Vorwort von Seiner Heiligkeit dem Dalai Lama 11
Vorwort von Sir Edmund Hillary 13
Einleitung von Tashi Wangchuk Tenzing 16

Everest: Der Berg und seine Menschen 21
Der Himalayan Club und die Tiger-Medaille 31
Die ersten Schneetiger 38
Tenzing Norgays Traum vom Everest 64
Die schweizerischen Expeditionen von 1952 84
29. Mai 1953: Der Traum wird wahr 103
Nach dem Gipfel 126
Tashi Tenzings Weg zum Everest 161
In den Fußstapfen von Tenzing Norgay 197
Die nächste Generation 224
Mehr als Berge 239
Die Sherpa: Wandel und Zukunft 245

Dank 256
Eine Anmerkung zur Physiologie der Sherpa 259
Everest-Besteigungen durch Sherpa, 1953–2000 261
Bibliografie 280
Bildnachweis 281

Vorwort von Seiner Heiligkeit dem Dalai Lama

In Tibet gelten Berge als Wohnstätten von Gottheiten. Deshalb begeben sich viele Menschen auf Pilgerreise und umrunden diese Berge an ihrem Fuß. Die Tibeter haben nie großes Interesse daran gezeigt, die sie umgebenden Gipfel zu erklimmen, was an ihrer Hochachtung vor den dort herrschenden Göttern liegen mag. Meiner Ansicht nach gibt es dafür allerdings auch einen praktischen Grund. Da die meisten Tibeter ständig Bergpässe überwinden müssen, hegen sie nicht den geringsten Wunsch, noch höher als unbedingt nötig aufzusteigen. Wenn die Einwohner von Lhasa hin und wieder doch zum Vergnügen auf einen Berg stiegen, suchten sie sich Erhebungen von überschaubarer Höhe aus. Nachdem sie den Gipfel erreicht hatten, entzündeten sie Weihrauch, sprachen Gebete und erholten sich anschließend bei einem Picknick.

Doch um das zuwege zu bringen, was wir uns wünschen, gibt es zwei wichtige Voraussetzungen: dass wir uns ein klares Ziel setzen und den festen Willen haben, es auch zu erreichen. In der Geschichte Tibets gibt es dafür zahlreiche Beispiele. Viele große Gelehrte begannen mit jugendlichem Ehrgeiz ihr Studium an den berühmten klösterlichen Universitäten und ließen sich allen damit verbundenen Entbehrungen zum Trotz nicht davon abbringen, ihren Abschluss zu erwerben. Auf der anderen Seite gibt es zahlreiche Geschichten über Yogis, die sich zur Meditation in Höhlen zurückzogen und sie nicht eher verließen, bis sie die Vervollkommnung erreicht hatten.

Ich glaube, dass es sich bei dem Erfolg von Tenzing Sherpa, der 1953 Edmund Hillary bei der Erstbesteigung des Everest, des höchsten Bergs der Welt, begleitete, um eine ebenso inspirierende Geschichte handelt. Um einen Berggipfel zu bezwingen, bedarf es nicht nur beachtlicher körperlicher Ausdauer, sondern auch außerordentlicher Tapferkeit, Loyalität und Zuversicht sowie einer Rücksichtnahme gegenüber den Gefährten, die stärker ist als der natürliche Selbsterhaltungstrieb. Diese Qualitäten, so glaube ich, besaß er im Überfluss. Noch heute, viele Jahre nach diesem Ereignis, staunt die Menschheit darüber, dass es Tenzing und Hillary damals gelang, den höchsten Punkt der Erde zu erreichen. Ihre Errungenschaft hat gezeigt, was Menschen zu leisten imstande sind.

Im Schatten des Everest erzählt die Geschichte von Tenzing Sherpa und verschiedenen Mitgliedern nachfolgender Generationen seiner Familie und ihrer Beziehung zum Everest. Ein bewundernswertes Beispiel dafür, was durch Zusammenarbeit und Teamwork erreicht werden kann.

Vorwort von Sir Edmund Hillary

Die Sherpa des gewaltigen Himalaja sind bemerkenswerte Menschen. Trotz ihrer meist kleinen Statur sind sie erstaunlich kräftig und zäh und zeichnen sich in der dünnen Luft in großen Höhen durch ihre herausragende Leistungsfähigkeit aus. Als ich ihnen vor 50 Jahren erstmals begegnete, führten sie ein Leben unter widrigsten Umständen, die sie mit beeindruckender Gelassenheit meisterten. Sie zeigten selbst in den schwierigsten Situationen einen bewundernswerten Sinn für Humor und verfügten über einen Gemeinschaftsgeist, der ihnen beachtliche vereinte Kräfte verlieh. Sie waren streng gläubige Buddhisten mit festen Traditionen, was ihnen dabei half, sich allen Herausforderungen ihres unerbittlichen Lebensraums zu stellen.

Früher weideten sie ihre Yaks in großen Höhen und trieben sie über hohe Bergpässe nach Tibet, um dort Handel zu treiben. Aber sie hatten kein Interesse daran, Berge einfach nur zu besteigen. Als sich in den 1920er-Jahren die ersten britischen Expeditionen an der Besteigung des Mount Everest versuchten, wurden Sherpa als Hochgebirgsträger verpflichtet. Zu diesem Zeitpunkt waren nur wenige Sherpa mit Klettertechniken vertraut, doch ihre Kraft und ihre Fähigkeit sich zu akklimatisieren machten sie zu ausgezeichneten Lastenträgern. Mit ihrer umgänglichen Art erwiesen sie sich als hervorragende Expeditionsgefährten.

Im Lauf der Jahre nahm das Können der Sherpa enorm zu und brachte ihnen in der internationalen Bergsteigergemeinde weltweit großes Ansehen ein. Für meine erste Himalaja-Expedition im

Jahr 1951, die mich in die Garhwal-Region führte, warben wir vier Sherpa aus Darjeeling an. Unser *sirdar*, Expeditionsaufseher, war Pasang Dawa Lama – ein wunderbarer Mensch und ein begnadeter Bergsteiger. Später im selben Jahr schlossen wir uns dem berühmten Alpinisten Eric Shipton an, um eine südliche Route zum Mount Everest zu erkunden. Sein *sirdar* war der legendäre Ang Tharkay Sherpa – ein herzlicher und liebenswürdiger Mensch, der über eine unbändige Energie verfügte. Ang Tharkay war eine Ausnahmeerscheinung unter den Sherpa und ich schätze mich glücklich, mit ihm befreundet gewesen zu sein.

Tenzing Norgay lernte ich erst zu Beginn unserer britischen Everest-Expedition des Jahres 1953 kennen, als er sich längst einen Namen als versierter und kraftvoller Bergsteiger gemacht hatte. Bei unserem ersten Treffen war ich von Tenzing tief beeindruckt. Er war groß und kräftig, hatte ein gewinnendes Lächeln und strahlte unerschütterliches Selbstvertrauen aus. Sein vermutlich größter Vorzug war seine absolute Entschlossenheit, den Gipfel des Bergs zu erreichen, den er gerade bestieg – was zur damaligen Zeit für einen Sherpa keineswegs eine Selbstverständlichkeit war.

Ich lernte Tenzings Ausdauer und Können bald zu schätzen und bin der Überzeugung, dass wir beide, als wir uns auf dem Everest zu einem Team zusammenschlossen, ein starkes und tatkräftiges Duo abgaben. Wir waren hoch motiviert und selbstbewusst, was uns schließlich unseren Erfolg auf dem Dach der Welt einbrachte. Zu diesem Zeitpunkt in unserem Leben waren wir noch keine engen Freude, sondern in erster Linie ein ausgewogenes Bergsteigerteam. Erst knapp 30 Jahre später, als ich Hochkommissar Neuseelands in Indien war und Tenzing häufig traf, entwickelte sich zwischen uns eine innige und dauerhafte Freundschaft.

Jeder große Sherpa-*sirdar* hatte seine ganz eigenen Vorzüge und Stärken. Dawa Tenzing beeindruckte mich mit seinem würdevollen

Auftreten und seiner Autorität und führte einige Jahre lang das Zepter bei meinen Expeditionen. Nachdem ich damit begonnen hatte, Schulen und medizinische Einrichtungen zu bauen, erwies sich Mingma Tshering Sherpa fast 20 Jahre lang als hervorragender Leiter der Aktivitäten unserer *Himalayan-Trust*-Stiftung.

Doch die Sherpa zeichneten sich nicht nur in den Bergen aus. Nach der Errichtung von Schulen in Solu Khumbu machten zahlreiche Sherpa in unterschiedlichen Bereichen ihren Weg: Ang Zangbu Sherpa wurde Kapitän einer Boeing 747; Pertemba Sherpa war nicht nur ein herausragender Bergsteiger, sondern gründete seine eigene, überaus erfolgreiche Trekking-Agentur; Kami Temba promovierte in Medizin; Mingma Norbu leitete sämtliche Aktivitäten des *World Wildlife Fund* im Himalaja; Lhakpa Norbu promovierte an der University of Seattle und Ang Rita Sherpa war für die umfangreichen Maßnahmen des *Himalayan Trust* in Solu Khumbu verantwortlich.

Auch Tenzings Familienangehörige haben sich in den verschiedensten Bereichen hervorgetan. Einige von ihnen haben den Mount Everest bestiegen, andere sind Lehrer oder leitende Angestellte geworden und manche führen eigene Trekking-Agenturen. Es gibt nicht viel, was die Sherpa nicht erreichen, wenn sie die Möglichkeit dazu bekommen. Die Angehörigen dieser winzigen Volksgruppe aus den rauen und entlegenen Gegenden des Himalaja haben bewiesen, dass sie nicht nur in extremen Höhen zurechtzukommen, sondern auch den größten Herausforderungen der westlichen Welt gewachsen sind.

Ed Hillary

Einleitung von Tashi Wangchuk Tenzing

Ich bin ein Sherpa, ein Mann der Berge des Osthimalaja. Und ich bin ein Enkel von Tenzing Norgay, dem berühmtesten aller Sherpa, dem Mann des Everest, dem Schneetiger. Ich bin stolz auf meine Abstammung und auf mein Volk. Meine Familie und meine tibetischen Vorfahren geben mir unendlich viel Kraft. Wie mein Großvater habe ich mich mit Leib und Seele dem Bergsteigen und den Bergen verschrieben, vor allem einem Berg – Chomolungma, Everest. Dieser gewaltige Berg ist für mich wie ein Familienmitglied und ich habe immer eine ganz besondere Beziehung zu ihm gehabt, wenngleich er mir und meiner Familie nicht immer wohlgesonnen war und unseren festen Glauben an ihn mehrfach auf die Probe gestellt hat. Sieben Mal hat mein Großvater Tenzing versucht, seinen Gipfel zu erklimmen. Nur einmal hat der Berg es zugelassen. Mit mir war er nachsichtiger, denn ich habe seinen Gipfel bereits beim zweiten Versuch erreicht, doch erst, nachdem er den höchsten Preis gefordert hatte – das Leben eines geliebten Angehörigen.

Ich bin der Ansicht, dass der Everest und die anderen Berge der Khumbu-Region Nepals dem Volk der Sherpa gehören. Unsere Geister wohnen auf ihnen und unsere Verehrung für sie ist tief und beständig. Bevor die ersten Menschen aus dem Westen in den Himalaja kamen und das gewaltigste aller Gebirge für sich entdeckten, lebten wir im Einklang mit den Bergriesen. Und obschon sie manchmal Opfer forderten, boten sie uns stets ein Auskommen, sei es noch so dürftig gewesen, und Schutz vor der Welt jenseits ihrer eisbedeckten Flanken.

Mit der Ankunft der Fremden nach der Öffnung der Himalaja-Region veränderte sich die Welt der Sherpa rasant. Die Gipfel, unter denen die Menschen meines Volkes das Licht der Welt erblickten, lebten, arbeiteten, spielten, sangen, tanzten und starben, gehörten nicht mehr uns allein, sondern waren all denen zugänglich, die nach der äußersten Herausforderung suchten: dem Aufstieg zum Dach der Welt.

Diese Suche war uns Sherpa fremd; sie erschien uns riskant und sinnlos. Trotzdem sollte sie im Lauf der Zeit auch uns in ihren Bann schlagen und unwiderruflich verändern. Das hatte sowohl positive als auch negative Folgen. Früher, in den Zeiten der Isolation und Selbstversorgung, war das Leben zweifellos hart gewesen und die Abenteurer aus dem Westen und der Beginn der Everest-Expeditionen brachten den hoch gelegenen, unberührten Tälern unvorstellbaren Wohlstand. Wo die Menschen unseres Volkes einst Krankheiten und schlechten Ernten zum Opfer fielen, verfügen wir jetzt über medizinische Versorgung, über Schulen und über Nahrungsmittel in Hülle und Fülle. Was uns vor diesem Wandel lieb und teuer war – unser tief verwurzeltes Traditionsbewusstsein, unsere kulturelle Identität und die Familien- und Gesellschaftsstruktur, die uns zusammenschweißte –, verliert nun aber an Wert und fällt langsam in sich zusammen, seitdem sich uns eine neue Welt eröffnet hat, die unseren jungen Menschen so viel mehr Möglichkeiten, Komfort und Abwechslung bietet. Doch wir Sherpa sind zähe Menschen, die sich gut und schnell anpassen können, und ich bin zuversichtlich, dass wir auch diesen Wandel mit Hilfe unserer traditionellen Werte unbeschadet überstehen werden.

Die Geschichte der Sherpa auf dem Everest ist eine Geschichte von Mut und Kraft, sowohl in körperlicher als auch in spiritueller Hinsicht. Die Sherpa der großen Himalaja-Expeditionen waren weithin als kräftige und verlässliche Bergsteiger und Lastenträger bekannt. Sie bildeten das Rückgrat aller Expeditionen, und deren Erfolg beruhte zu einem großen Teil auf ihrer Leistungsfähigkeit in großen Höhen, an die sie sich mit solcher Leichtigkeit anpassten. Allerdings wurden Sherpa aufgrund ethnischer und sprachlicher Barrieren und aufgrund ihres mangelnden Ehrgeizes, sich beim Bergsteigen ins Rampenlicht zu stellen, niemals zu Hauptfiguren auf der Everest-Bühne.

Mein Großvater veränderte dieses Bild vollkommen. Er konnte weder lesen noch schreiben und verbrachte seine Kindheit und Jugend von der Außenwelt abgeschottet im Kreis seines Volks. Trotzdem brannte ein Verlangen in ihm, das seinen Volksgenossen fremd war – das Verlangen, den Chomolungma zu besteigen. Er wusste nicht, wie er es bewerkstelligen sollte, war jedoch überzeugt davon, dass er die Kraft hatte, es zu schaffen. Die ersten großen Everest-Expeditionen ebneten ihm den Weg, seinen außergewöhnlichen Traum zu verwirklichen.

Im Schatten des Everest ist ein Buch über und für mein Volk der Sherpa. Es berichtet über die großen alten Sherpa-Bergsteiger aus den Anfangstagen der Everest-Erkundung, die weder von Ruhm noch vom Gipfelerfolg träumten, sondern jahrzehntelang tapfer und selbstlos kletterten, um andere in ihrem Streben zu unterstützen. Es ist für meine Familie, die im Bergsteigen und in verschiedenen anderen Bereichen viel erreicht hat. Und es ist für die jungen Sherpa von heute, die sich auf dem Everest ebenso behaupten wie die Bergsteiger aus dem Westen. Tatsächlich werden die meisten wichtigen Everest-»Rekorde« derzeit von Sherpa gehalten:

- Tenzing Norgay gelang zusammen mit Edmund Hillary die Erstbesteigung (1953)
- Nawang Gombu erreichte den Gipfel als erster Mensch zweimal (1963 und 1965)

- Apa Sherpa gelangen die meisten Gipfelbesteigungen (11)
- Babu Chhiri Sherpa erreichte den Gipfel in der schnellsten Aufstiegszeit (vom Basislager zum Gipfel in 16 Stunden und 56 Minuten, 21. Mai 2000)
- erstmalige Besteigung des Everest durch ein Familienmitglied der dritten Generation (ich, 23. Mai 1997)

Doch dieses Buch erzählt nicht nur von Bergsteigern – es erzählt auch von Ärzten, Trägern, Lehrern, Geschäftsleuten, Nomaden, Hoteliers, Würdenträgern aus dem In- und Ausland, Händlern und Yak-Hirten. Es möchte den Sherpa die Anerkennung und das Lob ausdrücken, die sie seit langem verdienen. Es möchte den Schleier der Anonymität lüften, den sie für den größten Teil der letzten hundert Jahre getragen haben. Und es möchte ihre Schwächen aufdecken und die Probleme erklären, mit denen sie konfrontiert waren und sind.

In erster Linie möchte es jedoch die Sherpa ehren, ein Volk mit großer körperlicher und spiritueller Kraft, mit Intelligenz und Humor, und ein Volk von Menschen, deren Loyalität und persönliche Integrität ihnen weltweit einen Ruf eingebracht haben, der dem des gewaltigen Bergs gleicht, unter dem sie leben – Chomolungma, Everest.

Everest: Der Berg und seine Menschen

Everest. Der höchste Punkt der Erdoberfläche, der dritte Pol, die »ultimative Herausforderung«, zumindest für die westliche Welt.

Als die Leidenschaft des Westens für diesen Berg entbrannte, wusste das Volk der Sherpa nichts von Landvermessung, von den Polen oder von der globalen Bedeutung der kolossalen Felspyramide am Ende eines der vielen riesigen Täler im Himalaja. Für sie war dieser Berg nicht mehr als ein hoch emporragender Gipfel wie zahllose andere in seiner Umgebung, die sich, so weit das Auge reichte, in den Himmel erhoben. Nicht einmal in religiöser Hinsicht war er für sie von besonderer Wichtigkeit. Die Sherpa betrachten den Himalaja seit jeher als Wohnstätte der Götter, doch wenn man einen Sherpa nach dem Berg mit größten religiösen Bedeutung fragt, wird man den 6714 Meter hohen Kailash, die Wohnstätte des Gottes Shiva im Westen Tibets, genannt bekommen, oder den Khumbila, den heiligen Berg der Sherpa in der nepalesischen Khumbu-Region. Dem Everest wird zweifellos religiöse Verehrung zuteil, aber nicht mehr als vielen anderen Gipfeln dieses riesigen Gebirgsmassivs. Die Höhe eines Bergs, sein klettertechnischer Schwierigkeitsgrad und der mit einer erfolgreichen Besteigung verbundene Ruhm bedeuten den meisten Sherpa nichts oder nur wenig. Wären nicht Ende des 19. und Anfang des 20. Jahrhunderts die ersten Europäer gekommen, um die Gipfel des Himalaja zu erkunden, hätte aller Wahrscheinlichkeit nach bis zum heutigen Tag niemand den Everest bestiegen; er wäre einfach ein großer Berg unter vielen anderen großen Bergen geblieben.

Bekanntlich wurde der Everest jedoch vom Westen »entdeckt«, und mit einem Mal war alles anders – für die Welt, für die Region und vor allem für die Sherpa, die Bewohner der Täler unterhalb seiner südlichen Flanken. Der Begriff *sherpa* (in der Sprache der Einheimischen »schawa« ausgesprochen) wird oft missverstanden und bedarf deshalb einer Erklärung. Er leitet sich aus den Worten *shar*, »Osten«, und *wa* (oder *pa*), »Volk«, ab. Wörtlich übersetzt bedeutet *sherpa* also »Volk aus dem Osten«. Die Sherpa sind Nachfahren der Nomaden, Landarbeiter und Händler aus dem Südosten Tibets. Sie sind zäh – sowohl in physischer als auch in psychischer Hinsicht – und außerordentlich geschäftstüchtig. Gegen Ende des 15. Jahrhunderts begannen sie, von Tibet über die hohen Pässe im Himalaja nach Süden abzuwandern in die weniger unwirtlichen Täler der Königreiche Nepals unterhalb der Gipfel des Osthimalaja. (Nepal war damals keine politische Einheit, sondern bestand aus mehreren mächtigen, miteinander verfeindeten Königreichen.)

Die Gründe für diese Migration waren vielfältig. Zum einen verursachte der islamitische Einfluss der Mongolei auf die Politik in der tibetischen Hauptstadt Lhasa heftige ideologische Kontroversen zwischen den Bewohnern Zentraltibets und denen der abgelegeneren Gegenden im äußersten Osten und Westen des Landes, die treue Anhänger des Nyingmapa-Buddhismus waren oder der Vadjrajana-Sekte unbekehrter tantrischer Buddhisten angehörten. Letztere Form des Buddhismus war im neunten Jahrhundert von Guru Rimpoche, dem großen »lotusgeborenen« indischen Heiligen, in Tibet eingeführt worden und fand wesentlich später auch im Khumbu Verbreitung. Doch es gab auch praktische Gründe für die Abwanderung, wie etwa der Wunsch nach urbarem Land und milderem Klima, was die abgeschiedenen und weitgehend unbesiedelten Täler südlich des Everest beides zu bieten hatten. Vor allem aber war es der Wunsch, der Unterdrückung durch die strengen tibetischen

Feudalherren zu entkommen, die zum Bestellen ihrer Felder und zum Hüten ihrer Yak-Herden Nomaden und Angehörige ärmerer Gesellschaftsschichten beschäftigten. Händler und Hirten kehrten aus dem Khumbu nach Tibet zurück und berichteten von Tälern und Flüssen auf der dünn besiedelten Südseite des Himalaja, wo das Leben sicherer und die Zukunft viel versprechender war.

Und so machten sie sich auf den Weg über die hohen, gefährlichen Pässe des Himalaja, mit ihren Familien, ihren Habseligkeiten und nicht zuletzt mit ihren Yaks, jenen bemerkenswerten Hochgebirgs-Lasttieren, die einst die wichtigste Lebensgrundlage der Sherpa darstellten und bis zum heutigen Tag eine bedeutende Rolle in ihrer Gesellschaft spielen. Ursprünglich ließen sich die Tibeter unmittelbar südlich des Everest nieder, in der Region, die heute unter dem Namen Khumbu bekannt ist und sich von der Schneegrenze des Everest, des Cho Oyu und des Makalu bis hinunter zum Dhudh-Kosi-Fluss unterhalb der großen Ortschaft Namche Bazar (»Nawche« in der Sprache der Sherpa) erstreckt. Namche wurde zu einem wichtigen Stützpunkt auf der Handelsroute, die damals zwischen Tibet und Indien entstand, und ist heute die wohlhabendste und florierendste Ortschaft der oberen Everest-Region.

Da die meisten Osttibeter in diese Richtung abwanderten, zogen sie immer weiter südwärts und ließen sich in der mittleren Everest-Region (in der Umgebung von Lhukla und den angrenzenden Tälern), die unter dem Namen Pharak bekannt ist, sowie südlich davon in Solu Khumbu nieder (»Shar Khumbu« in der Sprache der Sherpa), einer Region, die sich von Lhukla bis hinab nach Phaphlu erstreckt und von den Einheimischen auch »Shorong« genannt wird. Die üppigen, stark bewaldeten Täler, die eine reiche Tierwelt beherbergten und Bauholz im Überfluss boten, wurden von dem kleinen Volksstamm der Dongphu bewohnt, der von den Mongolen abstammte und mit den Rai verwandt ist, die heute in den Tälern im äußersten Südosten Nepals zu Hause sind. Durch die Vermischung der Dongphu mit den Shorong entstand eine Rasse von Sherpa, die sich äußerlich stark von ihren Verwandten aus der oberen Khumbu-Region unterscheiden. Sie sind kleiner, dunkelhäutiger und kräftiger gebaut als die Sherpa aus dem Khumbu, die meist größer und hellhäutiger sind, schärfere Gesichtszüge haben und den Bewohnern Osttibets noch heute stark ähneln.

Die Sherpa in diesen Gemeinden führten jahrhundertelang ein abgeschiedenes und ungestörtes Leben und entfernten sich mit Ausnahme derer, die in Tibet und Indien Handel trieben, nur selten weit von ihren Ortschaften. Im Sommer weideten sie ihre Yaks oft in Höhen von über 5000 Meter und während der warmen Monate bauten sie auf terrassierten Parzellen in der Nähe ihrer Häuser Kartoffeln und Gerste an. Das Leben der Sherpa war hart, doch sie waren es gewohnt, schwer zu arbeiten. Viele von ihnen hatten unter den tibetischen Feudalherren schwer gelitten und die neu gewonnene Freiheit von Leibeigenschaft und Vasallentum war ihnen höchst willkommen. Sie hatten nichts oder nur wenig mit der Politik in Kathmandu zu tun und regelten ihre Angelegenheiten vor Ort nach den Gesetzen und Traditionen ihrer tibetischen Vorfahren.

Bis Anfang des 20. Jahrhunderts änderte sich an ihren Lebensumständen wenig, doch dann wurden Landvermesser aus dem damaligen Britisch-Indien auf einen Berg im Osthimalaja aufmerksam. Zu diesem Zeitpunkt arbeiteten die Geographen noch von der tibetischen Seite des Himalaja aus, da Nepal seine Grenzen seit langem für Ausländer geschlossen hatte (und bis 1950 geschlossen hielt). Die Sherpa hatten keine Vorstellung davon, was die »Entdeckung« dieses Bergs für sie und ihre Zukunft bedeutete.

Der höchste Gipfel der Erde wurde erstmals 1847 von J. W. Armstrong vom *Survey of India* vermessen. Er befindet sich etwa 150 Kilometer westlich vom Kanchenjunga, dem dritthöchsten Berg der Welt. Manchmal war er von Darjeeling aus zu sehen, einem traditionellen britischen Gebirgs-Erholungsort, in den die Briten aus Kalkutta, dem früheren Regierungssitz von Britisch-Indien, im Sommer flüchteten, um der drückenden Hitze der indischen Ebene zu entkommen. Der Gipfel erhielt zunächst den Namen »Peak B«, stand jedoch im Schatten der majestätischeren Erscheinung des südöstlich gelegenen Makalu, der damals als »Peak XIII« bekannt war. Ende 1849 und Anfang 1850 wurde der Berg, der inzwischen in »Peak H« und schließlich in »Peak XV« umbenannt worden war, unter Verwendung eines Theodolits mit 60 Zentimeter Durchmesser von sechs verschiedenen Punkten in der indischen Ebene erneut vermessen.

Sir George Everest war zu diesem Zeitpunkt bereits von seinem Nachfolger Andrew Waugh als Direktor des *Great Trigonometrical Survey* abgelöst worden, und dessen Vermessungsingenieur Radhnath Sikhdar berechnete die Messwerte. Allerdings dauerte es bis 1852, ehe das endgültige Ergebnis feststand und erwiesen war, dass es sich bei »Peak XV« tatsächlich um den höchsten Punkt der Erde handelte. Die von sechs verschiedenen Punkten ermittelten Werte für die Höhe des Gipfels reichten von 8836 bis 8847 Meter – in Anbetracht der Entfernung, aus der die Messungen vorgenommen wurden, eine erstaunlich geringe Abweichung –, woraus sich ein Durchschnittswert von 8840 Meter ergab.

Die *Royal Geographical Society* in London wurde über das Resultat in Kenntnis gesetzt und der »Peak XV« zu Ehren von Sir George Everest in »Mount Everest« umbenannt. Entdecker und Bergsteiger auf der ganzen Welt waren sofort Feuer und Flamme. In den folgenden anderthalb Jahrhunderten wurde der Gipfel immer wieder neu vermessen, das letzte Mal 1998, als das Bostoner *Museum of Science* und die *National Geographic Society* gemeinsam eine Everest-Expedition finanzierten, die den Auftrag erhielt, die Höhe des Gipfels mit Hilfe von GPS-Geräten exakt zu bestimmen. Das *Global Positioning System* wird weder von der atmosphärischen Brechung noch von der Anziehungskraft der Berge beeinträchtigt – Faktoren die frühere Messungen mit Sicherheit beeinflusst hatten. Die Mitglieder der Expedition waren beeindruckt, dass ihr Messergebnis von 8850 Meter nur geringfügig von der allseits anerkannten Messung aus dem Jahr 1954 durch B. L. Gulatee vom *Survey of India* abwich, die eine Höhe von 8848 Metern ergeben hatte.

Selbstverständlich gibt es Variablen, wie etwa die Schneehöhe auf dem Gipfel oder die Genauigkeit anderer Messwerte, auf denen die Berechnung der Gipfelhöhe basiert. Das Messergebnis von 1998 wird jedoch inzwischen generell anerkannt und da die Vermessung des K2, des zweithöchsten Bergs der Welt, mit derselben Methode eine Höhe von 8611 Metern ergab, bleibt der Gipfel des Everest unangefochten der höchste Punkt der Erdoberfläche.

Den Sherpa und den Tibetern war das ganze Aufhebens ein Rätsel. Ja, ihr Berg war hoch, aber der Makalu und der Cho Oyu waren ebenfalls hoch und im Annapurna-Massiv am anderen Ende Nepals gab es ähnlich hohe Gipfel. Sie hatten keinerlei Interesse an den Messergebnissen, waren jedoch fasziniert von den merkwürdigen Männern aus dem Westen, die nach und nach kamen, um den Berg in Augenschein zu nehmen, von ihrer Kleidung, von ihren Kameras und von den Tonnen von Ausrüstung und Utensilien. Und sie wunderten sich, welche Anziehungskraft der hohe, kalte und gefährliche Ort, auf dem die Götter wohnten und in dessen Höhen sich kein Mensch wagen sollte, auf diese Männer ausübte. Die Sherpa betrachteten die Berge als heilige Stätten; manchen von ihnen maßen sie größte religiöse Bedeutung bei. Die Gottheiten, die über ihr Leben bestimmten und ihr Schicksal lenkten, waren auf diesen Bergen zu Hause. Und den Menschen Tibets und Nepals wäre es niemals in den Sinn gekommen, sie zu stören.

Der Buddhismus der Sherpa ist tief in der uralten animistischen Bon-Religion Tibets verwurzelt, die den Schutz und die Verehrung der Natur fordert. Buddhistische Mönche und Gelehrte warnten die Sherpa davor, jemals einen Fuß auf den Gipfel eines Bergs zu setzen, da das den Zorn der Götter entfachen und Unglück über ihr Volk bringen werde. Solche Überzeugungen sind noch heute in traditionalistischen Gesellschaften rund um die Welt verbreitet; die Sherpa sind keine Ausnahme. Der Sherpa Ang Tshering, das einzige noch lebende Mitglied der britischen Everest-Expedition von 1924, berichtete von seiner Furcht, als die Briten aufbrachen, um den Gipfel zu erklimmen; er hatte Angst um sie und Angst vor den Konsequenzen, die ihr unerlaubtes Vordringen auf den Berg für sein Volk haben könnte. Als er gefragt wurde, ob er nicht den Wunsch verspürt habe, selbst den Gipfel zu erreichen, erwiderte er: »Nein, die Lamas des Da-Rongphu-Klosters haben uns verboten, den Berg zu besteigen.« Und sie hielten sich daran.

Die Sherpa und Tibeter kannten den Everest unter dem Namen Chomolungma, der von ihren Vorfahren vermutlich bereits seit 750–800 v. Chr. benutzt wurde. Den Landvermessern vom *Survey of India* war dieser Name nicht bekannt und so tauften sie den Berg schließlich »Everest«.

Man bekommt oft zu hören – sogar von vielen Sherpa –, Chomolungma bedeute »Göttin Mutter der Erde«. Allerdings stimmt einiges an diesem Namen nicht mit der Sprache, den Traditionen, der Lebensanschauung und der Religion der Sherpa überein. Eigentlich muss der Name Jomolangma lauten, in Anlehnung an die Göttin Jomo Miyolangsangma, die auf dem Berg wohnt. *Jomo* bedeutet »Dame« und *langma* ist die Kurzform von Miyolangsangma (in Tibet werden lange Namen seit jeher abgekürzt). »Jomolangma« ist also sowohl die Kurzform des Namens der Göttin als auch der Name des Bergs. Jomo Miyolangsangma gehört einer Gruppe von

Göttinnen an, die als die »Fünf Schwestern des langen Lebens« bezeichnet werden und nach dem Volksglauben auf verschiedenen Gipfeln entlang der südlichen Grenze Tibets zu Hause sind.

Die bedeutendste Göttin dieser Gruppe ist Tashi Tsheringma, die abwechselnd auf dem Gauri Shankar, einem beeindruckend schönen Gipfel westlich vom Everest, und dem Jomolhari, einem wichtigen heiligen Berg im benachbarten Königreich Bhutan, residiert. Jomolangma kommt in der spirituellen Landschaft des Himalaja dagegen keine große Bedeutung zu.

Dem Konzept der »Mutter Göttin der Welt« widerspricht außerdem die Tatsache, dass im tibetischen Buddhismus weder eine monotheistische Gottesvorstellung noch eine höchste Gottheit existiert. Die Sherpa schenken solchen unnötig komplizierten Fragen jedoch wenig Beachtung und akzeptieren bereitwillig die Vorstellung einer universellen Mutter Göttin. Ihr Vertrauen in ihre einfachen religiösen Maximen und Werte ist unerschütterlich und gibt ihnen Kraft.

Daneben ist der Everest noch unter dem Namen »Sagarmatha« bekannt, der aus der Gelehrtensprache Sanskrit stammt und ihm von der nepalesischen Regierung verliehen wurde, nachdem feststand, dass es sich bei ihm um den höchsten Berg der Erde handelt. Sagarmatha bedeutet »Kopf des Himmels«, doch dieser Name wurde von der Bevölkerung niemals angenommen. Vermutlich wurde der Berg auf diesen Namen getauft, um seine neu entdeckte Bedeutung zu untermauern.

Das Streben zum Gipfel des Everest begann, ohne dass die Sherpa, die am Fuß des Bergs lebten und arbeiteten, davon Notiz nahmen. Im Lauf der Zeit gerieten aber auch sie unweigerlich in den Bann des »Wettlaufs« zum Dach der Welt. Anfangs konnte allerdings von einem Wettlauf nicht die Rede sein, da die Briten aufgrund der politischen Situation in der Region über das Monopol auf den Everest verfügten. Die Grenzen Tibets waren für Ausländer geschlossen, bis Großbritannien mit der Younghusband-Expedition der Jahre 1903 bis 1904 von Darjeeling aus in das Land eindrang, sich den Weg nach Lhasa bahnte und der britischen Oberherrschaft in Indien unwiderruflich Zugang nach Tibet verschaffte. Da Nepal bis zur Öffnung seiner Grenzen im Jahr 1950 vollkommen von der Außenwelt abgeschnitten war, konnte die Einreise nach Tibet nur über Darjeeling erfolgen. Das bedeutete, dass der Everest bis in die 1950er-Jahre ohne die ausdrückliche Genehmigung der Briten nicht zu erreichen war.

Der Auftritt der Sherpa auf der Everest-Bühne wurde von Alexander Mitchell Kellas eingeläutet. Der Schotte Kellas, Jahrgang 1868, war von jungen Jahren an ein leidenschaftlicher Wanderer. Er promovierte 1897 an der Universität Heidelberg in Chemie und unterrichtete dieses Fach ab 1900. Später unterbrach er seine Lehrtätigkeit jedoch regelmäßig für längere abenteuerliche Exkursionen in den Himalaja, wobei ihn seine erste Reise im Jahr 1907 nach Kaschmir und Sikkim führte. Mit seiner Leidenschaft für die Berge ging ein großes Interesse für die Auswirkungen großer Höhen auf den menschlichen Organismus einher und er war der Erste, der sich wissenschaftlich mit diesem Thema auseinander setzte. Bereits bei seinen ersten Expeditionen fiel ihm auf, wie leistungsfähig die Einheimischen im Hochgebirge waren und wie mühelos sie sich akklimatisierten.

Da Kellas gewöhnlich nicht in Begleitung anderer Europäer reiste und Berge bestieg, engagierte er Sherpa, die seine Ausrüstung trugen, für ihn kochten und sich im Hochgebirge Herz- und Atemfrequenztests unterzogen. Er erkannte bald, dass die Einheimischen bei zukünftigen Erkundungsexpeditionen und Besteigungsversuchen eine wichtige Rolle spielen würden, und klärte seine Begleiter über ihre natürliche bergsteigerische Begabung, ihre angeborene

Fähigkeit, sich zu akklimatisieren, und ihre phänomenale Ausdauer in Hochlagen auf. Er plante auch, Sherpa gezielt als Bergführer und Hochgebirgs-Lastenträger auszubilden, und erklärte, sein Versuch, Anfang 1921 den Kabru in Sikkim zu besteigen, habe unter anderem dem Zweck gedient, Sherpa für kommende Everest-Erkundungsexpeditionen zu schulen. Dass er Recht hatte mit seiner Einschätzung des Beitrags, den die Sherpa zu Besteigungen im Himalaja zu leisten in der Lage waren, zeigte sich später. Als Kellas während einer Everest-Erkundungsexpedition im Jahr 1921 in Tibet an einer schweren Durchfallerkrankung starb, wurde er auf einem felsigen Berghang oberhalb von Khampa Dzong mit Blick auf die Gipfel des Pauhunri, des Kangchenijau und des Chomiomo beigesetzt, die er bis dahin als Einziger bestiegen hatte.

In Erinnerung an das traurige Ereignis schrieb der große britische Bergsteiger George Mallory:

*Ich werde nicht so leicht vergessen, wie die vier Jungen, diese Kinder der Natur, die er selbst zu Bergsteigern ausgebildet hatte, fassungslos auf einem großen Stein neben dem Grab saßen, während Bury die Passage aus dem Korintherbrief vorlas.**

Diese »vier Jungen« verkörperten den Beginn einer Tradition, die zu einer der größten Errungenschaften in der Entdeckergeschichte der Menschheit führen sollte – der Besteigung des Everest.

* Everest Archives, Royal Gegraphical Society, London

Der Himalayan Club und die Tiger-Medaille

Anfang der 1920er-Jahre hatte sich Darjeeling als Ausgangspunkt für die meisten Himalaja-Erkundungsexpeditionen etabliert. Während der Sommermonate, wenn die *sahibs* und ihre *memsahibs* ihre Siebensachen packten und sich auf den Weg in die Berge machten, um dem drückenden, saunaähnlichen Klima der indischen Ebene zu entfliehen, herrschte in der englischsten aller indischen Städte reges Treiben. Viele Briten residierten ständig in Darjeeling und die neue Ära der Everest-Erkundung brachte zusätzliches Leben in die Gebirgsstadt. In die endlose Reihe von Bällen, Dinner-Partys, Polospielen und Nachmittags-Teegesellschaften gesellten sich nun auch noch große Gruppen von britischen Abenteurern der Oberschicht, die sich dem Reiz der unergründeten Wildnis des Himalaja nicht entziehen konnten. Und natürlich gab es den Everest, inzwischen offiziell der höchste Berg der Erde, der völlig unerforscht und mit großer Wahrscheinlichkeit noch nicht bestiegen worden war. Die Briten, die alle Trümpfe im Spiel um den Everest in der Hand hielten, da die einzige Route zu seiner Nordseite von Darjeeling durch Tibet führte, eröffneten 1921 den Wettlauf zum Gipfel mit einer Erkundungsexpedition, gefolgt von zwei Besteigungsversuchen in den Jahren 1922 und 1924.

Zum Zeitpunkt dieser ersten ernsthaften Versuche, den Gipfel des Everest zu erreichen, hatten sich die Sherpa bereits als Hochgebirgs-Lastenträger etabliert und waren ein wichtiger Teil jeder Expedition. Dieser neue Berufszweig war für sie äußerst lukrativ. Zuvor hatte ein Sherpa, der weder über Grundbesitz noch über Vermögen verfügte, trotz ständiger harter Arbeit kaum mehr als ein dürftiges Auskommen erwarten können. Wer sich dagegen jetzt regelmäßig als Träger verdingte, war in der Lage, innerhalb einer Saison genug zu verdienen, um ein kleines Stück Land zu erwerben oder in ein Geschäft zu investieren.

In den ersten Jahren taten die Sherpa nichts anderes, als Lasten zu tragen (bis zu 35 Kilogramm, gegen zusätzliche Bezahlung manchmal auch mehr). Im Lauf der Zeit machten sie sich jedoch ihre angeborenen bergsteigerischen Fähigkeiten zunutze, erlernten elementare Klettertechniken und beteiligten sich zunehmend am Auskundschaften von Routen, Aussuchen von Lagerstellen, Graben von Stufen und Anbringen von Fixseilen. Außerdem war es auf Expeditionen bald an der Tagesordnung, dass jeder *sahib* seinen eigenen Sherpa hatte, der ihm beim Tragen seiner persönlichen Ausrüstungsgegenstände half, sich im Camp ums Wäschewaschen und ums Kochen kümmerte und organisatorische Aufgaben übernahm. Die Sherpa waren in der Regel hochmotiviert, tatkräftig und gut gelaunt und erwarben sich bald den Ruf, nicht nur erstklassige Bergsteiger, sondern auch wunderbare Gefährten zu sein. Der britische Bergsteiger und Entdecker Bill Tilman schrieb nach seiner Expedition zum Nanda Devi im Jahr 1934 über die Sherpa:

Fast fünf Monate lang lebten und kletterten wir zusammen, und je besser wir sie kennen lernten, desto mehr mochten und respektierten wir sie. Dass sie bergsteigen und Lasten tragen können, wird inzwischen als selbstverständlich betrachtet. Doch viel wertvoller waren ihr fröhliches Lächeln, ihre Arbeitsbereitschaft im Camp und unterwegs, ihre völlige Selbstlosigkeit und ihre Ergebenheit uns gegenüber. Ihr Gefährte zu sein war eine Freude, sie anzuführen eine Ehre.

Der alte *Tea Planters' Club* in Darjeeling wurde zum Zentrum für die Rekrutierung von Sherpa. Die *sahibs* standen auf der Rotunde und nahmen die Bewerber in Augenschein, die unten auf der Straße warteten und – sofern sie welche besaßen – Referenzschreiben von früheren Expeditionen oder Arbeitgebern in den Händen hielten. Diese eher willkürliche Methode zur Auswahl einheimischer Expeditionsbegleiter wandelte sich, als die Briten 1928 den *Himalayan Club* mit Niederlassungen in Bombay, Kalkutta und Darjeeling gründeten. Ziel des Clubs war es, das Wissen und die vorliegenden Erkenntnisse über den Himalaja, den Karakorum und den Hindukusch zusammenzutragen und die Erkundung dieser Gebirgsregionen zu fördern. Seine wichtigste Aufgabe bestand jedoch darin, die Himalaja-Forschung durch die Veröffentlichung detaillierter Routenbeschreibungen und die Einführung fester Richtlinien zur Rekrutierung von Sherpa als Träger und Führer zu unterstützen.

Der ehrenamtliche Sekretär des *Himalayan Club* in Darjeeling war dafür verantwortlich, dass eine Liste geführt wurde, in der jeder Sherpa mit seiner Kontaktadresse (oft eine vage Angelegenheit) und seiner Expeditionserfahrung verzeichnet war. Alle Sherpa-Träger erhielten ein Buch, das am Ende jeder Expedition vom Expeditionsleiter und dem Sekretär des *Himalayan Club* gestempelt und unterschrieben wurde. Wann immer sich die Nachricht von einer neuen Expedition verbreitete, gingen die Sherpa mit ihrem Buch zum Club und bewarben sich um Arbeit. Natürlich gab es auch einige bekannte und angesehene Sherpa, die direkt kontaktiert wurden, aber generell war es schwierig, ohne dieses Buch in einem Team eine Chance zu erhalten. Als Tenzing 1935 unter der Rotunde wartete, auf der Eric Shipton stand, hatte er kein solches Buch bei sich und verdankte es nur dem Zufall – und vielleicht seinem berühmten Lächeln –, dass er als einer der letzten beiden Sherpa ausgewählt wurde.

Die Vergütung der Sherpa bei Expeditionen wurde inoffiziell vom Club in Absprache mit dem jeweiligen Expeditionsleiter festgesetzt und war ein ständiger Quell des Konflikts zwischen der Expeditionsführung und den Trägern. Anfangs waren die Sherpa in der Regel zufrieden mit dem Lohn, den die Fremden bezahlten, da die meisten von dem lebten, was das Land ihnen bot, und sie es nicht gewohnt waren, über Geld zu verfügen. Im Lauf der Zeit allerdings wurde ihnen bewusst, dass die Arbeit auf einer Expedition hart und oft gefährlich war, und vor allem diejenigen unter ihnen, die als Lastenträger in großen Höhen arbeiteten, forderten allmählich bessere Bezahlung und Ausrüstung. In diesem Zusammenhang muss erwähnt werden, dass die Expeditionsteilnehmer aus dem Westen in den Augen der Sherpa unglaublich reich waren, was im Vergleich zum wirtschaftlichen Status der Einheimischen durchaus auch der Fall war. Die Sherpa hatten noch nie zuvor solche Mengen von Ausrüstung, Bekleidung und technischem Gerät zu Gesicht bekommen. Verglichen mit der Ausstattung heutiger Expeditionen war die Ausrüstung der ersten westlichen Bergsteiger zwar ziemlich primitiv, trotzdem war sie weit entfernt von den handgefertigten tibetischen Schuhen und den traditionellen chuba zum Umwickeln, die von den Sherpa gewöhnlich getragen wurden. Und die Sherpa waren überaus geschäftstüchtig! Einige der Sherpa-Veteranen erzählen heute mit einem trockenen Lächeln, dass sie die Macht, die sie über die *sahibs* hatten, wenn es um Lohnverhandlungen ging, bald zu schätzen und auszunutzen lernten.

Im Großen und Ganzen waren in den Anfangsjahren des Bergsteigens im Himalaja die Bedingungen für die Sherpa jedoch alles andere als zufrieden stellend. Um das zu verstehen, muss man sich die damalige Situation vor Augen führen: Indien war nach über 200 Jahren noch immer das »Juwel in der Krone« des britischen Weltreichs und die gesellschaftliche Hierarchie, die sich über diesen Zeitraum entwickelt hatte, war fest verwurzelt. Die Briten waren es gewöhnt, Bedienstete zu haben, und ihre Bediensteten waren es gewöhnt, ihnen zu dienen. Unzufriedenheit mit dieser Konstellation begann sich erst langsam zu regen.

Die Position der Sherpa war allerdings verschieden von der anderer ethnischer Gruppierungen, da sie nicht in diesem imperialistischen Umfeld aufgewachsen waren und die Briten deshalb nicht automatisch als höher stehend betrachteten. Zwar hatten einige Sherpa in Tibet schwer unter der Unterdrückung durch die Feudalherren gelitten, doch die meisten, die in den 1920er- und 30er-Jahren nach Darjeeling kamen, stammten aus dem Khumbu und waren in einer weitgehend klassenfreien Gesellschaft aufgewachsen. Sie akzeptierten die finanzielle Übermacht der *sahibs*, konnten aber recht energisch werden, wenn sie das Gefühl hatten, dass man ihnen Unrecht tat, und nahmen kein Blatt vor den Mund, wenn es darum ging, persönliche Interessen durchzusetzen. 1933 rekrutierte Bill Tilman in Darjeeling Pasang Phutar und vier weitere Sherpa als Begleiter für einen Erkundungstrip in den dichten Dschungel von Sikkim im Osthimalaja. Auf dem Rückweg überließ er die fünf Sherpa sich selbst, brach allein nach Darjeeling auf und gab ihnen drei Tage, um die Ausrüstung zurückzubringen. Tilman reiste mit leichtem Gepäck, kam schnell voran und benötigte für die Strecke nur zwei Tage. Die Sherpa mussten sich bei heftigem Monsunregen mit ihrer Last durch den dichten Dschungel kämpfen und kamen schließlich erst nach fünf Tagen an. Nach den vereinbarten drei Tagen legte Tilman beim Sekretär des *Himalayan Club* offiziell Beschwerde ein und gab an, dass die Sherpa, in den Worten von Pasang Phutar, »vermutlich irgendwo in der Sonne lagen und *bidis* (billige einheimische Zigaretten) rauchten«. Die Sherpa kamen zerkratzt, völlig erschöpft und mit blauen Flecken und Blutegeln übersät in Darjeeling an und schworen, nie wieder für Tilman zu arbeiten, als sie von seiner Beschwerde erfuhren. Allerdings taten sie es doch wieder und begleiteten ihn und sein Team 1934 zum Nanda Devi.

1951 wurde der Sekretärsposten des *Himalayan Club* mit Jill Henderson besetzt. Sie kümmerte sich wie eine Mutter um die Sherpa, die ihre Zuneigung erwiderten. Henderson ergriff verschiedene Maßnahmen, um den Familien der Sherpa bei Unfällen oder Todesfällen eine gewisse Absicherung zu ermöglichen, und führte sogar eine einfache Form der Expeditionsversicherung für sie ein. Und tatsächlich, nachdem Tenzing 1953 von Darjeeling nach Nepal aufgebrochen war, um sich der britischen Everest-Expedition anzuschließen, beriefen Henderson und Tenzings Freund Rabindranath Mitra ein außerplanmäßiges Treffen des Clubs ein, um Vorkehrungen für Tenzings Familie und die Familien der anderen Sherpa zu besprechen, falls einem von ihnen etwas zustoßen sollte. Glücklicherweise forderte die Expedition weder Schwerverletzte noch Tote.

Hendersons Amtszeit endete 1955. Der *Himalayan Club* setzte seine Arbeit fort, aber der Schwerpunkt der Rekrutierung für Expeditionen verlagerte sich unaufhaltsam von Darjeeling in das seit kurzem zugängliche Nepal, ein Hindu-Königreich, in dem die Briten keinen Einfluss besaßen und die Regeln und Vorschriften des *Himalayan Club* wenig Beachtung fanden. Trotzdem wurden in Darjeeling auch noch während des nächsten Jahrzehnts Sherpa rekrutiert, da die große Expeditionserfahrung, die man in der Stadt hatte, und die langjährigen freundschaftlichen Bande zwischen Bergsteigern aus dem Westen und vielen dort ansässigen Sherpa durch nichts zu ersetzen waren. Doch im Lauf der Zeit blieb den Sherpa aus Darjeeling nichts anderes übrig, als sich entweder auf ihren redlich verdienten Lorbeeren auszuruhen oder im Bereich der Bergsteigerausbildung tätig zu werden.

Die Leiter und Mitglieder westlicher Teams wussten die Arbeit der Sherpa-Bergsteiger und ihren Beitrag zum Erfolg der ersten Expeditionen durchaus zu schätzen. In den 1920er-Jahren prägten die *sahibs* den Begriff »Tiger« für jene Sherpa, die Lasten bis in größte Höhen trugen. Die Sherpa waren über diesen Namen hoch erfreut und fühlten sich geehrt. An Hugh Ruttledges Expedition zum Everest im Jahr 1933 nahmen acht »Tiger« teil, die Ausrüstungsgegenstände bis zum Camp VI in 8354 Meter Höhe trugen: die legendären Sherpa Ang Tharkay, Da Tshering, Nima Dorje, Ang Tshering, Kipa Lama, Pasang, Rinzing und Tshering Tharkay.

Nach der siebten Expedition zum Everest, die 1938 unter der Leitung von Bill Tilman stattfand, wurden die Sherpa, die am höchsten aufgestiegen waren, erstmals offiziell ausgezeichnet und bekamen von *Himalayan Club* die so genannte »Tiger-Medaille« verliehen. Alle sechs Sherpa, die bei dieser Expedition Camp VI in 8232 Meter Höhe erreicht hatten, darunter auch Tenzing Norgay, erhielten eine Medaille und eine offizielle Eintragung in ihr Buch – die höchste Anerkennung, die ein Sherpa-Bergsteiger von den *sahibs* bekommen konnte, und eine große Genugtuung für alle, denen sie zuteil wurde. Tenzing schätzte seine Tiger-Medaille mehr als alle anderen Auszeichnungen, die er im Lauf der Zeit erhielt – und er erhielt viele.

Die Tiger-Medaille begründete die Legende von den »Schneetigern« und gilt unter den Sherpa trotz der politischen und kulturellen Veränderungen, von denen nicht nur die Sherpa-Gemeinde, sondern der ganze indische Subkontinent in den folgenden Jahren betroffen war, noch heute als die größte Auszeichnung auf dem Gebiet des Bergsteigens.

Die ersten Schneetiger

Als Alexander Kellas erstmals Sherpa als Bergführer und Lastenträger rekrutierte, war er sich zweifellos ihrer genetisch bedingten Anpassungsfähigkeit an große Höhen und ihrer Leistungsfähigkeit in der rauen, unerbittlichen Landschaft des Himalaja bewusst. Es ist allerdings fraglich, ob er bereits in diesen frühen Tagen der Himalaja-Alpinistik die anderen Qualitäten der Sherpa erkannt hatte und wusste, dass sie zu weit mehr in der Lage waren, als schwere Lasten in große Höhen zu befördern. Jedenfalls waren die extreme Kälte und die starken Winde auf den riesigen Bergen des Himalaja für alle, die sich erstmals auf ihre Flanken wagten, eine einschüchternde Erfahrung, auch für die Sherpa.

Wenn man den Geschichten der alten Sherpa-»Tiger« lauscht – Geschichten von Mut, Elend und Entbehrung –, möchte man kaum glauben, dass ihnen die Arbeit als Bergführer nur einige Dekaden zuvor noch völlig unbekannt gewesen war. Sie hatten jahrhundertelang am Fuß der Himalaja-Riesen gelebt, aber nie den Wunsch gehegt, ihre Gipfel zu besteigen. Als sie jedoch aufgefordert wurden, westliche Bergsteiger zu begleiten, erwiesen sie sich nicht nur als fähige und arbeitswillige Expeditionsmitglieder, sondern zeichneten sich durch ein Maß an Motivation und Hingabe aus, das seinesgleichen sucht.

Sie waren und sind ein außergewöhnliches Volk – sowohl in physischer als auch in mentaler und spiritueller Hinsicht –, und die Himalaja-Alpinistik wäre ohne sie nicht zu dem geworden, was sie heute ist.

Die Sherpa waren auf fast allen bedeutenden Bergen an der Errichtung der obersten Camps maßgeblich beteiligt: auf dem Everest, dem K2, dem Kanchenjunga, dem Nanga Parbat, dem Nanda Devi und vielen anderen. Nach einem verheerenden Sturm auf dem Everest im Jahr 1924 waren 15 Sherpa trotz der katastrophalen Bedingungen in der Lage und gewillt, Ausrüstung bis über den Nordsattel hinaus zu tragen, um dem Bergsteigerteam die besten Erfolgschancen zu ermöglichen.

Während einer amerikanischen Expedition im Jahr 1939 auf dem K2 boten sich drei Sherpa an – Pasang Kikuli, Pasang Kitar und Phintso Sherpa –, in einem tobenden Sturm die 2134 Meter vom Basislager zu Camp VII aufzusteigen und zu versuchen, den amerikanischen Bergsteiger Dudley Wolfe zu retten, der sich dort allein aufhielt und gesundheitlich so angeschlagen war, dass er nicht mehr absteigen konnte. Da im Camp nicht genügend Platz für die drei Sherpa war, beschlossen sie, zu Camp VI abzusteigen und dort die Nacht zu verbringen, um am nächsten Tag zu Wolfe zurückzukehren und ihm beim Abstieg zu helfen. Am nächsten Morgen brachen sie beim ersten Tageslicht von Camp VI auf, wurden jedoch nie wieder gesehen.

Ein weiteres Beispiel für die Selbstlosigkeit der Sherpa ist die Geschichte von Gaylay Sherpa, der 1934 an einer deutschen Expedition zum Nanga Parbat als persönlicher Begleiter des Teamleiters Willy Merkl teilnahm. Als Merkl von Krankheit niedergestreckt wurde, beschloss Gaylay, an der Seite des Deutschen zu sterben, anstatt ihn allein auf dem Berg zurückzulassen.

Auch der legendäre Sherpa Lewa schrieb mit seinem Großmut Geschichte, als er 1939 Frank Smythe, Eric Shipton und R. L. Holdsworth auf den Kamet im Westhimalaja begleitete. Trotz schwerer Erfrierungen an den Füßen erklomm er mit den *sahibs* den Gipfel und half ihnen bei anstrengenden Arbeiten wie dem Schlagen von

Stufen und dem Anbringen von Fixseilen. Als er schließlich auf dem Gipfel stand, waren die Erfrierungen an seinen Füßen so weit fortgeschritten, dass er sich beim Abstieg helfen lassen musste und später sämtliche Zehen verlor.

Was trieb diese Sherpa dazu, solche Opfer für Menschen aus fernen Ländern zu bringen, deren Streben nach Abenteuer und Ruhm ihrem eigenen Wesen und ihrer eigenen Kultur völlig fremd waren? Der Lohn, den sie dafür erhielten, war dürftig (der alte Ang Tshering erinnert sich, 1924 – abgesehen von Verpflegung in Form von Reis und Suppe – weniger als eine Rupie pro Tag bekommen zu haben), die Risiken waren außerordentlich hoch und der persönliche Nutzen minimal.

Die Frage lässt sich allein damit beantworten, dass es sich bei diesem Volk, das im Hochgebirge des Himalaja zu Hause ist, um einzigartige Menschen handelt. Die Bergsteigerei hat sich gewandelt, ebenso wie die Gesellschaftsform der Sherpa und die Region, in der sie leben und arbeiten, doch die grundlegenden Charaktereigenschaften der Sherpa haben sich nicht gewandelt. Natürlich gibt es Ausnahmen, aber im Großen und Ganzen zeichnen sie sich noch immer durch ihre Charakterstärke, Loyalität und Arbeitsbereitschaft aus, die ihnen noch heute weltweite Anerkennung einbringen.

Die Zahl der legendären »Schneetiger« ist zu groß, um alle ihre Geschichten in einem Buch zu erzählen, aber einige auserwählte genügen, um ein authentisches Bild der ersten Sherpa zu vermitteln, die als *sirdar*, Träger und Bergführer gearbeitet haben. Während sie in ihrem eigenen Land längst Berühmtheit erlangten, sind sie im Ausland noch immer weithin unbekannt. Sie haben es verdient, dass die Welt ihre Geschichten erfährt und ihnen dieselbe Anerkennung zuteil werden lässt wie allen anderen Gipfelstürmern in den Annalen des Bergsteigens.

Ang Tshering, geboren 1908

Als ich im Jahr 2001 in Darjeeling eine kleine Straße entlangging, die durch den Stadtteil Toong Soong Busti führt, kam ein alter Mann mit silbergrauem Haar aus einem Hauseingang geschlurft. Sein Gesicht war wettergegerbt von vielen Jahren im Hochgebirge. Ich blieb stehen, um ihn zu begrüßen, denn in meinen Augen war er eine lebende Legende, obwohl nur wenige ihn kennen und wissen, was er in seinem langen Leben geleistet hat. »Bist du das, Tashi?«, fragte er mich, denn seine Augen waren nicht mehr so gut wie früher. »Ja, *gaga**«, antwortete ich. Er drückte mir die Hand mit der Kraft und der Wärme eines Mannes, der sein ganzes Leben mit Bergsteigen verbracht hatte und meine Leidenschaft für die grandiosen Gipfel des Himalaja teilte.

Ang Tshering war bei unserer Begegnung 93 Jahre alt und das einzige noch lebende Mitglied der Everest-Expedition von 1924, bei der die britischen Bergsteiger George Mallory und Sandy Irvine ums Leben kamen. Sein Wohnzimmer ist eine wahre Fundgrube für Erinnerungsstücke: Fotos, die ihn mit dem ersten indischen Premierminister Sri Jawaharlal Nehru zeigen, seine Tiger-Medaille und sogar eine Ehrenmedaille des Deutschen Roten Kreuzes. Wenn man ihm beim Tee Gesellschaft leistet und er nicht zu müde ist, kann er einem zahllose Geschichten aus der Blütezeit der Himalaja-Erkundung erzählen. In seinen Schilderungen tauchen beiläufig solche Namen wie Tenzing Norgay, General Charles Granville Bruce, Ang Tharkay, Anullu Sherpa, George Mallory, Norman G. Dyhrenfurth, Nawang Gombu, Eric Shipton und Frank Smythe auf. Ang Tshering verkörpert eine ganze Ära.

Ang Tshering wurde 1908 in Thamey im Khumbu geboren und arbeitete wie die meisten jungen Sherpa auf dem Feld und weidete

---

*Großvater

die Yaks. Er hätte sich zufrieden gegeben, mit dem, was er hatte, wären nicht immer mehr Sherpa mit modischer Kleidung und Berichten über das gute Geld, das sie als Träger auf Expeditionen mit den *sahibs* verdient hatten, aus Darjeeling zurückgekehrt. Im Alter von 16 Jahren kehrte er wie viele andere seiner Heimat den Rücken und machte sich mit nur zehn Rupien in der Tasche auf den Weg nach Darjeeling. Dort hielt er sich mit Brennholzsammeln über Wasser, bis er für die große Everest-Expedition von 1924 als Hochgebirgsträger angeworben wurde. Seine erste Reise nach Tibet war eine wundersame Erfahrung für ihn und er suchte das Kloster Da Rongphu auf, um sich dort den Segen des höchsten Lama einzuholen. Die Warnung des Lama, dass die hohen Gipfel niemals erklommen werden durften, flößte Ang Tshering große Furcht ein und der Tod von Mallory und Irvine schien die Prophezeiung zu bestätigen. Ang Tshering gelobte daher, dass er nie wieder versuchen würde, einen Gipfel im Himalaja zu besteigen.

Seine Erinnerungen an diese Expedition sind bemerkenswert, wenngleich er mit den *sahibs* – abgesehen davon, dass er zusammen mit ihnen kletterte – wenig zu tun hatte. Er und die anderen Sherpa staunten über die Eskapaden der Abenteurer aus dem Westen, über ihre Bekleidung, ihre Essgewohnheiten, ihre Ausrüstung und vor allem über ihre Kameras. Trotzdem bewunderte er die Kraft und Ausdauer dieser Männer, die »so bleich und schwach« wirkten, und ihre wilde Entschlossenheit, den Gipfel des Everest zu erreichen. Ang Tshering fand zwar großen Gefallen am Bergsteigen, teilte aber nicht den unbedingten Wunsch der westlichen Abenteurer, bis zum Gipfel aufzusteigen. Trotzdem akzeptierte er, wie auch viele seiner Sherpa-Kollegen, den Wunsch der *sahibs* und war bereit, alles zu tun, was in seiner Macht stand, um ihnen zu helfen.

Nach 1924 gab es einige Jahre lang keine Arbeit auf Expeditionen und Ang Tshering war gezwungen, seinen Lebensunterhalt als Holzfäller und Rikscha-Fahrer zu verdienen. »Damals gab es in Darjeeling über 100 Rikschas«, erzählte er mir. Offenbar hielt er diese Arbeit für ziemlich spannend und beinahe glamourös, obwohl sie den Beinen und dem Rücken einiges abverlangte. In den Jahren 1929 und 1930 fanden dann zwei Expeditionen auf den Kanchenjunga statt, bei denen sich Ang Tshering durch seine Ausdauer und sein Können in äußerst schwierigen Schnee- und Eisverhältnissen auszeichnete und sich sowohl bei den *sahibs* als auch bei den Sherpa große Anerkennung für seinen Mut verschaffte. 1931 begleitete er das Team von Frank Smythe bei einem Besteigungsversuch des Kamet und 1933 wurde er ausgewählt, um Hugh Ruttledge bei einem weiteren Everest-Versuch über die Nordflanke zu unterstützen. Ruttledges Team musste sich einmal mehr aufgrund widriger Wetterverhältnisse geschlagen geben, doch am Ende dieser Expedition war Ang Tsherings Ruf als »Tiger« gefestigt.

1934 unternahm eine deutsche Expedition einen mit militärischer Präzision geplanten Versuch, den Nanga Parbat zu besteigen. Da die Auswahl von 35 Trägern aus Darjeeling mit größter Sorgfalt durchgeführt wurde, überrascht es nicht, dass man auch Ang Tshering verpflichtete. Das Team brach von Darjeeling nach Srinagar in Kaschmir im Nordwesten Indiens auf. Der Nanga Parbat, ein überaus gefährlicher Berg, ließ es zu, dass die Männer sich mühsam den Weg nach oben bahnen konnten, bis sie nur noch eine Tagestour vom Gipfel entfernt waren. Dann zog ein Unwetter auf, wie es nur der Himalaja hervorbringen kann: orkanartige Winde, heftige Schneestürme und grimmige Kälte. Die tragischen Ereignisse der folgenden Tage ist eines von zahlreichen Beispielen für die beeindruckende Ausdauer der Sherpa.

Als sich die Bergsteiger und Sherpa am Morgen des 6. Juli in Camp VII auf 7318 Meter Höhe befanden, herrschten noch Sonnenschein und Windstille, doch bei Einbruch der Dunkelheit schlug das

Wetter um. Der Wind frischte auf, bis er fast Orkanstärke erreicht hatte und die Zelte flach drückte. Die Zubereitung einer Mahlzeit war nicht mehr möglich, weil niemand sein Zelt verlassen konnte. Am nächsten Morgen waren die Wolken noch dichter und machten den helllichten Tag zur Nacht, und so fiel die Entscheidung, den Rückzug zu Camp IV anzutreten. Bei katastrophalen Sichtverhältnissen, eisiger Kälte und mit leerem Magen kamen die Männer nur mühsam voran, und der gewaltige Berg forderte seinen Tribut. Von Schneeblindheit und Erfrierungen geplagt, erreichten die Deutschen und die Sherpa nicht einmal Camp VI und waren gezwungen, unter diesen verheerenden Bedingungen zu biwakieren. Im Lauf der Nacht starb der Sherpa Nima Norbu, am nächsten Morgen der Deutsche Uli Wieland. Innerhalb der folgenden 48 Stunden mussten zunächst die Sherpa Dakshi, Nima Tashi und Nima Dorje II ihr Leben lassen, danach ein weiterer deutscher Bergsteiger namens Willi Welzenbach. Nach acht Tagen in dieser Wetterhölle unternahmen die Überlebenden, Willy Merkl und die Sherpa Gaylay und Ang Tshering, erneut den Versuch abzusteigen. Sie waren die einzigen noch Lebenden aus der Gruppe von drei Deutschen und sechs Sherpa, die den Abstieg ursprünglich begonnen hatten. Doch der Albtraum war noch nicht zu Ende. Ehe sie Camp VI erreichten, verließen Merkl völlig die Kräfte. Gaylay entschied sich dafür, bei ihm zu bleiben, während Ang Tshering versuchte, Hilfe zu holen. Im *Himalayan Journal* von 1935 beschreibt der Deutsche Fritz Bechtold Ang Tsherings Ankunft im Camp:

Von Camp IV aus war ein Mann zu sehen, der sich über den waagrechten Sattel vorankämpfte. Hin und wieder trug der Sturm einen Hilferuf zu uns. Die einsame Gestalt erreichte den Rakhiot Peak und stieg von dort aus ab. Es handelte sich um Ang Tshering, Willy Merkls persönlichen Begleiter, der endlich, völlig erschöpft und mit schrecklichen Erfrierungen, Zuflucht in Camp IV fand. Mit beinahe übermenschlicher

Ausdauer hatte er sich durch Schnee und Sturm nach unten gekämpft, ein Held mit jedem Schritt.

Gaylay und Merkl überlebten nicht. Ihre Leichen wurden vier Jahre später, perfekt konserviert, Seite an Seite gefunden. Alles deutete darauf hin, dass Gaylay länger durchgehalten hatte als sein Expeditionsleiter, aber nicht mehr in der Lage gewesen war, sich zu bewegen. Auf Empfehlung der deutschen Expeditionsteilnehmer, die überlebt hatten, wurde Ang Tshering die Ehrenmedaille des Deutschen Roten Kreuzes verliehen. Er war damit der erste Sherpa, der eine Auszeichnung aus dem Ausland erhielt.

Ang Tshering verbrachte fast ein Jahr im Krankenhaus und verlor aufgrund seiner Erfrierungen sämtliche Zehen. Doch viel schlimmer als seine körperlichen Verletzungen waren seine seelischen Wunden. Seit dem schrecklichen Erlebnis hatte er Angst vor den Bergen und zog es deshalb vor, von nun an als einheimischer Stadtführer in Darjeeling zu arbeiten. Diese Beschäftigung übte er nach der Nanga-Parbat-Expedition mehrere Jahre lang aus. Im Lauf der Zeit erwachte jedoch wieder der Bergsteiger in ihm und als er Anfang der 1950er-Jahre das Angebot erhielt, mit einem Team unter der Leitung von Major General Williams den Kamet zu besteigen, sagte er zu. Obwohl Ang Tshering fast 15 Jahre lang nicht mehr berggestiegen war, drang er bis auf eine Höhe von über 7300 Meter vor. Williams schrieb jedoch in das *Himalayan-Club*-Buch des Sherpa: »Er hatte große Angst vor Erfrierungen und diese Höhe schien seine Grenze darzustellen.« Ang Tshering war von seiner eigenen Leistung enttäuscht und begnügte sich von da an damit, als Koch auf Expeditionen zu arbeiten. Im Herbst 1952 schloss er sich der Schweizer Everest-Expedition an, ein Jahr später einer Expedition zum Dhaulagiri.

1954 traf ein Team aus Deutschen, Schweizern, Briten und Amerikanern in Darjeeling ein. Das Ziel der Expedition war, den sagenumwobenen Yeti aufzuspüren, an den die meisten Sherpa glauben. Das Angebot, die Expedition als *sirdar* zu begleiten, stärkte sein Selbstvertrauen und entfachte in ihm erneut den Wunsch, in die Berge zurückzukehren. Die Suche nach dem geheimnisvollen Wesen verlief erfolglos, aber Ang Tshering wurde mit 100 Rupien belohnt, da er als Erster einen Fußabdruck des Yetis entdeckte. Später wurden ihm vom deutschen und vom britischen Alpenverein noch weitere Medaillen verliehen.

Der Erfolg von Tenzing und anderen Sherpa auf diversen Gipfeln des Himalaja weckte in Ang Tshering das Verlangen, wenigstens einen Gipfel zu besteigen. Er hatte gesehen, dass nicht alle Expeditionen in einer Tragödie endeten, und hatte das Gefühl, seine Furcht noch einmal überwinden zu können. Deshalb schloss er sich 1959 einem indischen Team unter der Führung von Captain Mohan Singh Kohli an, das den Nanda Kot in Kumaon besteigen wollte. Der Verlust seiner Zehen bereitete ihm beim Klettern jedoch solche Schwierigkeiten, dass er nur 800 Meter unterhalb des Gipfels aufgeben musste. 1960 ging sein Traum bei der erfolgreichen Besteigung des Nanda Ghunti in der Garhwal-Region durch ein anderes indisches Team unter der Führung von Sukumar Roy schließlich in Erfüllung. Am 22. Oktober 1960 stand er im Alter von 55 Jahren erstmals auf einem Himalaja-Gipfel und war überglücklich.

Eine Expedition zum Markartha im folgenden Jahr brachte ihm einen weiteren Gipfelerfolg ein. Während der Besteigung geriet er in eine Lawine, was er als Omen verstand. Er hängte seine Bergstiefel entgültig an den Nagel und widmete seine Zeit und Energie von nun an der Erziehung seiner acht Kinder, nachdem seine Frau Pasang Chokhe 1960 verstorben war. Heute verbringt Ang Tshering, der große alte Mann der Berge, seine Zeit damit, in der Sonne zu sitzen und buddhistische Gebete zu psalmodieren, während die Welt im geschäftigen Darjeeling an ihm vorüberzieht.

Ang Tharkay, 1909–1981
Ang Tharkay war eine Legende – und dies nicht nur für die Sherpa, sondern auch für die ausländischen Bergsteiger der Vor- und Nachkriegszeit. Als Nummer 19 im Register der Träger des *Himalayan Club* in Darjeeling war er ein Sherpa der alten Schule – würdevoll, loyal, tolerant, überaus tüchtig und stets gut gelaunt. Man braucht bei den älteren Bergsteigern in Darjeeling, Kathmandu, Großbritannien, Frankreich, der Schweiz oder den Vereinigten Staaten nur seinen Namen zu erwähnen und schon erscheint ein warmes, wissendes Lächeln auf allen Gesichtern, denn alle erinnern sich gern an diesen bemerkenswerten Mann der Berge und zollen ihm größte Anerkennung.

Ang Tharkay wurde 1909 in dem winzigen Dorf Khunde im Khumbu geboren und verbrachte seine Kindheit wie alle seine Altersgenossen in der damaligen Zeit mit dem Hüten von Yaks und dem Bestellen von Gerste- und Kartoffelfeldern. An seiner ersten Expedition nahm er 1931 teil, als er ein Team aus Bayern auf den Kanchenjunga begleitete, in Darjeeling ließ er sich dann erst später nieder. 1933 schloss er sich Hugh Ruttledges Everest-Expedition an, deren westliche Mitglieder ihn den »kleinen Ang Tharkay mit dem großen Herzen« nannten. Obwohl er nur 1,52 Meter maß und leichte X-Beine hatte, war er in den Bergen ein Kraftpaket. Einmal übernahm er die 36 Kilogramm schwere Last eines kranken Trägers und beförderte sie zusammen mit seinem eigenen Gepäck über 100 Höhenmeter nach oben – und das im Hochgebirge! Abgesehen von seinen natürlichen Kletterfähigkeiten verfügte er über ein herausragendes Organisationstalent und konnte ausgezeichnet mit Menschen umgehen. Der Himalaja-Forscher, Bergsteiger und Physiologe Dr. Michael Ward erinnert sich an einen Zwischenfall während der Everest-Erkundungsexpedition von 1951, als das Team auf dem Rückweg nach Kathmandu bei der Suche nach einer alternativen

Route versehentlich in das abgeschiedene Rongshar-Tal im verbotenen Tibet geriet. Die Expeditionsteilnehmer wurden von Einheimischen entdeckt, die Dr. Ward als »eine Meute von Schwerter schwingenden, mit Vorderladergewehren bewaffneten Tibetern« beschreibt.

Die Tibeter näherten sich mit großem Geschrei und verbalen Drohungen, doch die Sherpa hielten ähnlich energisch dagegen, allen voran Ang Tharkay, sirdar der Expedition, der großen Gefallen daran zu finden schien. Er riet den britischen Bergsteigern, sich in sichere Entfernung zurückzuziehen und ihn die Angelegenheit regeln zu lassen, was sie bereitwillig taten. Nach 20 Minuten lautstarker Wortgefechte kehrte Ang Tharkay zurück und berichtete mit einem breiten Grinsen, dass man sich geeinigt habe, die *sahibs* den Tibetern jedoch sieben Rupien zahlen müssten. Offenbar hatten sie ursprünglich zehn Rupien verlangt, in Ang Tharkays Augen eine unverschämte Forderung. Das Geschrei war die Preisverhandlung gewesen.

1933 stellte Ang Tharkay auf dem Everest seine Qualitäten unter Beweis, als er Lasten bis zu Camp VI auf 8230 Meter Höhe trug. Im folgenden Jahr begleitete er Shipton und Tilman bei ihrer legendären Durchquerung der Rishi-Schlucht, bei der sie sich auf einer bis dahin für unbegehbar gehaltenen Route den Weg zum heutigen Nanda-Devi-Nationalpark in der Garhwal-Region bahnten. Ang Tharkay leistete einen entscheidenden Beitrag zum Erfolg der Expedition und verschaffte sich dadurch große Anerkennung.

Im Jahr 1935 war er zwei bedeutenden Expeditionen beteiligt: an Eric Shiptons Everest-Erkundungsexpedition (bei der mehr Sechstausender bestiegen wurden als bei jeder anderen Expedition zuvor) und an Reggie Cookes Erstbesteigung des Kabru North in Sikkim. Cooke hielt fest, dass er Ang Tharkay »dummerweise im Basislager zurückgelassen und nicht mit auf den Gipfel genommen hatte«.

1936 brach Ang Tharkay abermals mit Hugh Ruttledge, der ihn als den »vermutlich besten Bergsteiger in der Sherpa-Gemeinde« bezeichnete, zum Everest auf. Es folgten ein Besteigungsversuch des Dunagiri in der Garhwal-Region mit Eric Shipton und eine Zusammenarbeit mit Major Gordon Osmaston vom *Survey of India*, der das Nanda-Devi-Becken vermaß und fotografierte.

Im nächsten Jahr begleitete Ang Tharkay nochmals Shipton und Tilman, als sie die Shaksgam-Region des Karakorum zwischen dem K2 und dem Shimshall-Pass erkundeten und vermaßen. 1938 fand dann die bis Anfang der 1950er-Jahre letzte große Expedition zum Everest statt und Ang Tharkay erwies sich dabei als *sirdar* eines 31-köpfigen Sherpa-Teams einmal mehr als unverzichtbar. Bereits im Alter von 29 Jahren wurde ihm vom *Himalayan Club* die Tiger-Medaille verliehen, die seinen Ruf als herausragender Bergsteiger untermauerte.

Die Kriegsjahre waren magere Jahre für alle Sherpa, die ihren Lebensunterhalt mit dem Bergsteigen verdienten. Auch Ang Tharkay musste sich mühsam über Wasser halten, bis er schließlich 1949 die große Chance erhielt, für immer in die Annalen des Himalaja-Alpinismus einzugehen. Kurz nachdem Nepal nach Jahrhunderten der Isolation seine Grenzen für Ausländer geöffnet hatte, erhielt der Franzose Maurice Herzog die Erlaubnis, sich am Annapurna I zu versuchen. Die Expedition war von Erfolg gekrönt. Der 8091 Meter hohe Annapurna I war der erste Achttausender, der jemals bestiegen wurde, und Ang Tharkay bekam den *Légion d'honneur* verliehen. Sein anschließender Paris-Besuch war eine Premiere für einen Sherpa und obwohl er den Aufenthalt im Westen aufregend fand, konnte er es doch kaum erwarten, wieder in die vertraute ruhige Umgebung des Himalaja zurückzukehren. Zuvor schrieb er jedoch als erster Sherpa seine Autobiographie, die 1954 in französischer Sprache erschien.

Im Jahr 1951 arbeitete Ang Tharkay als *sirdar* auf Shiptons Everest-Erkundungsexpedition, die erstmals die später übliche Südroute zum Everest beging, dabei aber an der großen Gletscherspalte oberhalb des Khumbu-Eisbruchs scheiterte. Im folgenden Jahr war er abermals *sirdar* für das britische Cho-Oyu-Team, das sich für die geplante Besteigung des Everest im Jahr 1953 vorbereitete. Im Frühjahr '53, während ein anderer Sherpa auf dem Everest Geschichte schrieb, war Ang Tharkay mit einer Schweizer Expedition unterwegs, um den Dhaulagiri im Nordwesten Nepals zu erkunden. Im Anschluss daran war er an der ersten erfolgreichen Expedition zum Nun beteiligt und 1954, wieder als *sirdar*, an einer amerikanischen Expedition zum Makalu unter der Leitung von Dr. William Siri.

Die Serie von Expeditionen, an denen Ang Tharkay mitwirkte, ist beeindruckend, vor allem angesichts der Tatsache, dass er meist nicht nur als *sirdar* arbeitete und damit für die Koordinierung sämtlicher Sherpa und für die gesamte Ausrüstung verantwortlich war, sondern zusätzlich den physischen und mentalen Beanspruchungen ausgesetzt war, die der Aufstieg in große Höhen mit sich bringt. Ang Tharkay war in jeder Hinsicht ein herausragender Bergsteiger.

Mit der Gründung des *Himalayan Mountaineering Institute* (HMI) in Darjeeling im Jahr 1954 begann für den alten »Tiger« ein neues Leben. Er wurde verdienterweise als einer von sieben Sherpa ausgewählt, die in die Schweiz geschickt wurden, um dort von dem berühmten Schweizer Bergführer Arnold Glatthard zu Kletterinstruktoren ausgebildet zu werden. Glatthard behielt Ang Tharkay als talentierten und hochmotivierten Schüler in guter Erinnerung. Aufgrund seiner natürlichen Begabung und seiner bereits beträchtlichen Erfahrung war es für Glatthard eine Freude, ihn zu unterrichten.

Nach Ang Tharkays Rückkehr nach Darjeeling arbeitete er über zwei Jahre lang als Instruktor beim HMI. Anschließend machte er sich sein Organisationstalent zunutze und gründete ein Straßenbauunternehmen im Westen von Sikkim. Trotz seines Erfolgs in dieser Branche entschloss er sich 1962, in sein Heimatland Nepal zurückzukehren. Noch im selben Jahr folgte er ein letztes Mal dem Ruf der Berge und begleitete die zweite indische Everest-Expedition unter Major John Dias als *sirdar*. Bei dieser, seiner letzten großen Expedition drang Ang Tharkay bis in eine Höhe von 8430 Meter vor – und das im Alter von 55 Jahren!

1966 erwarb er ein großes Stück Land in der Nähe von Daman, einige Stunden südlich von Kathmandu, wo er seinen Lebensabend mit Gemüseanbau und Rinderzucht verbrachte. Außerdem baute er ein Haus in Kathmandu und gründete eine Trekking-Agentur. Am glücklichsten war er jedoch in Daman, wo er den Ausblick auf die Berge genießen konnte. Ang Tharkay starb am 27. Juli 1981 an Krebs und hinterließ seine Frau Ang Yangzen sowie eine Tochter und vier Söhne. Sein drittältester Sohn Sonam Tharkay trat in die Fußstapfen seines Vaters und wurde *sirdar*.

Der britische Bergsteiger und Forschungsreisende Trevor Braham, den Ang Tharkay viele Jahre zuvor auf zwei Expeditionen nach Sikkim begleitet hatte, schrieb im Angedenken an ihn:

Sein Enthusiasmus und sein Können waren die treibende Kraft. Bei der Beobachtung, wie er mit seinen Männern umging, lernte ich eine Menge über zwischenmenschliche Beziehungen und ich sah, wie sehr sie ihn mochten und respektierten. Er war ein durch und durch rechtschaffener Mensch.

Auch Eric Shipton erwähnt den legendären Sherpa in seinem Buch *Upon that Mountain*:

Wir lernten bald seine seltenen Qualitäten zu schätzen, die ihn mit Abstand zum besten Sherpa machten, den ich jemals kennen gelernt hatte. Er besaß ein sicheres Urteil für Menschen und Situationen und erwies sich in kritischen Lagen als absolut zuverlässig. Und er war ein sehr liebenswerter Mensch: bescheiden, selbstlos und vollkommen aufrichtig, dazu von ansteckender Fröhlichkeit. Er hat mich auf allen folgenden Reisen im Himalaja begleitet, und ich verdanke ihm einen großen Teil des Erfolgs und der Freude, die ich dabei hatte.

Pasang Phutar, geboren 1910

Pasang Phutars Vater war ein Händler, der sich oft auf den Weg nach Tibet machte, wo er Butter verkaufte und von dort Salz zurückbrachte, das er in Nepal und Indien verkaufte. Diese Form des Handels hatte eine jahrhundertealte Tradition und als Junge begleitete Pasang seinen Vater oft über den hohen und rauen Nangpa-La-Pass nach Tibet. Er liebte die Berge und als in den 1920er- und 30er-Jahren die ersten großen Himalaja-Expeditionen unternommen wurden, gab er wie viele andere das Gewerbe seiner Vorfahren auf und ging nach Darjeeling, um Arbeit als Lastenträger zu finden. Zwei Jahre lang musste er sich mit Grasmähen durchschlagen, bis er 1931 seine Chance bei der Expedition des Deutschen Paul Bauer zum Kanchenjunga erhielt. Die Expedition wurde jedoch abgebrochen, nachdem ein deutscher Bergsteiger und ein Sherpa in den Tod gestürzt waren. Pasang war zutiefst erschüttert und begann an der Richtigkeit seiner Berufswahl zu zweifeln. Trotzdem war er 1933 einer der Ersten, die sich Hugh Ruttledge bei seinem Besteigungsversuch des Everest anschlossen. Die Expedition hatte mit fürchterlichen Wetterverhältnissen zu kämpfen und musste schließlich umkehren, nachdem Pasang und die anderen Sherpa die Ausrüstung bereits bis in Camp V auf 7836 Meter Höhe getragen hatten. Ein neuer »Tiger« war geboren und wurde später mit einer Medaille ausgezeichnet.

Pasangs nächste Tour führte ihn 1935 zusammen mit Cooke auf den Kabru. Trotz der Zeit raubenden Besteigung des großen Eisbruchs – sie benötigten allein für diesen Abschnitt 20 Tage –, gelang es Cooke, den jungfräulichen Gipfel zu erreichen. Die Expedition war ein Erfolg und Pasang war überglücklich und bereit für seinen nächsten Auftrag, der ihn zum Nanda Devi führte.

Es war das erste Mal seit seiner Ankunft aus Nepal, dass Pasang die Region um Darjeeling verließ, und zusammen mit Tilman bahnte er sich den Weg durch die Furcht erregende Rishi-Schlucht hinauf, um sich an dem heiligen Berg zu versuchen. Im oberen Teil der Schlucht, die vor allem dann extrem unwegsam ist, wenn der Rishi Hochwasser führt, kapitulierten die einheimischen Dhotial-Träger. Die Sherpa übernahmen ihre Lasten und erreichten unter größter Kraftanstrengung den Berg. Doch der Marsch hierher hatte seinen Tribut gefordert und auch die überwältigende Schönheit des Nanda-Devi-Nationalparks vermochte die physische und psychische Erschöpfung der Sherpa nicht zu lindern. Pasang Phutar war nicht imstande, höher als bis zu Camp I aufzusteigen, und nur zwei Sherpa schafften es bis Camp II. Tilman, ein Bär von einem Mann, stieg allein bis zum Gipfel auf. Die Sherpa hatten große Ehrfurcht vor ihm und gaben die Hoffnung auf, mit ihm Schritt halten zu können. »Er war wie ein Affe und konnte einfach überall hinaufklettern«, erinnert sich Pasang. Und es war nicht Tilmans Art, Zugeständnisse zu machen, wenn er der Meinung war, dass sie mehr leisten konnten. Nur die zähesten Sherpa genügten seinen Ansprüchen, doch Pasang respektierte das.

1938 schloss sich Pasang einer Expedition zum Masherbrum an, die unter einem unglücklichen Stern stand und sich als Desaster für alle Beteiligten erwies. Zwei der britischen Bergsteiger erlitten schwere Erfrierungen, und es gelang niemandem, höher als bis zu Camp VII auf 7622 Meter aufzusteigen.

Auch Pasang erlitt so schwere Erfrierungen an den Händen, dass seine Bergsteigerkarriere im Alter von 28 Jahren schon beendet schien. Als er nach Darjeeling zurückkehrte, mussten ihm sieben

Finger amputiert werden. Mit der mageren Entschädigung von 70 Rupien (zehn Rupien für jeden Finger) kaufte er ein Pony und verdiente seinen Lebensunterhalt von nun an damit, Touristen auf dessen Rücken durch Darjeeling zu führen. Pasang stammte zwar ursprünglich aus Namche Bazar, betrachtete aber inzwischen Darjeeling als seine Heimat.

15 lange Jahre verstrichen, bis er trotz seines Handicaps wieder in die Berge ging. Die hohen Gipfel übten noch immer eine ungeheure Anziehungskraft auf ihn aus und als im Jahr 1952 eine Schweizer Expedition zum Everest aufbrach, konnte er nicht widerstehen, sich anzuschließen – Finger hin oder her. Ein zusätzlicher Reiz bestand dieses Mal darin, dass ihn der Anmarsch durchs Khumbu führen würde, die Heimat seiner Vorfahren. Auf dem Everest stieg er schließlich bis zum Südsattel auf. Tenzing Norgay, der bei dieser Expedition als *sirdar* arbeitete, berichtet in seiner Autobiographie *Der Tiger vom Everest* von seinen nachdrücklichen Bemühungen, - Pasang und die anderen Sherpa dazu zu bewegen, den Sattel zu erreichen, indem er sie anschrie, ihnen Hiebe verabreichte und sie bergauf zerrte. Pasang schleppte seine Last in einem letzten heroischen Kraftakt bis zum Südsattel, wo er erschöpft zusammenbrach. Den Abstieg schaffte er nur mit fremder Hilfe. Pasang erinnerte sich, dass Tenzing wie ein Yak geklettert war – immer weiter bergauf mit immer schwereren Lasten. Er war den anderen Sherpa ein Vorbild.

Im Jahr 1956 trat ein japanisches Team an Pasang heran und bat ihn, sich ihrer Expedition zum Manaslu als *sirdar* anzuschließen. Sein Freund Gyaljen Mikchen hatte sich bereits 1953 mit den Japanern an diesem Berg versucht, war dabei aber auf den heftigen Widerstand der Bewohner der Ortschaft Sama gestoßen. Sie glaubten, die Expedition habe den Zorn der Götter ihres Bergs entfacht, weil eine Lawine ein 300 Jahre altes Kloster zerstört und drei hohe

Lamas getötet hatte. Trotz aller diplomatischen Bemühungen von Gyaljen Mikchen ließen sich die Dorfbewohner nicht davon abbringen, die ausländischen Bergsteiger an der Besteigung des Gipfels zu hindern. Pasang standen ähnliche Schwierigkeiten bevor, als er mit den Japanern aufbrach. Als sie sich Sama näherten, versperrten ihnen die Dorfbewohner den Weg. Pasang zögerte nicht lange, schnappte sich den Anführer der Bewohner und fesselte ihn an einen Baum. Er band ihn erst wieder los, nachdem sich alle beruhigt hatten und ein Übereinkommen getroffen worden war. Die Sherpa setzten sich durch und erhielten die Erlaubnis, die Expedition fortzusetzen. Pasang gab sein Bestes und stieg bis in eine Höhe von über 7000 Meter auf, dann wurden die Schmerzen in seinen Händen vom Klettern mit nur drei Fingern unerträglich und zwangen ihn zur Umkehr. Trotzdem war Pasang zufrieden – er war wieder in den Bergen unterwegs, und das war es, was er liebte. Das Erreichen des Gipfels spielte für ihn keine Rolle.

In den folgenden Jahren begleitete Pasang noch einige weitere Expeditionen. 1958 stieg er mit einem japanischen Team auf den Langtang, wobei es einem Expeditionsmitglied gelang, den Gipfel zu erreichen. Im Jahr 1959 arbeitete er zunächst als *sirdar* auf einer japanischen Expedition zum Himalchuli, anschließend begleitete er einen weiteren Langtang-Versuch eines japanischen Teams. Pasang kletterte gerne mit den Japanern, da sie ihn nicht wie einen Lastenträger, sondern wie ein gleichberechtigtes Teammitglied behandelten. Ihnen entging nicht, welche Autorität und welchen Respekt er als *sirdar* genoss, und sie verhielten sich entsprechend.

Bevor Pasang seine Bergsteigerkarriere beendete – diesmal endgültig –, begleitete er Ende 1959 eine französische Expedition zum Cho Oyu und 1960 die erste indische Expedition zum Everest, ein würdiger Anlass, um seine lange und bewegte Laufbahn in den Bergen abzuschließen. Heute ist er nachmittags fast immer auf dem Chowrasta-Platz in Darjeeling anzutreffen, wo er sich mit alten Freunden unterhält und dem geschäftigen Treiben zusieht. Wenn er gefragt wird, warum er in die Berge gegangen ist, lautet seine Antwort, dass er einfach große Freude am Bersteigen hatte. Heute, so sagt er, stellt ihm kam jemand mehr diese Frage, da die Menschen endlich begriffen haben, dass die Sherpa immer aus Liebe zu den Bergen geklettert sind.

Da Tenzing, 1907–1983

Viele der alten Sherpa waren von der Erscheinung und den Eskapaden der *sahibs* zutiefst beeindruckt. Nicht so Da Tenzing. Er ließ sich nicht vom Rampenlicht blenden, in dem er als erfolgreicher *sirdar* stand, und widerstand den materiellen Verlockungen, denen er ausgesetzt war.

Da Tenzing wurde in dem Dorf Khumjung im Khumbu geboren und war ein Veteran zahlreicher Expeditionen, insbesondere der Everest-Expedition von 1924 sowie anderer Expeditionen mit Eric Shipton und Charles Evans aus dem britischen Everest-Team von 1953. Er war ein großer, kräftiger Mann mit enormem Durchsetzungsvermögen, der stets den traditionellen Türkisohrring trug und sein Haar in typischer Sherpa-Manier mit einem roten Band auf einer Seite des Kopfs zu einem Zopf flocht. Außerdem war er ein streng gläubiger Buddhist und hatte, wenngleich er manchmal etwas reserviert wirkte, einen wunderbaren Sinn für Humor. Lieutenant Colonel Charles Wylie, ehemaliger britischer Armee-Offizier und Mitglied des Everest-Teams von 1953, erinnert sich, dass Da Tenzing (oder Dawa Tenzing), stellvertretender *sirdar* der damaligen Expedition, zweimal Lasten zum Südsattel trug und die anderen Sherpa professionell und zuverlässig anführte, nachdem Tenzing Norgay mit Edmund Hillary zum Gipfel aufgebrochen war.

Da Tenzing war mit vielen Begabungen gesegnet und betrachtete sich selbst als Experten für einheimischen Tee. Ein Teeplantagenbesitzer aus Darjeeling hatte der Expedition von 1953 eine große Menge Tee geschenkt. Nachdem Da Tenzing eine erste Kostprobe genommen hatte, erklärte er, dass der Tee »nicht besonders gut« sei. Als er gefragt wurde, warum (immerhin handelte es sich um die feinste Darjeeling-Mischung), erwiderte er, dass er nur dreimal aufgebraut werden könne, während der Tee, den er gewöhnlich auf dem örtlichen Bazar kaufe, nicht weniger als neunmal gebraut werden könne.

Da Tenzing setzte seine Arbeit auf Expeditionen auch in fortgeschrittenem Alter unvermindert fort. 1954 begleitete er Hillary auf den Makalu und 1955 (er war inzwischen Ende 40) arbeitete er als *sirdar* auf einer Expedition von Charles Evans, der die Erstbesteigung des Kanchenjunga gelang. Da Tenzing trug dabei Lasten bis in eine Höhe von 8230 Meter. 1956 war er *sirdar* einer Schweizer Expedition zum Everest, der gleichzeitig die Erstbesteigung des benachbarten Lhotse gelang, und anschließend bestieg er mit Emelyn Jones die Ama Dablam und arbeitete als *sirdar* bei Colonel Jimmy Roberts' erfolgreicher Erstbesteigung des Annapurna II. Es folgte ein kurzer Ausflug zum Kanjiroba Himal im Westen Nepals, ehe Da Tenzing 1963 mit einer amerikanischen Expedition zum Everest zurückkehrte und zweimal bis zum Südsattel aufstieg. Sämtliche Expeditionsleiter stellten ihm hervorragende Zeugnisse aus – den Namen »Schneetiger« trug er mit Recht.

Da Tenzings Ansehen als Bergsteiger wurde noch von der tiefen Zuneigung und Hochachtung übertroffen, die sowohl die Abenteurer aus dem Westen als auch die anderen Sherpa für ihn empfanden. Er war ein echtes Original und verstellte sich nie. Bei seinen Besuchen in Großbritannien war er die Attraktion schlechthin und hinterließ mit seinem geflochtenen Haar und seiner traditionellen

Sherpa-Kleidung großen Eindruck. Er reiste gern ins Ausland, vergaß aber nie, woher er kam und welche Werte Bedeutung für ihn hatten. John »Jacko« Jackson, Ersatzmann der britischen Everest-Expedition von 1953 und Mitglied des britischen Kanchenjunga-Teams von 1955, hatte Da Tenzing einmal nach seiner Meinung über London gefragt, worauf dieser ihm antwortete: »Ich halte nicht viel davon. In diesem Dorf hat keiner Zeit, stehen zu bleiben und sich mit anderen zu unterhalten.«

Da Tenzing identifizierte sich mit seinem kulturellen Erbe und gab sich nicht den Verlockungen des Westens hin. Als er gefragt wurde, was er am liebsten aus England mit nach Hause nehmen würde, antwortete er, eine gute Zuchtkuh – um mit ihr seine Herde im Khumbu aufzuwerten. Bei einer anderen Gelegenheit in England nahm George Band aus dem Team von 1953 Da Tenzing und seinen Sherpa-Freund Chunjup mit in ein Londoner Kino, in dem ein Film über die gemeinsame Expedition gezeigt wurde. Da Tenzing geriet völlig aus dem Häuschen, als er sich und seine Freunde auf der Leinwand erblickte, und fing ziemlich lautstark an, jeden Einzelnen zu benennen. Der etwas spießige Gentleman, der hinter Da Tenzing saß, forderte ihn auf, leiser zu sein, und es blieb George Band überlassen, dem Herrn zu erklären, dass es sich bei den beiden Sherpa tatsächlich um diejenigen handelte, die auf der Leinwand zu sehen waren.

Trotz seiner ernsthaften Art hatte Da Tenzing einen unglaublichen Sinn für Humor. Jacko Jackson erinnert sich an ein Treffen mit ihm in Gokyo, das einige Zeit nach ihrer gemeinsamen Kanchenjunga-Expedition stattfand. Bei dieser Gelegenheit stieß ein Bergsteiger aus Europa zu ihnen, der »Aufzeichnungen« über den Kanchenjunga mit Jacko vergleichen wollte. Der Bergsteiger behauptete, er habe im Vorjahr den Gipfel des Bergriesen erreicht. Jacko wusste davon nichts, doch Da Tenzing sagte leise, aber bestimmt: »Nein, das haben Sie nicht.« Daraufhin kehrte peinliche

Stille ein. Jacko fragte Da Tenzing nach dem Grund für seine Bemerkung, worauf dieser erwiderte, dass das europäische Team nur den Yalung Kang, einen der niedrigeren der fünf Gipfel des Kanchenjunga, bestiegen habe. Der Bergsteiger antwortete darauf demütig: »Ja, Sie haben Recht, Sir«, worauf Jacko ihm den großen *sirdar* Da Tenzing vorstellte. Der Bergsteiger kannte dessen ausgezeichneten Ruf und alle drei lachten herzhaft.

1963 reiste Da Tenzing mit Tenzing Norgay anlässlich des zehnjährigen Jubiläums der britischen Everest-Expedition von 1953 nach Großbritannien. Er war zu Gast bei Emlyn Jones, einem Ersatzmann des 53er-Teams, und als er das ihm zugeteilte Zimmer betrat, fand er darin ein ziemlich großes Doppelbett vor.

»Was denken Sie, wie viele Leute in diesem Bett schlafen, Da Tenzing?«, fragte Jones.

»Fünf«, erwiderte Da Tenzing, ohne zu zögern, worauf Jones den Kopf schüttelte. »Drei?«

»Nur zwei«, entgegnete Jones.

»Oh«, sagte da Tenzing, »dann müssen sie aber sehr dick sein.«

Allerdings verlief auch Da Tenzings Leben nicht ohne Tragödien. Vor allem ein Ereignis traf diesen außergewöhnlichen Mann tief. Sein geliebter Sohn Mingma verlor während einer Expedition bei einem Kletterunfall sein Leben. Da Tenzing war zu diesem Zeitpunkt mit einer anderen Expedition ebenfalls in den Bergen unterwegs und wohlauf. Aufgrund eines Missverständnisses wurde Da Tenzings Frau die Nachricht übermittelt, dass sowohl ihr Sohn Mingma als auch ihr Mann ums Leben gekommen seien. Sie war untröstlich, behielt ihre Trauer aber in der für Sherpa typischen beherrschten Art für sich. Ein paar Tage später ging sie nach Einbruch der Dunkelheit in die bittere Kälte des nächtlichen Khumbu hinaus und stürzte sich in einen Fluss. Als Da Tenzing nach Hause zurückkehrte, musste er erfahren, dass er Frau und Sohn verloren hatte.

Obwohl Da Tenzing weiterhin auf Expeditionen arbeitete, brach sein Privatleben nach und nach auseinander. Als 1976 der britische Bergsteiger Tony Streather – Mitglied der Kanchenjunga-Expedition von 1955, die Da Tenzing als *sirdar* begleitet hatte – auf dem Weg zum Everest-Basislager durch die kleine Ortschaft Dewuche kam, fand er Da Tenzing in äußerst schlechter Verfassung vor. Der Verlust seiner Frau und seines Sohnes lag noch nicht lange zurück, und hinzu kam, dass ihm vorgeworfen wurde, er habe verschiedene Gegenstände aus einem Kloster gestohlen. Natürlich wusste jeder, der Da Tenzing kannte, dass diese Behauptung nur aus der Luft gegriffen sein konnte. Er war die Ehrlichkeit und Aufrichtigkeit in Person und die Anschuldigung war zweifellos auf Missgunst von Neidern oder eine persönliche Fehde zurückzuführen. Da Tenzing war dennoch zutiefst verletzt und beunruhigt und hatte dem Kloster alles, was er besaß, gespendet, weil er hoffte, die Angelegenheit damit beilegen zu können. Er hatte kein Einkommen, wenig zu essen und lebte zusammen mit seiner Tochter Ang Nisha unter fürchterlichen Bedingungen. In der Überzeugung, bald sterben zu müssen, bat er Streather, dem *Himalayan Club* seine hoch geschätzte Tiger-Medaille sowie verschiedene Dokumente zu übergeben. Streather war sich der Konsequenzen einer solchen Schenkung bewusst und erwiderte, dass der Club zwar geehrt wäre, dafür aber jetzt nicht der richtige Zeitpunkt sei und er seine Auszeichnungen deshalb behalten solle. Der glückliche Zufall wollte es, dass Da Tenzings Gerichtsverhandlung stattfand, als sich Streather und sein Team noch in Dewuche aufhielten, und eines der Teammitglieder, ein Major der nepalesischen Armee mit guten Beziehungen, Da Tenzing begleiten und in seinem Namen vorsprechen konnte. Es gab nicht den geringsten Beweis und so wurde die Anklage fallen gelassen und der überglückliche Da Tenzing von jeder Schuld freigesprochen. Von diesem Zeitpunkt an ging es wieder aufwärts mit ihm. Da Tenzing war ein stolzer Mann und hätte niemals Almosen angenommen, doch Streather erklärte ihm, dass er aufgrund der hervorragenden Dienste, die er britischen Expeditionen über viele Jahre erwiesen hatte, »Anspruch« auf eine Altersversorgung habe. Nachdem Da Tenzing bereit war, diesen Vorschlag zu akzeptieren, zahlten ihm seine Freunde in Großbritannien bis zu seinem Tod eine monatliche Rente.

Während seines Lebensabends wurde Da Tenzing noch einmal vom Schicksal heimgesucht. Als er im Februar 1981 zusammen mit seiner Frau – er hatte wieder geheiratet – und einer großen Gruppe von Sherpa aus Solu Khumbu von einer buddhistischen Pilgerfahrt nach Indien heimkehrte, kam der Bus auf dem Weg nach Kathmandu von der Straße ab und stürzte in eine tiefe Schlucht. 32 Menschen wurden getötet, darunter ein Sohn von Da Tenzing und dessen Ehefrau. 20 andere, unter ihnen Da Tenzing und seine Frau, wurden schwer verletzt. Da Tenzing erholte sich nie mehr vollständig von den Folgen des Unfalls, bei dem er eine Lähmung des rechten Arms davontrug, und starb zwei Jahre später friedlich im Schlaf.

Mit ihm verlor die Bergsteigerwelt einen großen Sherpa und einen teuren Freund – einen Mann, der immer an seinen Traditionen festhielt und sowohl von den Sherpa im ganzen Himalaja als auch von allen Bergsteigern geschätzt und geliebt wurde, die das Privileg gehabt hatten, mit ihm zu arbeiten.

Es gäbe noch viele weitere Geschichten aus den Anfangstagen des Bergsteigens und Erkundens im Himalaja zu erzählen, von beispielhaften Sherpa, die stets weit mehr leisteten, als von ihnen erwartet wurde. Jedem Sherpa sind ihre Namen geläufig, jedoch außerhalb der Bergsteigergemeinde sind sie nur wenigen bekannt:

Da Namgyal, ein schüchterner und verschlossener Mann, der über außergewöhnliche Kraft verfügte, war einer von nur drei

Sherpa, die 1953 über den Südsattel des Everest hinaus aufstiegen. Zusammen mit John Hunt kämpfte er sich voll bepackt bis auf eine Höhe von 8384 Meter voran.

Ang Nima, ein junger Sherpa, der sich durch seinen Mut auszeichnete, trug 1953 Lasten bis zu Camp IX auf 8537 Meter und war damit außer Tenzing Norgay der einzige Sherpa, der es bis in diese Höhe schaffte.

Anullu, ein jüngerer Bruder des großen Da Tenzing und ein ebenso feiner Mensch, nahm an zahlreichen Expeditionen der 1950er-Jahre teil: 1953 erreichte er als erster Sherpa den Südsattel, 1955 war er an der Erstbesteigung des Kanchenjunga beteiligt, 1956 begleitete er die Schweizer und 1963 die Amerikaner auf den Everest und später bestieg er mit vielen anderen Expeditionen die Ama Dablam, den Annapurna II und den Makalu.

Phu Dorji, ein Sherpa aus dem Everest-Team von 1953, bestand 1965 mit einer indischen Expedition die ultimative Herausforderung und erreichte den Gipfel des Everest. Bei dieser Expedition trug er Ausrüstungsgegenstände bis auf eine Höhe von 8515 Meter und schuf damit die besten Voraussetzungen für das Gipfel-Team. Anschließend stieg er zum Basislager ab, erhielt jedoch bald darauf einen Funkruf von hoch oben am Berg, in dem ihm mitgeteilt wurde, dass er den vierten Platz im Gipfel-Team einnehmen dürfe, wenn es ihm gelänge, innerhalb von zwei Tagen wieder zum Südsattel aufzusteigen. Da Sherpa anfangs nur selten die Chance bekamen, den Gipfel zu besteigen, packte er die Gelegenheit beim Schopf und stieg sogar in weniger als zwei Tagen bis zum Südsattel auf. Einen Tag später bahnte er sich dann den Weg zum letzten Camp in 8537 Meter Höhe und erreichte schließlich am 29. Mai 1965 den Gipfel – zum damaligen Zeitpunkt bedeutete das Rekordzeit. Traurigerweise kam Phu Dorji während einer japanischen Expedition der Jahre 1969 und 1970 im Khumbu-Eisbruch ums Leben –

ein tragisches Ende für einen so fähigen und geschätzten Sherpa-Bergsteiger.

Im Jahr 1953 sollte ein Mann die Welt der Sherpa für immer verändern. Sein Erfolg wandelte das Selbstverständnis seines Volkes und machte den Begriff »Sherpa« auf der ganzen Welt bekannt, sogar bei denen, die wenig vom Himalaja und vom Bergsteigen wussten. Er war ein »Schneetiger« und sowohl in physischer als auch in psychischer Hinsicht aus demselben Holz geschnitzt wie die anderen Tiger der ersten Stunde. Sein Name lautete Tenzing Norgay Sherpa.

Tenzing Norgays Traum vom Everest

Seltsamerweise verlor Tenzing zeit seines Lebens kaum ein Wort über seinen Geburtsort in Tibet und über seine Kindheit in dem kleinen, abgeschiedenen Dorf in der Nähe des gewaltigen Makalu, das einen Tagesmarsch von der Ostseite des Everest entfernt lag. In *Der Tiger vom Everest* erinnert er sich an einen Ort mit dem Namen »Tsa-Chu«, was »heiße Quellen« bedeutet, und berichtet davon, wie ihm seine Mutter von ihrem Besuch des legendären Ghang-La-Klosters erzählte, einem von den Tibetern der Region verehrten Wallfahrtsort. Die Frage nach seiner Nationalität stellte sich erst nach seinem Erfolg auf dem Everest und wird unverständlicherweise noch heute in der Everest-Forschung diskutiert.

Tenzing war ein Sherpa und gehörte damit einer Gruppe von Menschen an, die den Himalaja häufig in beide Richtungen überquerten, um Handel zu treiben und schließlich in vielen Fällen auch umzusiedeln. Wie die Dolpopa und die Manangi aus dem Westen Nepals sind die Sherpa in ethnischer, religiöser und linguistischer Hinsicht Tibeter. Die Sherpa haben kein Nationalitätsbewusstsein – nur ein Volks- und Religionszugehörigkeitsgefühl –, sodass Tenzing, als er sich im Khumbu niederließ, ebenso wenig mit einer »technischen« Veränderung seiner Lebensumstände rechnen musste wie später, als er über die indische Grenze nach Darjeeling umsiedelte. Er benötigte keinen Reisepass und tatsächlich können Sherpa, Nepalesen und Inder auch heute noch ohne Pass zwischen diesen Ländern verkehren, genauso wie einige tibetische Nomaden, die noch immer die Gebirgspässe überqueren, um im Khumbu, in

Sikkim und in Darjeeling Handel zu treiben. Die Frage nach seiner Nationalität war also ebenso irrelevant für ihn wie für alle seine Volksgenossen im Himalaja. Er war ein Sherpa und alles andere spielte keine Rolle. In *Der Tiger vom Everest* gibt er eine einfache und bündige Erklärung:

In gewisser Weise ist Tibet die Heimat meiner Seele, aber als lebendiger Mensch fühle ich mich dort wie ein Fremder. Meine Heimat sind die Berge, doch man baut sich sein Haus nicht auf einem Gipfel oder Gletscher, um dort seine Kinder großzuziehen. Früher war Solu Khumbu mein Zuhause, heute bin dort nur noch ein gelegentlicher Besucher. Mein jetziges Zuhause ist Darjeeling.

Viel wichtiger ist Tenzings Kindheit in Hinblick auf seine großartigen späteren Errungenschaften, die umso bewundernswerter erscheinen, wenn man sich vor Augen führt, dass seine Familie zum Zeitpunkt seiner Geburt ein Leben in Knechtschaft und Armut führte und die Zukunft nur wenig Anlass zur Hoffnung für ihn bot.

Anhand grober Berechnungen und unter Zuhilfenahme des tibetischen Kalenders kann Tenzings Geburt mit einiger Wahrscheinlichkeit auf das Jahr 1914 datiert werden, das Jahr des Hasen im tibetischen Astrologiesystem. Seine Mutter erinnerte sich, dass er im Spätfrühling zur Welt kam, ein genaues Datum lässt sich allerdings nicht mehr festlegen. (Tenzing selbst gab immer gerne an, dass sein Geburtstag der 29. Mai sei – die Gründe dafür liegen auf der Hand!)

Gemäß der Tradition der Tibeter und der Sherpa wird der Name eines Kindes von den Lamas ausgewählt, nachdem sie gebetet und die heiligen Schriften zu Rate gezogen haben. Tenzing war ursprünglich vom Lama des Ghang-La-Klosters (dessen Ruinen noch heute im Rapchu-Tal östlich von Kharta hinter dem Langma-La-Pass zu finden sind) Namgyal Wangdi getauft worden. In einem benachbarten Tal befinden sich der heilige See Tse-Chu oder »Wasser des langen Lebens« und oberhalb von ihm ein kleiner Tempel und eine Höhle, in der Guru Rimpoche, Tibets wichtigster Heiliger, meditiert haben soll. Der Tse-Chu speist einen kleinen Zufluss des Kama Tsangpo im Osten Tibets, der schließlich in Nepal in den Arun mündet. Tenzings Mutter hatte sich von ihrem Heimatort Moyey, einem kleinen Dorf in der Gegend von Yuepa im osttibetischen Kharta-Distrikt, auf Pilgerreise zum Ghang-La-Kloster begeben und Tenzing kam offenbar in diesem Kloster oder in seiner Nähe zur Welt.

Die Mitglieder der britischen Everest-Erkundungsexpedition von 1921 beschrieben diese Gegend, insbesondere das Kama-Tal, als die schönste im Himalaja (allerdings durften sie nicht nach Nepal einreisen, das vielleicht noch größere Schätze bereitgehalten hätte). In *The Epic of Mount Everest* schildert der legendäre britische Offizier und Himalaja-Forscher Sir Francis Younghusband die Region so:

Die Schönheit des Kama-Tals bestand darin, dass es geradewegs vom Mount Everest herabführte, der seinen ganzen oberen Teil einnahm; dass es unmittelbar unterhalb der mächtigen Felswände des Makalu verlief, einem Berg, der nicht einmal 700 Meter niedriger, aber noch schöner als der Everest ist; und dass es aufgrund seines steilen Gefälles in Höhen hinunter führte, in denen es bereits üppige Vegetation gab, obwohl die beiden großartigen Gipfel noch voll im Blickfeld lagen. Von den Weiden, auf denen Rinder grasten und Enzian, Primeln und Steinbrech blühten, waren in 25 Kilometer Entfernung der Everest und in nur 13 Kilometer Entfernung der Makalu zu sehen.

Tenzing war als Kind nicht besonders kräftig und häufig krank. Seine Eltern Kinzom und Mingma brachten ihn deshalb ins Kloster Da Rongphu am Fuß der gewaltigen Everest-Nordflanke, wo Kinzoms Neffe Nawang Tenzing Norbu höchster Lama war. Nawang Tenzing, der später das Kloster von Tengboche im Khumbu gründete, zog seine Schriften zu Rate und verkündete, dass das Kind die

Reinkarnation eines wohlhabenden Sherpa sei, der kurz zuvor in Solu Khumbu gestorben war. Der Name Namgyal Wangdi dürfe nicht länger verwendet werden, teilte er den Eltern mit, also wurde der Junge in Tenzing Norgay umgetauft, was »wohlhabender oder glücklicher Anhänger der Religion« bedeutet. Mit dem Namenstausch waren alle zufrieden und der Junge schien von nun an das Glück auf seiner Seite zu haben. Er wurde kräftiger und war nur noch selten krank, im Gegensatz zu vielen seiner Geschwister, die ihre Kindheit unter den harten Bedingungen in Tibet nicht überlebten.

Seine ersten Lebensjahre verbrachte Tenzing in Moyey, das wie die nahen Nachbardörfer Shingsha und Khangdey unter der Obhut von Jimba Chota, dem höchsten Lama des hoch über dem Tal gelegenen Taboling-Klosters, steht. Der Lama, inzwischen 87 Jahre alt, erinnert sich noch gut an Tenzings Mutter Kinzom. Sie war eine zähe, hart arbeitende Frau, die es im Leben nicht leicht hatte, aber dennoch stets guter Dinge war und bereit zu helfen, wenn ihre Hilfe gebraucht wurde. Sie fühlte sich ihrer Familie ebenso verpflichtet wie der Religion und den Traditionen ihres Volks.

Tenzings Clan- oder Familienname lautete Ghang-La (der volle Name seines Vaters war Ghang-La Mingma), nach dem Kloster, in dessen Nähe Tenzing zur Welt gekommen war. Als Tenzing später sein Haus in Darjeeling kaufte, nannte er es ebenso *Ghang-La*. In dem Dorf Moyey, das sich am Ende der Straße nach Kharta befindet, steht noch heute das Haus, in dem Tenzing seine Kindheit verbracht hat – ein einfaches Gebäude aus Holzpfählen und aufgeschichteten Steinen von der Art, wie sie in den ärmeren Dörfern Tibets und des Himalaja häufig anzutreffen ist. Ein Teil von Tenzings Familie wohnt auch heute noch in Moyey und im nahe gelegenen Yueba. Aufgrund der abgeschiedenen Lage des Tals und der Tatsache, dass die dort lebenden Tenzings Analphabeten sind, ist es für die übrigen Familienmitglieder schwierig, den Kontakt aufrecht zu erhalten.

In früheren Zeiten bestand in Tibet ein mächtiges und fest etabliertes Feudalsystem. Die Klöster waren nicht nur für die religiöse Erziehung des tibetischen Volkes sowie für das Studium und die Bewahrung des tibetischen Buddhismus zuständig, sondern sie übten auch politischen Einfluss auf Feudalherren und Landbesitzer aus. Tibet unterschied sich in dieser Hinsicht nur wenig vom mittelalterlichen Europa, wenngleich das System sich in Tibet aufgrund der isolierten Stellung des Landes wesentlich länger halten konnte. Die Grundbesitzer waren wie in allen anderen Ländern der Welt strenge Arbeitgeber und wer ihnen dienen musste, hatte kein einfaches Los gezogen.

Der Statthalter oder Dzongpen (in manchen Dialekten auch Dyingpen) des Kharta-Distrikts war einer dieser Brotherren. Ihm gehörten riesige Landstriche und viele ansässige Familien waren seit Generationen seine Leibeigenen. Zu ihnen gehörte auch Tenzings Familie, die schwer unter der Herrschaft des Dzongpen zu leiden hatte. Grausamkeiten und Folter waren an der Tagesordnung: Menschen wurden ausgepeitscht, nackt im Freien gefesselt und der bitteren Kälte des tibetischen Winters ausgesetzt oder tagelang bis zum Hals in die Erde eingegraben. Auch Tenzings Angehörige konnten sich der Schreckensherrschaft des Statthalters nicht entziehen und das Leben in ihrer Heimat wurde für sie zunehmend schwieriger.

Irgendwann heiratete Lama Nawang, der jüngste Sohn des alten Dzongpen und jüngerer Bruder des neuen Dzongpen, eine ältere Schwester von Tenzing, Lhamu Kipa. Sie war Nonne gewesen, er Mönch. Die Verbindung stieß auf Ablehnung, was weniger daran lag, dass sich die beiden von ihrem Gelübde lossagten (das kommt in tibetisch-buddhistischen Kreisen häufiger vor), sondern an der

Tatsache, dass sie eine Leibeigene war und er ein Adliger. Das hatte zur Folge, dass Tenzings Familie noch schlechter behandelt wurde, was ihr ohnehin schon hartes Leben vollends unerträglich machte. Hinzu kam die Beschwernis der unerbittlichen Umgebung: Stürmische Winde, eisige Kälte und die Gefahren beim Hüten der Yaks auf den Hängen der Bergriesen waren eine ständige Bedrohung für Besitz und Leben. Tenzings Schwester Thakchey (auch Chewi genannt) verlor ihren Ehemann und ihren einzigen Sohn, als sie beim Überqueren eines hohen Passes von einer Lawine erfasst wurden. Nur sie allein überlebte das Unglück. Später setzte sie den Weg nach Nepal und nach Darjeeling fort, heiratete dort erneut und gebar einen Sohn, der auf den Namen Lobsang getauft wurde.

Über die hohen Pässe kam die Kunde von einem besseren Ort südlich des Chomolungma im nepalesischen Solu Khumbu. Händler erzählten von hoch gelegenen Tälern, in denen sich bislang nur wenige Sherpa niedergelassen hätten, die an denselben Bräuchen, Traditionen und religiösen Überzeugungen festhielten wie ihre tibetischen Brüder und Schwestern. Und so machte sich Tenzings Verwandtschaft nach und nach auf den Weg über den Nangpa-La-Pass ins Khumbu.

Tenzings Familienangehörige erinnern sich nur dunkel, stimmen aber darin überein, dass Tenzing zwischen sechs und acht Jahre alt gewesen sein muss, als er mit seinen Eltern von Tibet ins Khumbu aufbrach. Sie wurden von den Männern des Dzongpen verfolgt, fanden jedoch Schutz und Zuflucht bei Sherpa, die unterhalb der Bergpässe wohnten und seit langem von der Grausamkeit des tibetischen Feudalherrn wussten. Als die Tenzings in Nepal eintrafen, um in den entlegenen und verhältnismäßig wohlhabenden Tälern der Everest-Region ein neues Leben zu beginnen, besaßen sie keinen Grund und arbeiteten deshalb für andere Sherpa-Familien in den Dörfern Thamey Og (»unteres Thamey«), Thamey Teng

(»oberes Thamey«) und Chanakpa im Tal am Fuße des gewaltigen Cho Oyu sowie in einigen anderen größeren Ortschaften im Khumbu. Tenzing selbst fand Arbeit als Yak-Hirte und weidete seine Herden während der Sommermonate in bis zu 5500 Meter Höhe. Im Thamey-Tal ist die Sicht auf den Everest versperrt, doch von den Weiden und Gebirgskämmen über dem Tal ist deutlich zu sehen, wie er die benachbarten Gipfel überragt. Während der verhältnismäßig friedlichen und glücklichen Jahre im Khumbu nahm Tenzings Traum vom Everest Gestalt an.

Tenzing war kräftig, sicher auf den Beinen und kam wie alle Sherpa-Kinder gut mit großen Höhen zurecht. Doch in Tenzing schlummerte etwas, das den meisten seiner Volksgenossen fremd war: das Verlangen, die hohen Berge zu besteigen, ganz besonders den Everest. Als Jugendlicher wusste Tenzing nicht, dass der Chomolungma der höchste Berg der Welt war. In diesem entlegenen, abgeschiedenen Winkel des Himalaja hatten die Menschen kaum Kontakt zur Außenwelt und solche Superlative bedeuteten ihnen nichts. Der Everest war einfach »sein« Berg, und er wusste, dass er ihn besteigen konnte. Von seinen Verwandten, die das Erklimmen von Gletschern und hohen, gefährlichen Gebirgspässen für blanken Wahnwitz hielten, wurde sein Traum nur belächelt. Zu überleben war schwer genug und sie waren der Überzeugung, dass man seine Energien besser darauf richten sollte, Geld zu sparen, um damit Grund und Yaks zu kaufen. Und doch führte Tenzings Traum ihn aus dem Tal im Khumbu hinauf in die Berge und an ferne Orte, über die er immer mehr von den Sherpa erfuhr, die sich auf der Suche nach Arbeit oder um Handel zu treiben in unbekannte Gefilde gewagt hatten. Sie erzählten von Kathmandu, Nepals geschäftiger Hauptstadt, und vom fernen Darjeeling, von wo aus die Briten nach Tibet vorstießen, um den Everest zu erkunden und mehr über ihn zu erfahren.

Die britischen Forscher und Bergsteiger Alexander Kellas und General Charles Granville Bruce hatten zu dieser Zeit bereits damit begonnen, Sherpa als Helfer bei ihren Forschungsexkursionen anzuheuern, und als einige dieser Sherpa nach den Expeditionen von 1921, 1922 und 1924 ins Khumbu zurückkehrten, hatten sie Geschichten von Heldentaten und schrecklichen Tragödien im Gepäck – der Stoff, aus dem die Träume eines jeden jungen Mannes gemacht sind. Und alle sprachen vom Everest, von »seinem« Berg, und er war mehr denn je entschlossen, ihn zu besteigen.

Seine Eltern hatten dafür kein Verständnis und teilten ihm ohne Umschweife mit, dass er seine Arbeit fortzusetzen habe. Der Reiz der Fremde war jedoch so groß, dass sich Tenzing im Alter von 13 Jahren nach Kathmandu davonstahl – damals noch eine ziemlich verschlafene Stadt, aber dennoch Welten vom Khumbu entfernt. Nach sechs Wochen trieben ihn Heimweh und Geldmangel zurück nach Solu Khumbu, doch Kathmandu hatte ein Feuer in ihm entfacht. Fünf Jahre später sollte er sich erneut auf den Weg dorthin machen.

Im Nachbarort Thamey Og lebte eine junge Sherpani mit dem Namen Dawa Phuti. Sie war auffallend hübsch, hatte viel Sinn für Humor und einen unbeugsamen Willen. Ihr Vater war ein ziemlich wohlhabender Sherpa, der hart gearbeitet hatte, eine große Yak-Herde besaß und im Khumbu mehrere kleine, aber erfolgreiche Gewerbe betrieb. Er hatte drei Töchter, von denen Dawa Phuti die älteste war, aber keinen Sohn. Dawa Phuti wollte er mit dem Sohn einer angesehenen ortsansässigen Familie verheiraten, die ihn bei seiner Arbeit unterstützen und gut für seine Tochter sorgen würde. Dawa Phuti hatte allerdings bereits Tenzing kennen gelernt, und die beiden waren unzertrennlich. Ihr Vater war darüber nicht erfreut, schaffte es aber nicht, seine Tochter davon zu überzeugen, dass der von ihm Auserwählte einem armen jungen Sherpa ohne Vermögen und Zukunftsperspektiven unbedingt vorzuziehen sei.

Tenzing erfuhr zu diesem Zeitpunkt, dass in Darjeeling immer mehr Lastenträger für Everest-Erkundungsexpeditionen gesucht wurden, und entschloss sich, das Khumbu zu verlassen und nach Darjeeling aufzubrechen. Der Fußmarsch dorthin würde einen Monat in Anspruch nehmen und über einige der unwegsamsten Pfade im Himalaja führen. Dawa Phuti war hin und her gerissen zwischen den Plänen ihres Vaters und dem Wunsch, Tenzing zu begleiten. Beherzt wie sie war, entschied sie sich für Tenzing und das junge Paar brach zusammen mit einigen anderen Sherpa im Schutz der Nacht nach Darjeeling auf.

Tenzing ließ sich in einem Ort ganz in der Nähe von Darjeeling nieder, wo er Kühe hütete und Gelegenheitsarbeiten verrichtete. Sooft er konnte ging er in die Stadt, um Informationen über geplante Everest-Expeditionen zu erhalten. Als er sich im Jahr 1933 schließlich zum ersten Mal bewarb, wurde er abgelehnt, da er nicht über die geforderte Expeditionserfahrung verfügte, und war so gezwungen, sich weiterhin mit Gelegenheitsarbeiten über Wasser zu halten. Trotzdem war er fest entschlossen, es wieder zu versuchen.

Nach einjähriger Abwesenheit von zu Hause kehrte Tenzing ins Khumbu zurück, um seine Eltern zu besuchen und sie zu beruhigen, dass er am Leben war und sich bester Gesundheit erfreute. Sie hatten die ganze Zeit nichts von ihm gehört und mussten geglaubt haben, er sei umgekommen. Dawa Phuti begleitete ihn nach Thamey, weigerte sich aber trotz des Bittens ihres Vaters, zu bleiben. So kehrten sie nach Darjeeling zurück, wo sie 1935 heirateten, sich ein kleines Zimmer in einem Haus in Toong Soong, dem Sherpa-Viertel von Darjeeling, mieteten und ein bescheidenes, ruhiges Leben führten. Einige Zeit später nahmen Dawa Phutis Vater und ihre jüngste Schwester den beschwerlichen Weg von Thamey über den Nangpa-La-Pass nach Tibet und von dort aus über den Jelep-La-Pass nach Darjeeling auf sich, um sich davon zu überzeugen, dass Dawa Phuti gut versorgt und glücklich war. Guten Gewissens konnten sie nun der Ehe ihren Segen geben und kehrten auf demselben beschwerlichen Weg ins Khumbu zurück – ein bemerkenswerter Beweis für ihren Familiensinn und ihre Fürsorglichkeit.

1935 sollte ein entscheidendes Jahr für Tenzing werden. Endlich ging sein Traum in Erfüllung, an einer Expedition zum Everest teilzunehmen. Der berühmte britische Himalaja-Forscher und Bergsteiger Eric Shipton kam nach Darjeeling, um Sherpa für eine weitere Everest-Expedition zu rekrutieren. Tenzing besaß zwar noch immer kein Expeditionsbuch (die Visitenkarte aller Sherpa-Bergsteiger und -Träger), keine Zeugnisse und keine Referenzen, hatte sich aber ein steifes, khakifarbenes Baumwolljackett gekauft, um einen reiferen und professionelleren Eindruck zu machen. Er war damals erst 20 Jahre alt und musste mit etlichen erfahrenen Expeditions-Veteranen konkurrierte, als er unter der Rotunde des *Tea Planters' Club* wartete – wo damals die Expeditionsleiter saßen und die Sherpa in Augenschein nahmen –, bis nur noch zwei Plätze zu besetzen waren. Er sprach kein Englisch und als er nach seinen Papieren gefragt wurde, musste er den Kopf schütteln.

Eric Shipton war jedoch ein scharfsichtiger Mann, der einen guten Bergsteiger erkannte, wenn er einen sah. Und Tenzings berühmtes Lächeln wirkte offenbar Wunder, denn er wurde schließlich ausgewählt. Es handelte sich hier zwar nur um eine Erkundungsexpedition, doch Tenzing erreichte problemlos eine Höhe von 6700 Meter. Einer der Höhepunkte der Unternehmung war für Tenzing der Besuch seines Vaters, während das Team beim Da-Rongphu-Kloster campierte. Mingma hatte von der ersten Expedition seines Sohns erfahren und den Nangpa-La-Pass überquert, um ihn zu treffen. Tenzing behielt diesen Besuch aus zwei Gründen in Erinnerung: Zum einen, weil er sich sehr darüber freute, seinen Vater nach langer Zeit wiederzusehen, zum anderen, weil dieser bei seiner Ankunft im

Camp erzählte, ihm sei auf dem hohen Pass nach Tibet ein Yeti begegnet. Tenzing war von den Geschichten über Yetis, die sich die Sherpas abends am Feuer erzählten, schon immer fasziniert gewesen und glaubte fest an deren Existenz. Während seiner ganzen Laufbahn als Bergsteiger suchte er nach diesen Wesen und war entschlossen zu beweisen, dass es sich bei ihnen nicht nur um einen Sherpa-Mythos handelte.

Kurz nach Tenzings Rückkehr nach Darjeeling gebar Dawa Phuti ihr erstes Kind, einen Sohn, der Nima Dorje getauft wurde, und die Familie verbrachte einen glücklichen Winter, in dem Tenzing verschiedene Gelegenheitsarbeiten in der Umgebung der Stadt verrichtete.

1936 nahm Tenzing an zwei Expeditionen teil. Die erste führte ihn mit Hugh Ruttledge und Eric Shipton zum Everest. Nachdem Tenzing 1935 gute Arbeit geleistet hatte, stand seine Rekrutierung von vornherein fest. Diesmal handelte es sich um eine aufwendige Expedition, die nicht die weitere Erkundung, sondern die Erstbesteigung des Gipfels zum Ziel hatte. Doch dazu sollte es nicht kommen – verheerende Wetterverhältnisse zwangen sie immer wieder zur Umkehr, und obwohl Tenzing zu denen gehörte, die den Nordsattel erreichten, wurde ein Gipfelversuch niemals ernsthaft in Erwägung gezogen. Schließlich gab sich das Expeditionsteam geschlagen und trat den Heimweg an. Bei seiner zweiten Expedition in diesem Jahr – bei der es sich nicht um eine Besteigung handelte – begleitete Tenzing Major Gordon Osmaston vom *Survey of India*, der sich aufmachte, die Umgebung des Nanda Devi zu vermessen.

1937 begab sich Tenzing auf eine weitere Expedition in die Garhwal-Region, diesmal zum 6280 Meter hohen Bandar Punch (»Affenschwanz«) zusammen mit den britischen Lehrern Jack Gibson und John Martyn von der *Doon School* im nordindischen Dehra Dun. Eine neue Chance, den Everest zu bezwingen, ergab sich nicht.

Tenzing musste sich bis 1938 gedulden, ehe er sich mit einer Expedition unter der Leitung von Bill Tilman mit Eric Shipton, Frank Smythe und Noell Odell, allesamt Himalaja-Veteranen, erneut an »seinem« Berg versuchen konnte. Sie unternahmen einen Gipfelversuch, doch auch dieses Mal zwangen sie schlechtes Wetter und starker Schneefall, vom obersten Camp abzusteigen.

Anschließend mussten Tenzing und auch alle anderen Bergsteiger viele Jahre warten, ehe sie sich abermals am Everest versuchen konnten. Der Zweite Weltkrieg und seine Folgen ließen die Besteigung des Everest für die Bergsteiger aus dem Westen für einige Zeit zur Nebensache werden. Im August 1938 wurde Tenzings zweites Kind, seine Tochter Pem Pem, geboren. Tenzing musste für seine wachsende Familie aufkommen und war gezwungen, sich andere Arbeit zu suchen.

Im Frühjahr 1939 wurde Tenzing von der Kanadierin Beryl Streeton gebeten, sie und ihren Mann bei der Besteigung des Tirich Mir im Hindukusch-Gebirgsmassiv in Chitral zu begleiten, das heute zu Pakistan gehört. Sie erreichten zwar nicht den Gipfel, hatten aber trotzdem große Freude am Klettern – was Tenzing nach seinen strapaziösen Everest-Touren überaus genoss. Unterwegs lernte Tenzing Major White von den *Indian Army Scouts* kennen, der ihm Arbeit in Chitral anbot. Tenzing sagte zu und blieb bis Ende des Jahres , als ihn die Nachricht vom Tod seines geliebten Sohns Nima Dorje erreichte. Zeitgenössische Dokumente und Berichte von Zeitzeugen geben keine genaue Auskunft über die Todesursache, vermutlich starb das Kind aber an den Masern, gegen die zur damaligen Zeit noch kein Impfstoff vorhanden war.

Anfang 1940 kehrte Tenzing in tiefer Trauer nach Hause zurück, um sich um seine Familie zu kümmern, die durch die Geburt seiner zweiten Tochter Nima Tenzing bald Zuwachs bekommen sollte. Da in absehbarer Zukunft keine Aussicht auf eine Everest-Expedition bestand, beschloss Tenzing nach einiger Zeit, mit seiner Frau und seinen Töchtern nach Chitral zurückzukehren, wo er sicher sein konnte, eine Arbeit zu finden.

Hier schien der Everest so unendlich weit entfernt zu sein, doch die Anwesenheit seiner Familie machte das Leben für ihn um vieles angenehmer. 1944 sollte sich alles ändern. Dawa Phuti war bereits seit einigen Monaten krank. Das Klima in Chitral war wesentlich wärmer und feuchter als im Khumbu und in Darjeeling und bekam ihr nicht. Sie wurde immer schwächer, bis sie Ende des Jahres starb. Der verzweifelte Tenzing machte sich große Sorgen um seine Zukunft und das Schicksal seiner Kinder. Allein erziehende Väter gab es in der Gesellschaft der Sherpa keine und obwohl Tenzing jemanden hätte suchen können, der sich der Kinder annahm, wusste er, dass sie eine Mutter brauchten, und die musste eine Frau aus seinem eigenen Volk sein, eine Sherpani. Also setzte er die beiden Mädchen, inzwischen vier und fünf Jahre alt, auf ein Pferd – eines in jede Satteltasche – und überquerte zu Fuß die Berge bis zur Endstation der Eisenbahnlinie. Dank einer alten Uniform der *Chitral Scouts*, die er von Major White geschenkt bekommen und in weiser Voraussicht für die Reise angezogen hatte, erhielt er Freifahrkarten nach Darjeeling. Dort informierte er Dawa Phutis Angehörige in Thamey, die in der heiligen Höhle Mendey hoch über dem Thamey-Tal die üblichen buddhistischen Begräbniszeremonien für sie zelebrierten.

Das Schicksal meinte es gut mit Tenzing, denn kurz nach seiner Rückkehr nach Darjeeling traf er eine Sherpani wieder, die er in seinen ersten Tagen in der Stadt kennen gelernt hatte. Sie hieß Ang Lhamu und wie sich herausstellte, war sie entfernt mit Dawa Phuti verwandt. Tenzings Entschluss, ein zweites Mal zu heiraten, stieß jedoch auf Widerstand. Einige der Verwandten seiner verstorbenen Frau in Darjeeling hießen es nicht gut, dass er sich so bald wieder vermählen wollte. Tenzing war ein ruhiger Mensch mit guten Manieren, aber auch überaus dickköpfig. Als Reaktion auf die Einwände der Verwandten setzte er sich vor sein Haus, wetzte sein Furcht einflößendes *khukri*-Messer und schwor, dass er jeden töten werde, der sich der Eheschließung in den Weg stellte. Schließlich heirateten Tenzing und Ang Lhamu doch und für Pem Pem und Nima war gesorgt. Tenzing hatte großes Glück, jemanden wie Ang Lhamu gefunden zu haben. Sie war eine hingebungsvolle Ehefrau und Mutter, ein liebenswürdiger und fleißiger Mensch, und alle, die sie kannten, mochten sie sehr. Abgesehen davon war Ang Lhamu eine wundervolle Hausfrau und Gastgeberin, die alle Besucher willkommen hieß und für die Familie sorgte, wenn Tenzing keine Arbeit finden konnte. Nima und Pem Pem nannten sie »Mummy« und akzeptierten sie wie ihre leibliche Mutter.

Kurz nach seiner Hochzeit war Tenzing erneut unterwegs, diesmal auf einer Erkundungsexpedition mit dem Amerikaner Lieutenant-Colonel H. Taylor in Tibet. 1946 versuchte er sich abermals mit Gibson und Martyn am Bandar Punch im Hindukusch, doch wieder gelang es ihnen nicht, den Gipfel zu erreichen. Der Rest des Jahres 1946 und der Anfang des nächsten bedeuteten harte Zeiten für jedermann in Indien, nicht nur für Tenzing. Das Land stand kurz vor der Unabhängigkeit und viele Ausländer brachen ihre Zelte ab, um nach Großbritannien, ins übrige Europa oder in die Vereinigten Staaten zurückzukehren. Der Wirtschaft ging es schlecht, es gab wenig Arbeit, große Unsicherheit und keine größeren Himalaja-Expeditionen. Trotzdem sollte 1947 ein denkwürdiges Jahr für Tenzing werden.

Zunächst begab er sich mit dem kanadischen Bergsteiger Earl Denman auf eine äußerst unkonventionelle Everest-Expedition. Denman, der keine Einreiseerlaubnis nach Tibet hatte und nur wenig Geld, um seine Tour zu finanzieren, wollte den Everest allein beziehungsweise in Begleitung von allerhöchstens ein bis zwei

Sherpa besteigen. Und er wünschte sich Tenzing als Begleiter. Die Unternehmung war von Anfang an zum Scheitern verurteilt, aber offenbar identifizierte sich Tenzing mit Denman, auf den der Everest eine solche Macht ausübte. Auch er selbst stand nach wie vor unter dem Bann des Bergs und die Verlockung, zu ihm zurückzukehren, egal, unter welchen Umständen, war viel zu groß, als dass er ihr hätte widerstehen können. Er sagte zu und die beiden bahnten sich auf geheimen Straßen und Routen den Weg nach Tibet, bis sie schließlich am Fuß des Bergs ankamen. Ohne Everest-Erfahrung, geeignete Ausrüstung und ausreichende Nahrungsvorräte hatte ihr Vorhaben allerdings nicht die geringsten Erfolgsaussichten. Nach einem anstrengenden, gefährlichen und aussichtslosen Besteigungsversuch warf Denman das Handtuch, sie packten ihre Sachen und machten sich auf den Rückweg nach Darjeeling. Die Expedition war eine merkwürdige Episode in Tenzings Leben, gab seinem Traum, den Gipfel des Chomolungma zu erklimmen, jedoch neue Nahrung.

Anschließend nahm Tenzing an einer Expedition teil, die den Grundstein für seine lebenslange Freundschaft mit den Schweizern legte. Im Gegensatz zu Denman waren die Schweizer perfekt organisiert, hervorragend ausgerüstet und expeditionserfahren, und mit ihnen bergzusteigen erwies sich als einer der Höhepunkte in Tenzings Leben. Der bekannte Schweizer Bergsteiger André Roch war nach Darjeeling gekommen, um Sherpa für die Besteigung mehrerer Sechstausender in der Garhwal-Region anzuwerben. Tenzing war der Erste, der ihm seine Dienste anbot. Andere Sherpa hatten ihm von Roch erzählt und er wollte unbedingt für ihn arbeiten. In der Garhwal-Region lernte Tenzing dann die anderen Mitglieder des Schweizer Teams kennen: den Geschäftsmann und leidenschaftlichen Bergsteiger Alfred Sutter; den liebenswerten René Dittert, den alle Sherpa bald ins Herz schlossen und den Tenzing später auf den Everest begleitete; die junge, begeisterte Bergsteigerin Annelies Lohner aus Zürich, die später Alfred Sutter heiratete, und Alex Graven, der große Erfahrung als Bergführer in den Schweizer Alpen hatte.

Der erste Besteigungsversuch des Teams galt dem Kedarnath, einem technisch nicht übermäßig schwierigen, aber dennoch hohen und anspruchsvollen Berg. Tenzing wurde zum persönlichen Bergführer von Annelies Lohner ernannt, die kein Mitglied der Gipfelmannschaft war. Trotz Tenzings Enttäuschung, dass er nicht die Erlaubnis erhielt, bis zum Gipfel aufzusteigen, schuf die Zeit mit Lohner im höchsten Camp die Basis für eine Freundschaft zwischen den beiden, die bis zu seinem Tod andauerte. Lohner war intelligent, immer fröhlich und allen Sherpa sehr zugetan. Tenzing kochte für sie, half ihr, so gut er konnte bei ihren Expeditionsaufgaben und leistete ihr Gesellschaft. Allerdings erinnert sich Lohner, dass ihr Tenzing jedes Mal, wenn die Zeit für die abendlichen Vergnügungen und Kartenspiele der Sherpa gekommen war, ihr Zahnbürste und Zahncreme in die Hand drückte – sozusagen als Wink mit dem Zaunpfahl.

Die Schweizer waren sich darüber im Klaren, dass Tenzing unbedingt einen Gipfel besteigen wollte, hatten aber in Wangdi Norbu, einem »Schneetiger« der ersten Stunde, einen überaus erfahrenen *sirdar*. Wangdi Norbu brach mit der ersten Gipfelmannschaft auf, doch der Besteigungsversuch endete in einem schrecklichen, bizarren Unfall, der den Sherpa beinahe das Leben gekostet hätte. Als sich die Zweierseilschaft Sutter und Wangdi dem Gipfelgrat näherte, rutschten sie aus und stürzten fast 300 Meter in die Tiefe. Wie durch ein Wunder trug Sutter keine schweren Verletzungen davon, doch Wangdi brach sich das Bein. Da die anderen zu erschöpft waren, um ihn nach unten zu tragen, stellten sie in großer Eile ein Zelt für ihn auf und versicherten ihm, dass sie am nächsten Morgen beim ersten Tageslicht zurückkehren und ihn abtransportieren würden. Er hatte Schmerzen, litt jedoch nicht unter Unterkühlung, und sein Zustand war stabil. Tragischerweise hatte Wangdi missverstanden, was die anderen zu ihm gesagt hatten. Nachdem der Rest des Gipfelteams verschwunden und die Nacht angebrochen war, kam er zu der Überzeugung, man habe ihn zum Sterben zurückgelassen. In seiner Verzweiflung versuchte er sich die Kehle durchzuschneiden – wie sich glücklicherweise herausstellte, ohne Erfolg. Der entsetzte Tenzing, der am nächsten Morgen das Rettungsteam anführte, um seinen alten Freund nach unten zu bringen, fand ihn blutüberströmt vor. Wangdi überlebte, bestieg aber nie wieder einen Berg. Tenzing wurde gebeten, die Rolle des *sirdar* zu übernehmen, und erhielt so erstmals die Chance, Mitglied eines Gipfelteams zu sein. Der Kedarnath brachte Tenzing seinen ersten Gipfelerfolg im Himalaja ein. Unmittelbar im Anschluss daran erreichte er drei weitere jungfräuliche Gipfel – den Satopanth, den Balbala und schließlich den Kalindi –, deren Besteigung den Grundstein für die freundschaftlichen und bergsteigerischen Beziehungen zwischen Tenzing und den Schweizern weiter festigte.

1948 begleitete Tenzing den italienischen Gelehrten Professor Giuseppe Tucci, einen international anerkannten Experten für tibetische Kunst und Literatur, auf einer denkwürdigen Expedition nach Tibet. Die beiden reisten fast neun Monate lang kreuz und quer durch das Land, spürten Kunstgegenstände auf, sammelten Informationen über Klöster und Gemälde und befassten sich mit der Deutung und Übersetzung seltener alter Texte.

Für tibetische Buddhisten wie die Sherpa, die weder Mönche, Nonnen oder Gelehrte sind, ist Religion etwas, das man lebt und das deshalb auf einer Stufe mit Atmen oder Essen steht. Religion bedeutet für sie nicht einstudierte Gesten und Worte für bestimmte Anlässe, und die Lehre Buddhas ebenso wie die buddhistischen

Rituale werden nicht in Frage gestellt – das ist Aufgabe der Gelehrten und Lamas in den Klöstern. Ihre Religion ist einfach, hat eine lange Tradition und wird ihnen von Geburt an hautnah vermittelt. Aus diesem Grund können sie nur schwer verstehen, weshalb sich Außenstehende so intensiv mit ihrem Glauben beschäftigen wollen. Sie hegen jedoch keinen Groll gegen Außenstehende, die sich ihre Religion zu Eigen machen und praktizieren möchten. Dasselbe galt für das Verhältnis zwischen Tenzing und Tucci: Tenzing war beeindruckt vom Wissen des Professors, zugleich aber verwirrt von dessen Wissbegier. Der Sherpa lernte während dieser Zeit eine Menge Fakten über seine Kultur und seine Religion, gewann jedoch den Eindruck, dass sein Glaube zuvor, ohne dieses Wissen, ebenso stark gewesen war. Trotz allem war es für ihn eine spannende Reise durch ein Land, das sich in den kommenden Jahren drastisch verändern sollte.

Nach seinem Tibet-Abenteuer bildete Tenzing im Winter 1948 in Kaschmir und im Winter 1949 in Kulu Truppen der indischen Armee im Bergsteigen und in Überlebenstechniken in der freien Natur aus. In Kaschmir machte er Bekanntschaft mit einem britischen Offizier, Kommandeur eines Gurkha-Regiments und leidenschaftlicher Bergsteiger. Dieser Offizier fotografierte Tenzing bei der Arbeit, was nicht außergewöhnlich gewesen wäre, hätte es sich nicht um Major Charles Wylie gehandelt, der ein paar Jahre später bei der britischen Everest-Expedition von 1953 eng mit Tenzing zusammenarbeitete. Wylie wurde später ein guter Freund der Familie Tenzing.

Als Nepal im Jahr 1950 der Welt endlich seine Tore öffnete, war Bill Tilman einer der Ersten, die eine Einreiseerlaubnis erhielten. Tilman verpflichtete Tenzing für eine dreimonatige Expedition durch das westliche Zentralnepal. Die Tour war in vieler Hinsicht schwierig (vor allem in den feuchtwarmen, von Blutegeln verseuchten Dschungelregionen im Süden des Königreichs), doch Tenzing wanderte ohne Probleme an vielen gewaltigen Bergen vorbei, die er dem Namen nach kannte, aber noch nie zu Gesicht bekommen hatte, darunter der Annapurna, der Dhaulagiri und der Langtang. Im Frühling folgte eine weitere Expedition zum Bandar Punch und Tenzing schaffte es endlich, »den Affen beim Schwanz zu packen« und den Gipfel zu erreichen. Jack Gibson, der Leiter der Expedition, war leider nicht in der Lage, seinen Traum zu verwirklichen.

Ein Jahr später brach ein Expeditionsteam unter der Leitung des britischen Gurkha-Offiziers Captain J. W. Thornley auf, um die Randgebiete des Himalaja – den Karakorum, den Westen Tibets und Russisch-Turkestan – zu erkunden. Tenzing wurde als *sirdar* verpflichtet. Es wäre eine denkwürdige Exkursion geworden, hätten Politik und Pech sie nicht auf Schritt und Tritt verfolgt. Der größte Rückschlag war, dass ihnen verboten wurde, den Karakorum und die Grenzgebiete zu betreten. Das britische Team beschloss, stattdessen zum Fuß des Nanga Parbat zu marschieren, den die Sherpa nach den schrecklichen Tragödien von 1934 und 1937 fürchteten, und vor Ort darüber zu entscheiden, ob die Chance bestand, seinen Gipfel zu erreichen. Trotz großer Bedenken beteiligte sich Tenzing an der Besteigung. Als die Route immer gefährlicher wurde und die anderen Sherpa umkehrten, war Tenzing hin und her gerissen zwischen seiner Verpflichtung gegenüber den *sahibs* und seiner Loyalität gegenüber den Sherpa-Freunden und -Kollegen. Er beschloss, das Schicksal nicht herauszufordern, und ließ die Briten allein weitergehen. Zwei von ihnen, Thornley und Captain W. H. Crace, wurden hoch oben auf dem Berg das letzte Mal gesehen. Was für Tenzing als Expedition der Entdeckungen begonnen hatte, nahm ein tragisches Ende, doch einmal mehr hatten die Götter es gut mit ihm gemeint und ihn verschont.

1951 brach eine Expedition unter der Leitung von Eric Shipton auf, um eine Route zum Everest ausfindig zu machen. Tenzing hätte sich gerne angeschlossen und wäre willkommen gewesen, hatte aber bereits zugesagt, ein französisches Team zum Nanda Devi zu begleiten – ein Unternehmen, das wie die Expedition zum Nanga Parbat in Gipfelnähe das Leben von zwei Bergsteigern forderte, der Franzosen Roger Duplat und Gilbert Vignes. Tenzing selbst erreichte bei dieser Tour den Gipfel des Nanda Devi East und sagte anschließend über diesen Berg, er sei »schwieriger als der Everest«.

Im selben Jahr fand noch eine weitere Expedition mit tragischem Ausgang statt: die Besteigung des Kang in der Nähe des Kanchenjunga, der mit einer Höhe von 5780 Metern zu den unbedeutenderen Gipfeln im Himalaja zählt. Tenzing brach mit nur einem Bergsteiger, dem Schweizer George Frey, zum Gipfel auf, und alles lief nach Plan, bis Frey aus unerklärlichen Gründen den Halt verlor und in den Tod stürzte. Tenzing kehrte erschöpft und niedergeschlagen nach Darjeeling zurück.

Doch Tenzings Geschick sollte sich bald darauf wenden. Nachdem die Serie von Schicksalsschlägen, die ihn im Lauf des Jahres heimgesucht hatten, endlich abriss, begann die Blütezeit seiner Bergsteigerkarriere.

Die schweizerischen Expeditionen von 1952

Wenn man das Haus des inzwischen verstorbenen Raymond Lambert in Genf betritt, fällt einem als Erstes der wunderschöne Teakholz-Buddha ins Auge, dem ein Ehrenplatz in dem aufgeräumten und sehr europäischen Wohnzimmer zugedacht wurde. Um den Hals des Buddhas ist sorgfältig ein alter roter Schal drapiert – an sich nichts Besonderes, trotzdem ruft er sowohl bei Bergsteigern als auch bei Stammtisch-Alpinisten Erinnerungen wach. Der Schal gehörte Lambert und er hatte ihn getragen, als er und sein Freund Tenzing im Herbst 1952 auf dem Everest den zweiten ihrer beiden mutigen Gipfelversuche unternahmen. Als sich Lambert am Ende der Expedition auf den Heimweg machte, schenkte er Tenzing den Schal, weil er glaubte, dass auf diese Weise ein kleiner Teil von ihm bei den Sherpa bleiben und er eines Tages wieder mit Tenzing auf dem Everest zusammentreffen würde. Dieser rote Schal war Tenzings wichtigster Ausrüstungsgegenstand bei seinem erfolgreichen Gipfelversuch am 29. Mai 1953. Da Tenzing den Schal als Symbol ihrer besonderen Freundschaft verstand, gab er ihn nach seinem Erfolg an Lambert zurück.

Nach dem Zweiten Weltkrieg änderte sich eine Menge im Everest-Alpinismus. Aufgrund der Öffnung Nepals konnten sich die Expeditionen dem Berg jetzt von Süden nähern, was bedeutete, dass ihre Route durch Tenzings ehemalige Heimat Solu Khumbu führte. Großbritanniens Monopol auf den Berg gehörte der Vergangenheit an, denn Nepal hatte als unabhängiges Königreich keine Verpflichtungen gegenüber einem anderen Land.

Die ersten westlichen Bergsteiger, die von den nepalesischen Behörden die Erlaubnis erbaten und erhielten, den gewaltigen Berg besteigen zu dürfen, gehörten einer Schweizer Expedition unter der Leitung von Dr. Edouard Wyss-Dunant an. Sie äußerte den ausdrücklichen Wunsch, von Tenzing begleitet zu werden, und dieser willigte ein. Als *sirdar* der Expedition eröffnete sich ihm eine völlig neue Everest-Welt: eine neue Route, neue Berggefährten und die Chance, einige Zeit in seiner ehemaligen Heimat bei seinen Freunden und Verwandten zu verbringen. Wie hätte er das ablehnen können? Seine Töchter erinnern sich, dass er noch tagelang, nachdem er gebeten wurde, an der Expedition teilzunehmen, völlig aus dem Häuschen war.

Die Briten waren bitter enttäuscht, dass man sie nicht als Erste zum Zug hatte kommen lassen, und versuchten, die Schweizer dazu zu überreden, die Expedition zu einer schweizerisch-britischen Gemeinschaftsunternehmung zu machen, was Tenzing gut gefallen hätte. Da man sich aber nicht einig wurde, wer die Leitung übernehmen würde, machten sich die Schweizer allein auf, den Berg zu besteigen. Tenzing kannte nur zwei Mitglieder des Schweizer Teams von der Garhwal-Expedition im Jahr 1947 – René Dittert und André Roch –, war sich aber ganz sicher, dass er sich auch mit den anderen gut verstehen würde. Die Schweizer, das spürte er, waren ganz anders als die Briten. Wie die Sherpa waren sie in den Bergen zu Hause. Sie hatten keine kolonialistische Vergangenheit im Fernen Osten und deshalb spielte Politik überhaupt keine Rolle. Außerdem betrachteten die Schweizer die Einheimischen als Gleichgestellte und behandelten sie auch entsprechend. Von den Briten war dagegen »kein anderes Verhalten zu erwarten gewesen«, wie Lord Hunt in einem offenherzigen Presseinterview kurz vor seinem Tod erklärte. Großbritannien hatte Indien regiert und jahrhundertelang beträchtlichen Einfluss auf ganz Zentral- und Südasien ausgeübt. Der Himalaja war ein Teil dieses Einflussgebiets. Tenzing war über diesen Umstand allerdings nicht verärgert, sondern nahm ihn als Selbstverständlichkeit hin. Die Mitglieder des britischen Everest-Teams von 1953 gehörten zeit seines Lebens zu seinen besten Freunden und unterstützten seine Familie.

Für die schweizerische Expedition warb Tenzing 13 der besten Sherpa aus Darjeeling an und brach mit ihnen nach Kathmandu auf, wo die Schweizer auf ihn warteten. Anfangs hatte er Schwierigkeiten, einige von den erfahrenen Sherpa zum Mitkommen zu überreden, da es bei der Erkundungsexpedition von 1951 Unstimmigkeiten hinsichtlich der Bezahlung und der Arbeitsbedingungen gegeben hatte, doch er nutzte sein Ansehen und sein Geschick im Umgang mit Menschen und konnte sie bald dazu bewegen, mit ihm nach Nepal zu marschieren.

Als Tenzing und die anderen Sherpa schließlich in Kathmandu eintrafen, wurden sie von den Großen der schweizerischen und französischen Bergsteiger aus der Gegend um Genf in Empfang genommen – von René Dittert, André Roch, Dr. Gabriel Chevalley, Leon Flory, Raymond Lambert, Jean-Jacques Asper und René Aubert. Dittert und Roch waren hoch erfreut, Tenzing wiederzusehen, und übermittelten ihm die besten Grüße und Erfolgswünsche von Alfred und Annelies Sutter und von Ernst Freud von der 1947er Garhwal-Expedition. Tenzing traf damals zum ersten Mal Raymond Lambert und die beiden verstanden sich vom ersten Augenblick an.

»Siehst du, ich habe einen Bären mitgebracht!«, sagte Dittert zu Tenzing, als er ihm Lambert vorstellte. Der stämmige Lambert lachte und schüttelte Tenzing und den anderen Sherpa die Hand. Als er reihum ging, um die Sherpa zu begrüßen, waren diese fasziniert von seinen Schuhen, die seltsam kurz waren und nicht zu seiner imposanten Statur passten. Lambert erzählte Tenzing später, dass er 1938 in einem verheerenden Sturm in Chamonix in den

Schweizer Alpen schwere Erfrierungen davongetragen und anschließend sämtliche Zehen verloren hatte. Wie die Welt bald erfahren sollte, beeinträchtigte dieses Handicap jedoch nicht seine bergsteigerischen Fähigkeiten.

Der Anmarsch zum Everest war für die Träger ein hartes Stück Arbeit, denn er führte querfeldein durchs Gelände und jeder Tag glich der Besteigung eines kleinen Bergs unter voller Last. Die Route zur Nordseite des Everest durch Tibet war wesentlich leichter, da das tibetische Hochland, sobald man die hohen Himalaja-Pässe überquert hatte, verhältnismäßig eben war und dort Yaks eingesetzt werden konnten. Die Seilbrücken und viele steile Pfade in den Gebirgsausläufern Nepals dagegen waren nicht für Lasttiere geeignet, weshalb die gesamte Ausrüstung von Menschen getragen werden musste. Heute hat sich die Situation durch den Einsatz von Helikoptern und den Bau von Straßen deutlich verbessert, doch in den 1950er-Jahren gab es keine andere Möglichkeit, als sämtliche Lasten zu tragen.

Tenzing verstand es, mit entmutigten und erschöpften Sherpa und Trägern umzugehen. Wie der große *sirdar* Ang Tshering begleitete er sie etappenweise, sprach mit ihnen, kaufte ihnen in Teehäusern entlang der Route Tee und *rakshi*, einen einheimischen Likör, und kümmerte sich um sie, wenn sie krank oder verletzt waren. Obwohl die Sherpa in einer klassenlosen Gesellschaft leben, verfügen sie über gewisse soziale Hierarchien. Tenzing war kein wohlhabender Mann, hatte aber ausreichende Einkünfte und vor allem Prestige. Er war ein berühmter *sirdar* und genoss bei allen, die mit ihm arbeiteten oder von ihm gehört hatten, großes Ansehen. Wenn ein Mann wie er Trägern und einheimischen Expeditionsbegleitern half oder eine Weile Gesellschaft leistete, wirkte sich das überaus positiv auf ihre Moral und Arbeitsbereitschaft aus.

Geselligkeit und eine entspannte Atmosphäre im Camp trugen ebenfalls dazu bei, die harte Arbeit erträglicher zu machen. René Dittert sorgte während der Schweizer Everest-Expedition vom Frühjahr 1952 für gute Stimmung und war bei den Sherpa überaus beliebt. Weil er nie stillsitzen konnte, gaben sie ihm den Spitznamen *kishigpa*, »Floh«. Er scherzte mit den Trägern, machte Späße mit den Sherpa und brach das Eis zwischen den verschiedenen Gruppen. Ernst Hofstetter war bei den Sherpa ebenfalls sehr beliebt. Er erinnert sich, wie er sich einmal bei ihnen darüber beklagte, dass ihm die Haare ausgingen. In typischer Sherpa-Manier nutzten sie die Gelegenheit, ihn hinters Licht zu führen, und sagten ihm in vollem Ernst, dass er seinem Problem sofort ein Ende setzen könne, wenn er sich Yak-Fett in die Haare schmiere. Hofstetter befolgte trotz des erbärmlichen Gestanks von Yak-Fett pflichtbewusst ihren Rat. Als er schließlich bemerkte, dass sie ihn zum Narren gehalten hatten, beschloss er, sich zu rächen, und behielt die schmierige Masse während der gesamten Tour im Haar – zum Entsetzen der Sherpa und der Schweizer! Lambert dagegen war das erste Mal im Himalaja, sprach weder Nepali noch Hindi und beherrschte nur wenige Worte Englisch. Seine liebenswerte Art und seine offenkundige Sympathie für Tenzing sorgten jedoch dafür, dass sich die beiden auch ohne Worte perfekt verstanden.

Als die Expedition Namche erreichte, war die Freude groß, denn die meisten Sherpa aus Darjeeling waren seit vielen Jahren nicht mehr zu Hause gewesen – in Tenzings Fall waren es 18 Jahre. Um ihren Sohn zu treffen, hatte Tenzings Mutter trotz ihres fortgeschrittenen Alters mit seinen drei Schwestern den mehrstündigen Fußmarsch von Thamey nach Namche auf sich genommen, wo sie mit Cousins und Cousinen, Onkeln und vielen alten Freunden eine wunderbare Zeit verbrachte und in Erinnerungen schwelgte. Dann ging es weiter in Richtung Everest und Tenzings Schwester Sona

Doma schloss sich der Expedition als Trägerin an. Das Team legte einen Zwischenstopp beim berühmten Tengboche-Kloster ein, um sich den Segen des höchsten Lama einzuholen, danach folgte es der Route der Erkundungsexpedition von 1951 und kam gut voran. Ein Höhepunkt auf dem Weg war die Entdeckung eines Yeti-Fußabdrucks. Zwei Schweizer Wissenschaftler, die an der Expedition teilnahmen, waren auf einer Höhe von knapp 4900 Meter auf Erkundung gewesen und dabei auf eine Spur von Fußabdrücken gestoßen, die sie nicht identifizieren konnten. Als sie mit diesen Neuigkeiten ins Camp zurückkehrten, war Tenzing außer sich vor Aufregung. Er und einige andere brachen sofort auf, um die Fußspuren zu untersuchen, konnten sie allerdings nicht finden.

Auf dem Khumbu-Gletscher wurde schließlich in 5050 Meter Höhe das Basislager errichtet und mit der schwierigen und frustrierenden Aufgabe begonnen, eine Route durch das riesige Labyrinth des Khumbu-Eisbruchs festzulegen. Diese Arbeit erwies sich, wie schon für Shipton und sein Team im Jahr zuvor, als äußerst zeitaufwendig. Am Ende gelang es den Schweizern jedoch, einen Weg ausfindig zu machen. Tenzing kümmerte sich in der Zwischenzeit darum, das Gepäck zur Beförderung durch den Eisbruch unter den Sherpa aufzuteilen. Die Schweizer waren hervorragende Kletterer und Lambert arbeitete wie ein Besessener, um der Expedition den Weg durch das heimtückische Eis zu bahnen. Als schließlich Fixseile angebracht waren, begannen die Sherpa mit dem Transport der Ausrüstung durch den gefährlichsten Abschnitt des Bergs. Tenzing klangen die Worte von Ang Tharkay, dem *sirdar* der Erkundungsexpedition von 1951, in den Ohren: »Es ist unmöglich, auch nur eine einzige Fuhre durch diesen Eisbruch zu tragen!« Und das aus dem Mund eines kräftigen und mutigen Bergsteigers! Ang Tharkay und Tenzing hatten sogar eine Wette abschlossen, ob Letzterer es schaffen würde. Ang Tharkay verlor die Wette, denn Tenzing und seinen Sherpa gelang es am 7. Mai, die erste Fuhre zu Camp V oberhalb des Eisbruchs zu befördern. Obwohl die Sherpa dieser Expedition kräftige und erfahrene Bergsteiger waren, hatten sie – völlig zu Recht – große Ehrfurcht vor dem Eisbruch. Tenzing erinnerte sich daran, wie sich seine Sherpa in ständiger Angst an den Fixseilen nach oben kämpften, den Blick ununterbrochen bergauf gerichtet, um nach herabstürzenden Eisbrocken Ausschau zu halten.

Bald darauf tat sich das große Hindernis vor dem Team auf, das 1951 Shiptons Pläne vereitelt hatte. Tenzing erzählte die Geschichte der Überwindung dieses Hindernisses viele Male in den kommenden Jahren. Er sagte, es habe sich um die größte Gletscherspalte gehandelt, die er je zu Gesicht bekommen hatte – eine breite, abgrundtiefe Schlucht mit Wänden aus blankem Eis. Doch die Schweizer konnten nicht aufgeben; sie mussten auf die andere Seite und in das Western Cwm gelangen. Aber wie? Tenzing gab später zu, dass er es nicht für möglich gehalten hatte, die Gletscherspalte zu überwinden, und mit dem Abbruch der Besteigung gerechnet hatte. Die Schweizer dachten jedoch nicht daran zu kapitulieren und der mutige und überaus fähige Jean-Jacques Asper erklärte sich freiwillig bereit, eine Überquerung zu versuchen. Der erste Versuch scheiterte, doch dann kletterte er in die Spalte hinab bis zu einem Vorsprung, schwang sich mit Hilfe eines Seils auf die andere Seite und schaffte es irgendwie, an der gegenüberliegenden Wand Halt zu finden und an ihr nach oben zu klettern. Erschöpft kroch er auf der anderen Seite aus der Gletscherspalte heraus. Tenzing und seine Männer trauten ihren Augen nicht; keiner von ihnen hätte einen Versuch gewagt. Nach der Anbringung von Seilen und der Errichtung von Brücken war das Western Cwm zugänglich und der Weg zum Gipfel des Everest geebnet.

Tenzing arbeitete inzwischen immer enger mit Lambert zusammen. Das war ursprünglich zwar nicht vorgesehen gewesen, doch die beiden bildeten ein gutes Team auf dem Berg und vertrauten einander bedingungslos. Beide waren kräftig – Lambert kommentierte Tenzings Leistungsfähigkeit in großen Höhen mit der Bemerkung, dass dieser drei Lungenflügel habe – und beide wollten unbedingt, dass die Expedition zu einem Erfolg wurde. Und beide träumten davon, dem Gipfelteam anzugehören, doch diese Entscheidung lag bei Wyss-Dunant und Dittert.

Tenzing fühlte sich zum ersten Mal als vollwertiges Mitglied eines Everest-Teams (wenn auch nicht offiziell) und wusste, dass er eine echte Chance hatte, beim Gipfelversuch mit von der Partie zu sein. Noch nie zuvor war er auf dem Everest in einer solchen Position gewesen und es bedeutete ihm eine Menge. Er war sich sicher, dass er es zusammen mit Lambert zum Gipfel schaffen würde, wenn sie die Gelegenheit bekämen. Lambert sah die Sache genauso und von da an teilten die beiden alles: Zelt, Essen, Ausrüstung und ihren Traum.

Die nächste Herausforderung bestand darin, den Genfer Sporn zu erreichen und von dort hinunter zum Südsattel zu gelangen. Nun war es von entscheidender Bedeutung, ob die Sherpa es schaffen würden, die Ausrüstung dorthin zu transportieren; ohne Zelte und Nahrungsvorräte hätte das Bergsteigerteam den Weg nicht fortsetzen können. Die Überwindung des Eisbruchs war schwierig genug gewesen, aber jetzt musste Tenzing die anderen Sherpa dazu bringen, mit voller Beladung die Lhotse-Flanke zu erklimmen. Unterhalb des Genfer Sporns, auf einer Höhe von 7700 Meter, entschieden sich die Sherpa Mingma Dorje und Ang Norbu aus Angst vor Erfrierungen zur Umkehr. Da inzwischen starker Wind eingesetzt hatte und die Sonne kurz davor war unterzugehen, konnte nicht einmal Tenzing sie davon abbringen. Sie waren seine Freunde und mutige Bergsteiger, aber er erkannte, dass sie ihre persönliche Grenze erreicht hatten, und respektierte das.

Tenzing und die Sherpa Pasang Phutar, Da Namgyal und Phu Tharkay übernahmen so viel Gepäck wie möglich von den anderen beiden, den Rest ließen sei zurück. Es sollte später abgeholt werden. Einmal mehr erwiesen sich Tenzings Fähigkeiten auf jeder einzelnen Etappe der Besteigung als unentbehrlich. Hätte er die anderen Sherpa nicht dazu bewegen können, ihre Arbeit trotz der katastrophalen Bedingungen fortzusetzen, wären die Schweizer Bergsteiger ebenfalls zur Umkehr gezwungen gewesen. Tenzing war sich dessen genau bewusst und ebenso entschlossen wie die Schweizer, den Weg fortzusetzen, aber nur er war in der Lage, die Sherpa davon zu überzeugen. So kämpften sie sich alle zusammen bis sieben Uhr abends weiter voran, schafften es aber nicht bis zum Südsattel und sahen sich deshalb genötigt, unmittelbar unterhalb des Genfer Sporns zu biwakieren. Der Wind heulte und es herrschte eisige Kälte. Unter größten Schwierigkeiten gelang es den Sherpa und den Schweizern, an dieser extrem gefährlichen Stelle ihre Zelte aufzubauen, in denen sie dann eine schreckliche Nacht verbrachten.

Tenzing, der sich im Zelt der Sherpa aufhielt, um ihnen Gesellschaft zu leisten, gelang es trotz der widrigen Verhältnisse, eine Suppe zuzubereiten. Die Schweizer trauten ihren Augen nicht, als er, angeseilt, um nicht von der Flanke des Bergs geweht zu werden, in ihrem Zelt auftauchte und ihnen warmes Essen und heiße Getränke servierte. Im Morgengrauen schlugen sie die Zelte ab und bereiteten sich darauf vor, zum Südsattel aufzubrechen. Die drei Sherpa, die von den Strapazen des Vortags erschöpft und gesundheitlich angeschlagen waren, hatten in der bitteren Kälte keinen oder nur wenig Schlaf gefunden und sträubten sich auch jetzt wieder, weiterzugehen. Tenzing ließ sie zurück, damit sie auszuruhen konnten, schulterte eine doppelte Last und stieg mit den Schweizern zunächst zum Genfer Sporn auf und anschließend hinab in die kahle Einöde des Südsattels. Mit beinahe übermenschlicher Ausdauer, Kraft und Entschlossenheit kehrte er dann zum Lager des Vorabends zurück, schulterte eine weitere doppelte Last und schaffte es irgendwie, die drei Sherpa dazu zu überreden, ihm zum Südsattel zu folgen.

Welcher andere Sherpa oder Bergsteiger aus dem Westen hätte unter diesen Bedingungen denselben Mut und dieselbe Kraft aufgebracht? Was wäre aus dieser Expedition oder auch der britischen Besteigung des folgenden Jahres ohne Tenzing geworden? Es gab viele, die auf dieser Route hätten aufsteigen können, aber ohne die Ausrüstung und die Nahrungsvorräte, die von den Sherpa mühsam nach oben geschafft wurden, hätte niemand auch nur eine Nacht überlebt. Und ohne Tenzings unvergleichliche Überredungskünste wären die Sherpa niemals bis in solche Höhen aufgestiegen.

Zusammen mit Aubert und Flory nahmen Lambert und Tenzing dann erstmals den Südost-Gipfelgrat des Everest in Angriff. Eigentlich sollte dieser Aufstieg nur der Erkundung dienen, da Tenzing jedoch ein kleines Zelt im Gepäck hatte und er und Lambert in guter körperlicher Verfassung waren, bestand die Chance, hoch oben ein Lager zu errichten und am nächsten Tag einen Gipfelversuch zu unternehmen. Nachdem sich Flory und Aubert eingehend mit Lambert beraten hatten, traten sie den Rückweg an und ließen die beiden Freunde auf einer Höhe von 8385 Meter zurück, wo sie mit der Aussicht auf eine Gipfelbesteigung am nächsten Tag eine bitterkalte Nacht verbrachten.

Im Morgengrauen jedoch rollten vom Nuptse dicke Wolken heran. Tenzing und Lambert mussten eine Entscheidung fällen – weiter aufsteigen oder umkehren. Die beiden wechselten kein Wort; Lambert streckte einfach den Daumen nach oben und hob die Augenbrauen und Tenzing signalisierte mit einem Nicken seine Zustimmung. Doch die Entscheidung sollte sich als falsch erweisen: Der Wind und die Kälte machten ihr Vorhaben zu einem aussichtslosen Kampf. Auf 8613 Meter – der größten Höhe, die je von einem Bergsteiger erreicht worden war – legten sie eine Pause ein. Sie hatten Flaschensauerstoff bei sich, konnten ihn aber nur einsetzen, wenn sie stehen blieben und die Pumpen betätigten. So litten sie bald unter Schwindelgefühl und wurden immer wieder von dem trügerischen Wohlgefühl überkommen, das sich einstellt, wenn die Anstrengung in großer Höhe anfängt, ihren Preis zu fordern. Tenzing blieb stehen und stützte den Kopf auf seinen Eispickel. Er hatte sich noch nie zuvor so schwach gefühlt, und selbst sein »dritter Lungenflügel« versagte den Dienst. Er und Lambert ließen sich in den Schnee fallen. Sie blickten einander an und waren sich einig, dass es den sicheren Tod bedeuten würde, wenn sie weitergingen und das Glück herausforderten, den Gipfel zu erreichen. Beide Männer liebten das Bergsteigen, aber beide hingen auch zu sehr am Leben, um es aufs Spiel zu setzen. Ohne ein Wort oder eine Geste machten sie kehrt und stiegen ab, bitter enttäuscht, aber ohne die geringsten Zweifel an der Richtigkeit ihrer gemeinsamen Entscheidung. Zwei der Schweizer Bergsteiger unternahmen noch einen zweiten Gipfelversuch, doch bei noch schlechteren Wetterverhältnissen schafften sie es nicht einmal bis zum Südsattel. Die Frühjahrsexpedition war damit beendet.

Dennoch gab es einen gewissen Trost: Zum einen planten die Schweizer bereits eine weitere Everest-Expedition im Herbst desselben Jahres und zum anderen hatten sich zwischen Tenzing und Lambert unzertrennliche freundschaftliche Bande entwickelt. Ein weiterer Nutzen der Expedition bestand in der Menge der Daten, die die beiden Wissenschaftler im Schweizer Team hatten sammeln können, vor allem in den oberen Regionen des Everest, in die bislang noch kein Mensch vorgedrungen war. Diese Informationen wurden großzügigerweise an die Briten weitergegeben, um sie bei ihrem Besteigungsversuch im folgenden Jahr zu unterstützen.

Ein Sherpa wurde mit der Aufgabe betraut, die wertvollen Gesteinsproben, die im Western Cwm und auf dem Südsattel gesammelt worden waren, ins Basislager zu befördern. Alle Proben waren etikettiert, katalogisiert und für den Transport nach Europa sorgfältig eingepackt worden, wo sie untersucht werden sollten. Der besagte Sherpa hielt es jedoch für absurd, Felsbrocken vom Everest hinabzuschleppen, und entledigte sich seiner Last. Er stieg bis knapp oberhalb des Basislagers ab, sammelte im Eisbruch andere Steine ein und überreichte sie pflichtbewusst den Schweizern. Man kann sich vorstellen, wie entsetzt die Schweizer Wissenschaftler gewesen sein mussten! Dem Sherpa war die ganze Aufregung völlig unbegreiflich und er verschwendete keinen weiteren Gedanken an die Angelegenheit.

Die Schweizer verbrachten den ganzen Sommer mit der Planung ihrer Herbstexpedition und diesmal wurde Tenzing offiziell gebeten, als *sirdar* und als vollwertiges Mitglied des Bergsteigerteams daran teilzunehmen. Er fühlte sich zutiefst geehrt und sagte zu, obwohl Ang Lhamu vehement dagegen war. Tenzing respektierte Ang Lhamu und ihre Meinung. Sie war eine starke und tüchtige Frau und als Sherpani akzeptierte sie die Pflichten und Risiken, die mit Hochgebirgstouren verbunden waren. Sie hatte einen Bergsteiger geheiratet und nahm in Kauf, was das mit sich brachte. Allerdings war sie auch eine äußerst feinfühlige und mutige Frau und Tenzing wusste, dass sie einen guten Grund hatte, wenn sie Einwände erhob. Zwei größere Expeditionen in einem Jahr stellten für jeden eine hohe Anforderung dar und Lambert war der Einzige aus dem Team der Schweizer, der Tenzings Entschlossenheit und Motivation hatte und es ebenfalls so bald noch einmal versuchen wollte. Tenzing wusste, dass es schwierig werden würde und, wie seine Frau richtig anmerkte, sich noch nie jemand zuvor im Herbst am Everest versucht hatte. Ang Lhamu tat ihre Meinung laut und deutlich kund und ganz

Darjeeling wusste, dass sie nicht einverstanden war. Tenzing hörte ihr pflichtbewusst zu und nahm ihre Bedenken zur Kenntnis, erklärte ihr aber, dass das Bergsteigen sein Beruf und seine große Leidenschaft sei. Ang Lhamu gab sich schließlich geschlagen und Tenzing brach in dem Wissen, dass seine Töchter und sein Heim in besten Händen waren, abermals mit seinem Sherpa-Team nach Kathmandu auf.

Der Leiter der Herbstexpedition war Dr. Gabriel Chevalley aus dem Everest-Team vom Frühjahr. Zu den anderen Mitgliedern gehörten die Schweizer Lambert, Ernst Reiss, Jean Busio, Arthur Spöhel, Gustave Gross und der Schweiz-Amerikaner Norman G. Dyhrenfurth, Sohn des berühmten Schweizer Himalaja-Forschers Gunter Dyhrenfurth. Tenzing hatte ein starkes Sherpa-Team rekrutiert, zu dem alte Hasen wie Ang Dawa, Ajiba, Nima Norbu und Mingma Dorje gehörten, aber auch der Neuling Topgay, ein Neffe von Tenzing.

Die Herbstexpedition hatte anfangs mit einigen Problemen zu kämpfen: Zuerst verzögerte sich Dyhrenfurths Ankunft, weil sein Visum nicht rechtzeitig ausgestellt wurde, anschließend sorgte verspäteter Monsunregen auf dem Hinweg für ein Schlammbad, worunter vor allem die Sherpa mit ihren schweren Lasten zu leiden hatten. Dazu kam, dass während dieser Expedition verschiedene Krankheiten umgingen – zunächst erwischte es Chevalley, dann einen Sherpa und schließlich einen Träger. Zwei nepalesische Träger mussten am Hinweg sogar ihr Leben lassen. Als die Expedition in Namche eintraf, hatten sich aber sowohl das Wetter als auch die körperliche Verfassung aller gebessert und die Etappe bis zum Basislager wurde ohne weitere Zwischenfälle bewältigt.

Trotzdem hatte Tenzing ein ungutes Gefühl, als sie sich durch den großen Eisbruch auf den Weg ins Western Cwm machten, was an der für eine Besteigung ungewohnten Jahreszeit liegen mochte,

Die ersten Sherpa-Bergführer blicken vom Gipfelgrat des Chomiomo nach Tibet, 1907

Der große Eric Shipton beim Rekrutieren von Sherpa in Darjeeling, 1935. Tenzing Norgay ist der Vierte von links. Die britische Expedition von 1935 sollte Tenzings erste Everest-Expedition werden

Das Schweizer Team vom August 1952 in Camp IV auf dem Everest. (V.l.n.r.:) Tenzing, Raymond Lambert, Dr. Gabriel Chevalley, Arthur Spöhel, Ernst Reiss, Gustave Gross

Die besten Freunde: Tenzing und Lambert, 1952

Das britische Everest-Team von 1953

Der große *sirdar* Da Namgyal, 1953

Das Western Cwm; Sherpa befördern Lasten zu Camp IV, 1953

Das Foto, bei dem die Welt den Atem anhielt: Tenzing auf dem Gipfel des Everest, 29. Mai 1953

Tenzing und Hillary nach ihrem historischen Gipfelerfolg beim Teetrinken im Western Cwm, 30. Mai 1953

Hillary, Tenzing und Ang Lhamu mit angespannter Miene beim frenetischen Empfang in Kathmandu, Juni 1953

Tenzing trägt stolz seine diversen Medaillen zur Schau; die Aufnahme entstand in einem Fotostudio in Darjeeling

Tenzing und Raymond Lambert beim Signieren von Tenzings Autobiographie

Schweiz, 1954.
Ang Lhamu war zutiefst beeindruckt von diesem Stier

Tenzing trifft Seine Heiligkeit den Dalai Lama im *Mount Everest Hotel* in Darjeeling, 1956

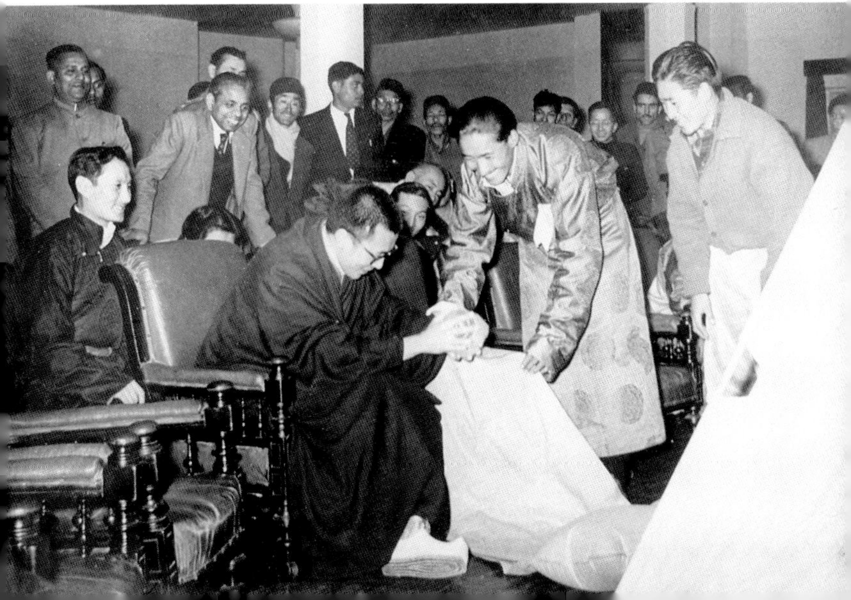

Wieder vereint: Hillary und Tenzing im HMI

Tenzing im Mai 1973

Tenzing, Hillary und George Lowe in Lhasa, Tibet, 1981

Tenzing in der Schweiz im November 1985, sechs Monate vor seinem Tod

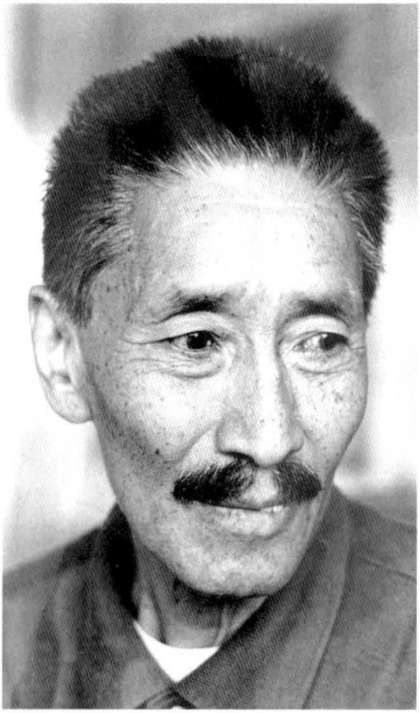

vielleicht aber auch auf eine böse Vorahnung zurückzuführen war. Das »Tal der Stille«, wie die Schweizer es nannten, machte seinem Namen diesmal keine Ehre. Der Wind heulte, die Kälte wurde unerträglich und Tenzing fragte sich, wie sie in größeren Höhen überleben sollten, wenn die Bedingungen bereits in dem geschützten Tal derart widrig waren. Die Schweizer hatten jedoch mit extremer Kälte gerechnet und für alle Expeditionsmitglieder hervorragende Ausrüstung mitgebracht.

Als sie sich über die Lhotse-Flanke nach oben kämpften, ereignete sich ein tragischer Zwischenfall: Oberhalb der Bergsteigerteams lösten sich Eisbrocken aus dem Hang und stürzten auf sie herab. Den meisten von ihnen gelang es, rechtzeitig den Kopf in der Lhotse-Flanke zu vergraben, doch Mingma Dorje, ein Everest-Veteran und überaus beliebter Sherpa, blickte genau im falschen Moment bergwärts und wurde von einem Eisbrocken im Gesicht getroffen. Er kippte blutüberströmt nach hinten und fiel schlaff ins Seil. Seine Bergung war schwierig und nahm viel Zeit in Anspruch. Dr. Chevalley stellte fest, dass Mingma Dorje nicht nur im Gesicht getroffen worden war – ein Eissplitter war durch den Hals in seinen Körper eingedrungen und hatte ihm die Lunge durchbohrt. Trotz stundenlanger Bemühungen gelang es dem Arzt nicht, Mingma Dorjes Leben zu retten. Als hätte ein tragisches Ereignis nicht genügt, verloren kurz darauf drei Sherpa – Aila, Da Norbu und Mingma Rita, die eine Seilschaft bildeten – den Halt, rutschten 200 Meter weit ab und stürzten ins Eis. Da Norbu kam wie durch ein Wunder mit einigen blauen Flecken davon, aber Mingma Rita brach sich bei dem Unglück das Schlüsselbein sowie mehrere Rippen und Ailas Gesicht war bis zur Unkenntlichkeit entstellt. Tenzing war nicht vor Ort gewesen, als sich diese Unfälle ereigneten, doch als ihn die Nachricht erreichte, eilte er sofort nach oben, um den verängstigten und entsetzten Sherpa seelischen Beistand zu leisten.

Die Besteigung wurde unterbrochen und alle Schweizer und unverletzten Sherpa fanden sich zusammen, um Mingma Dorje zu beerdigen. Tenzing fiel die schwierige Aufgabe zu, im Fels und Eis einer Seitenmoräne unterhalb der gewaltigen Südwestflanke des Everest ein Grab auszuheben und darüber ein Grabmal aus Felsbrocken zu errichten. Dann rezitierte er ein kurzes Gedicht in seiner Muttersprache und weinte unverhohlen mit seinen Gefährten über den Verlust eines teuren Freundes.

Die Sherpa waren mittlerweile völlig demoralisiert und eingeschüchtert, doch konnte die Besteigung ohne sie nicht fortgesetzt werden. Die Schweizer waren ebenfalls tief betroffen vom Tod Mingma Dorjes, den Verletzungen der anderen Sherpa und der Aussicht, ihr Vorhaben aufgeben zu müssen. Als wahre Bergsteiger schätzten sie das Sherpa-Team ebenso sehr wie Tenzing und hielten es für moralisch verwerflich, darauf zu bestehen, dass die Lastenträger ihren gefährlichen Weg fortsetzten. Sie überließen Tenzing und den anderen Sherpa die Entscheidung, ob man weitergehen oder umkehren sollte. Tenzing diskutierte bis spät in die Nacht mit seinen Männern und zog dabei alle Register seiner Überredungskunst. Er wollte unbedingt, dass die Schweizer den Gipfel erreichten, nicht nur weil er es Lambert von Herzen gegönnt hätte, sondern auch, weil er gesehen hatte, wie sehr sie sich bei ihren beiden Versuchen bemüht und welche Strapazen sie auf sich genommen hatten. Seiner Ansicht nach hatten sie es verdient, den Gipfel zu erreichen; sie hatten zu hart gearbeitet, um jetzt zu scheitern. Am Ende willigten die Sherpa ein, den Weg fortzusetzen. Die Schweizer waren über diese Entscheidung hoch erfreut und beschlossen, die Lhotse-Flanke mit Fixseilen zu versehen. Nach einem Kraftakt von Lambert, Tenzing und Reiss gelang es, die Route zu sichern, und die Expedition erreichte schließlich am 19. November um fünf Uhr nachmittags den Südsattel. Der Ausblick war atemberaubend, doch

Wind und Kälte waren unerträglich, weshalb sie sich umgehend daranmachten, die Zelte aufzustellen. Der Sturm tobte so heftig, dass er die Zeltheringe immer wieder aus dem Boden riss. Erst nach größten Anstrengungen gelang es den Männern, sie zu verankern. Erschöpft brachen sie dann in den Zelten zusammen.

Bei Temperaturen von bis zu minus 50 °C verbrachten sie eine ungemütliche Nacht. Sämtliche Essensvorräte waren gefroren, aber Tenzing schaffte es trotzdem, heiße Schokolade zu zaubern, die er durch den Sturm zu den Zelten der Schweizer trug. Im Lauf der Nacht verschlimmerten sich Wind und Kälte und einzuschlafen hätte den sicheren Tod bedeutet. Deshalb unterhielten sie sich, schrien und rempelten einander an, um sich wach zu halten. Obwohl der Wind am nächsten Morgen nicht nachgelassen hatte, nahmen sie am Spätvormittag den Gipfelgrat in Angriff – ein scheinbar unmögliches Unterfangen, aber sie waren fest entschlossen, es zu versuchen. In 8135 Meter Höhe wurden Wind und Kälte jedoch so unerträglich, dass ihr gesunder Menschenverstand ihnen sagte, es wäre Wahnsinn weiterzugehen. Das Team kehrte um und als die Männer wieder am Sattel angekommen waren, stiegen die Sherpa weiter zu Camp VII ab und ließen – was sie unter normalen Umständen niemals getan hätten – ihren Kollegen Goundin zurück, der im Schnee lag und sich nicht mehr bewegen konnte. Ihr Wille war gebrochen und sie hatten nur noch den Gedanken, von diesem tödlichen Ort fortzukommen. Der arme Goundin wäre gestorben, hätten ihn nicht Tenzing, Lambert und Reiss ans Seil genommen und hinunter zu Camp VII geschleppt. Am nächsten Tag stieg das Team weiter ab, wobei sich Tenzing darum kümmerte, dass die wertvolle Ausrüstung vollständig mitgenommen wurde. Der Kampf mit dem Everest war verloren und jetzt waren die Briten an der Reihe, ihn herauszufordern.

Tenzings Ruf als hervorragender Bergsteiger hatte sich inzwischen gefestigt. Die Schweizer lobten ihn und seinen Beitrag zu ihren beiden Expeditionen in höchsten Tönen. Er hatte schwerere Lasten als die meisten anderen getragen und etliche Aufgaben der Europäer übernommen – Kochen, Zelte aufstellen etc. Dabei war er beinahe doppelt so viel geklettert wie alle anderen, denn er war ununterbrochen auf der Route auf und ab gestiegen, hatte den Nachschub kontrolliert und dafür gesorgt, dass die Sherpa in Bewegung und motiviert blieben. Tenzings Kraft und Ausdauer waren inzwischen legendär. Einmal ging er um halb neun Uhr morgens mit einer doppelten Last zwischen Camp IV und Camp V los, stieg 1500 Höhenmeter durch unwegsames Gelände zu Camp I ab, gab den dort untergebrachten Sherpa Anweisungen und seelische Unterstützung und eilte beim ersten Tageslicht in achteinhalb Stunden zurück zu Camp IV – eine wahre Meisterleistung.

Norman G. Dyhrenfurth berichtete später von Tenzings persönlichem Beitrag zur Expedition und von seiner Hilfsbereitschaft gegenüber seinen Gefährten:

Ich erinnere mich noch genau an die Nacht des 12. November während der Schweizer Expedition, nachdem ich mit einer starken Kehlkopfentzündung und hohem Fieber von Camp V in 7015 Meter Höhe zu Camp IV abgestiegen war. Im Lauf dieser Nacht stürzte mein Zelt ein und ich war aufgrund meiner schlechten Verfassung nicht in der Lage, nach draußen zu gehen, um die Zeltheringe und die Spannschnüre wieder zu befestigen. Ich versuchte meine Schweizer Freunde in den benachbarten Zelten zu Hilfe zu rufen, aber sie konnten mich meiner Kehlkopfentzündung und des starken Windes wegen nicht hören. Ich lag im Dunkeln da und versuchte, die flatternde Zeltplane von meinem Gesicht fern zu halten, um nicht zu ersticken. Ich war völlig verzweifelt und dachte, dass ich das Zelt für den Rest der langen Nacht würde festhalten müssen.

Plötzlich hörte ich das Geräusch eines Zeltreißverschlusses und Tenzings Stimme ertönte unmittelbar vor meinem Zelt im Sturm: »Ich kümmere mich darum, Sahib!« Wie er es geschafft hat, werde ich nie erfahren. Normalerweise braucht man selbst bei gutem Wetter zwei Leute, um ein Zelt aufzustellen, doch es gelang ihm trotz des Sturms. Kurz darauf war alles wieder in Ordnung: Ich konnte wieder atmen und das schreckliche Gefühl, ersticken zu müssen, und meine Platzangst verschwanden. Ich versuchte Tenzing meinen aufrichtigen Dank zuzurufen, brachte aber nur ein Flüstern heraus, das sich im Wind verlor. Tenzing sagte: »Okay, Sahib«, und kehrte in sein Zelt zurück. Als ich mich am nächsten Tag überschwänglich bei ihm für seine heldenhafte Tat bedankte, hellte sein unverwechselbares Lächeln sein hübsches Gesicht auf.

Dyhrenfurth erinnerte sich außerdem an die kleinen Aufmerksamkeiten von Tenzing, die ihn bei seinen Gefährten so beliebt machten:

Als Tenzing und Lambert am 6. November von Camp V aufbrachen, um die Route über die steile Lhotse-Flanke zu Camp VII auszukundschaften, tobte ein schrecklicher Sturm. Die beiden Männer aßen ihr Frühstück im Stehen, während sie sich bereitmachten. Tenzing half Lambert bei den Vorbereitungen, hob dessen Handschuhe auf, nachdem dieser sie fallen gelassen hatte und der Wind drohte, sie fortzuwehen, hob ihm das Sauerstoffgerät auf den Rücken und schulterte selbst einen schweren Rucksack (mit mindestens 20 Kilogramm, mehr, als irgendjemand anderer in dieser Höhe trug). Als die beiden den steilen Lhotse-Gletscher durchstiegen, bewegte er sich trotzdem mit gewohnter Leichtigkeit und Eleganz, ohne dabei Flaschensauerstoff zu verwenden.

Aufgrund seiner kameradschaftlichen Beziehungen zu den Schweizern und seiner großen Anstrengungen, ihnen den Weg zum Gipfel des Everest zu ebnen, war Tenzing über ihr Scheitern schwer enttäuscht und weinte, als Lambert und er sich am Ende der Expedition voneinander verabschiedeten. Zusammen hatten sie auf dem Everest mehr erreicht als jeder andere Bergsteiger vor ihnen und Lambert wusste, dass Tenzings große Stunde noch kommen würde. Er nahm den roten Schal um seinen Hals ab, umarmte Tenzing kräftig und hängte ihm den Schal um. Für Tenzing war es nun so, als trüge er einen Teil von Lambert bei sich, und der Schal sollte ihn kurze Zeit später bei seiner bedeutendsten Tour überhaupt begleiten – zum Gipfel des Everest.

29. Mai 1953: Der Traum wird wahr

Nach der Herbstexpedition von 1952 fesselten Fieber und Schwäche Tenzing zehn lange Tage an ein Krankenhausbett des *Holy Family Hospital* im indischen Patna. Auf dem Rückweg vom Everest hatten ihn die Kräfte verlassen und bei seiner Ankunft in Kathmandu zeigte er die typischen Symptome von Malaria. Während eines Empfangs beim König von Nepal, der ihm die Nepal-Pratap-Vardhak-Medaille verlieh, eine der höchsten Auszeichnungen des Landes, wurde deutlich, dass er dringend medizinische Versorgung benötigte. Die Schweizer brachten ihn persönlich nach Patna, wo er sich dank des angenehm warmen Winters in der nordindischen Ebene ausreichend erholte, um die weite Reise nach Darjeeling in die Geborgenheit und Obhut seines Heims in Toong Soong antreten zu können.

Die beiden Everest-Expeditionen und seine Doppelrolle als *sirdar* und Bergsteiger hatten seine gesamten Kräfte aufgebraucht. Er hatte über sieben Kilogramm abgenommen und brauchte unbedingt Erholung. Ang Lhamu und seine Töchter hatten ihn noch nie so abgezehrt und lethargisch gesehen und kümmerten sich aufopferungsvoll um ihn. Seine Frau sprach ein Machtwort, was seine Bergsteigerpläne für 1953 betraf, und er hörte ihr gehorsam zu. Er war zu schwach, um ihr zu widersprechen. Trotzdem hatte ihn »sein« Berg noch nicht in die Knie gezwungen.

Nach seiner Rückkehr von Patna fand Tenzing einen Brief von Major Charles Wylie vom *Himalayan Committee* in London vor. Darin bat ihn dieser, an der für das Frühjahr 1953 geplanten britischen Expedition teilzunehmen, wiederum als *sirdar* und als

Bergsteiger. Die Tatsache, dass er höher aufgestiegen war als sonst jemand vor ihm, machte ihn zu einer großen Bereicherung für jedes Team. Lambert hatte Tenzing bereits auf dieses Angebot der Briten vorbereitet, worauf dieser erwidert hatte, dass er sich nicht schon so bald wieder und mit niemand anderem als den Schweizern am Everest versuchen wolle. Tenzing war bedingungslos loyal gegenüber Lambert, während Lambert sich selbstlos Tenzings Erfolg wünschte. Sie hatten davon geträumt, gemeinsam auf den Gipfel zu steigen, und Tenzing war gewillt, auf seine Chance, der Erste zu sein, zu verzichten. Er wollte warten und Lambert begleiten, wenn die Schweizer 1956 einen weiteren Versuch unternehmen würden. In einem Interview für die BBC im Jahr 1997 sagte Lambert: »Es war unvorstellbar, dass wir ohne ihn zum Everest aufbrachen oder er ohne uns.«

Und doch konnte Lambert Tenzing schließlich davon überzeugen, dass er die Chance nutzen sollte, wenn sie sich bot. Die Briten hatten beste Erfolgsaussichten. Wollte Tenzing tatsächlich in Darjeeling sitzen und hören, dass »sein« Berg ohne ihn bestiegen worden war? »Pack die Gelegenheit beim Schopf«, drängte Lambert seinen Freund. »Es spielt keine Rolle, wer dabei ist.« Tenzing vertraute Lambert und seinem Urteil und beschloss einzuwilligen, wenn er gefragt würde – und er wurde gefragt. Im Januar 1953 ging Tenzing mit Charles Wylies Brief zum *Himalayan Club* und nahm das Angebot für einen Platz im Team an.

Ang Lhamu war außer sich. »Was ist mit mir und den Kindern? Was geschieht mit uns, wenn du ums Leben kommst?«, fragte sie ihn. Ang Lhamu neigte normalerweise nicht zu Hysterie und wusste, dass ihr Mann ein ausdauernder und versierter Bergsteiger war, aber die Tatsache seines bis vor kurzem so schlechten Gesundheitszustands und die Aussicht auf eine dritte Everest-Expedition innerhalb eines Jahres ließen ihr keine Ruhe. Die beiden stritten und schrien sich an und einigten sich, dann stritten sie wieder. Schließlich gab Ang Lhamu sich geschlagen und akzeptierte Tenzings Entscheidung. Wenn es um den Everest ging, konnte man nicht mit ihm diskutieren; jeder, der ihn kannte, wusste das. Er *musste* gehen.

Ang Lhamu war jedoch nicht die Einzige in Darjeeling, die sich berechtigte Sorgen um die Familien von Sherpa machte, deren geliebte Väter hoch oben in den Bergen arbeiteten. Ravi Mitra oder Ravi Babu, wie ihn Tenzing und seine engen Freunde nannten, ein gebildeter Bengale, der in Darjeeling eine kleine Zeitung mit dem Namen Saathi, »Freund«, verlegte, hatte großes Interesse an den Sherpa und ihren Himalaja-Expeditionen entwickelt. Mitra war insbesondere von Tenzing angetan und nahm ihn unter seine Fittiche. Er suchte ihn in seinem winzigen Haus in Toong Soong auf und interviewte ihn zu seinen Touren mit den Schweizern. Er erinnert sich heute, dass ihm Tenzings berühmtes Lächeln sofort die Anspannung nahm und wie beeindruckt er von seinem Wesen war:

Tenzing war anders als alle anderen. Er gab sich Mühe, die besten Angewohnheiten der Bergsteiger aus dem Westen zu übernehmen. Ich hatte noch nie zuvor einen Kuli gesehen, der sich mit einem Taschentuch die Nase putzte! Außerdem achtete er sehr auf sein Äußeres – er war immer ordentlich gekleidet, sogar seine Schuhe waren sauber.

Tenzing vertraute Mitra, der den neuen Freund bald in seine Obhut nahm. Tenzing war ein begabter Bergsteiger und ein versierter *sirdar*, doch in Alltagsdingen war er unbedarft und naiv. Mitra sah, dass er Beistand und Unterstützung benötigte, und machte es sich zur Aufgabe, ihm beides zu leisten. Tenzing fragte Mitra um Rat, als er 1953 das Angebot der Briten erhielt, und der empfahl ihm wie Lambert, die Chance zu nutzen. Mitra versprach, sich um Tenzings Familie zu kümmern, falls Tenzing verunglücken sollte, und befreite ihn damit von einer der großen Lasten, die jeder Bergsteiger mit in die Berge nimmt.

Mitras reges persönliches Interesse an den Sherpa stieß bei einigen Mitgliedern des *Himalayan Club* auf Missbilligung, vor allem, weil die einflussreiche Zeitung *Statesman* die »Rechte« an sämtlichen Everest-Berichten innehatte. Allerdings konzentrierte sich Mitra ausschließlich auf Reportagen über Sherpa. Wenn er eine seiner Geschichten an eine große Zeitung oder Zeitschrift verkaufte, zahlte er den Erlös in einen speziellen Fond für die Familien der Sherpa-Bergsteiger ein. Obwohl dabei keine hohen Beträge zusammenkamen, brachte ihm diese Geste viele Sympathien bei den Sherpa ein. Mitra war eigentlich Teeplantagenbesitzer und finanziell unabhängig; seine journalistische Nebenbeschäftigung übte er allein aus Liebhaberei aus, doch die Gründung des Fonds entsprang aus dem aufrichtigen Anliegen, den Sherpa zu helfen.

Am 1. März 1953 brach Tenzing mit einem 20-köpfigen Sherpa-Team zum Everest auf, dem zwei seiner Neffen angehörten: der 16-jährige Topgay, der Tenzing bereits auf beiden Schweizer Expeditionen begleitet hatte, und der 17-jährige Nawang Gombu. Die beiden waren die jüngsten Mitglieder des Sherpa-Teams und hatten großen Respekt vor der Aufgabe, die ihnen bevorstand. Topgay hatte bei den Schweizer Expeditionen erlebt, wozu der gewaltige Berg imstande war, und machte sich Sorgen um sein Leben. Als er bei einer der Schweizer Expeditionen mit einem anderen Sherpa eine Seilschaft gebildet und Lasten durch den Khumbu-Eisbruch nach oben befördert hatte, war ein riesiger Eisblock von der Größe einer Hütte herabgestürzt und hatte seinen Gefährten getötet. Verständlicherweise war er äußerst beunruhigt, um nicht zu sagen verängstigt, noch einmal diesen verhängnisvollen Weg beschreiten zu müssen. Später erinnerte er sich, bei jeder Begehung des Eisbruchs »nach oben anstatt nach vorn geblickt zu haben«.

In Darjeeling wurde Tenzing eine ganz besondere Verabschiedung zuteil, da alle wussten, dass er es diesmal durchaus bis auf den

Gipfel schaffen konnte, nachdem er 1952 bereits so kurz davor gestanden hatte. Als er sich auf den Weg zum Everest machte, herrschte bei ihm zu Hause großer Trubel, in den sich quälende Sorge mischte. Pem Pem und Nima, damals beide Teenager, erinnern sich, dass ihr Haus voller Gäste war, die Tenzing Glück wünschten, dass riesige Mengen Tee getrunken wurden und dass Tenzing ehrerbietig zahllose *kadas* (zeremonielle Schals) umgebunden wurden. Nima wollte ihm ebenfalls etwas von sich mit auf den Weg geben und überreichte ihm feierlich einen kleinen blau-roten Bleistift aus ihrer Schulmappe. Der stets zuversichtliche Mitra drückte ihm eine kleine Flagge des seit kurzem unabhängigen Indien in die Hand.

Tenzings Abschied war ungewöhnlich emotionsgeladen; vielleicht lag das daran, dass er noch vor nicht allzu langer Zeit krank gewesen war, vielleicht aber auch daran, dass er wusste, diesmal würde er »es schaffen oder sterben«, wie er Mitra anvertraute. Nachdem er aufgebrochen war, wurden im Haus viele Tränen vergossen und in seinem kleinen Gebetszimmer Butterlampen entzündet, die wie in anderen Häusern in Darjeeling und im ganzen Khumbu für die gesamte Dauer seiner Abwesenheit brannten.

Am folgenden Tag berief Mitra im *Hotel Pliver* (das heute *Glenary's Restaurant* heißt) in Darjeeling ein Treffen des *Himalayan Club* ein, dem inzwischen sowohl europäische als auch indische Mitglieder angehörten. Wie es der Zufall wollte, war genau an diesem Tag in Bombay ein Artikel von Mitra über Tenzing in der Zeitung *Saturday News* erschienen. Einige Clubmitglieder fragten Mitra nach seinen Motiven für die zahlreichen Geschichten über Sherpa. Sie fanden es nicht gerechtfertigt, dass er dafür sogar noch bezahlt wurde. Mitra erklärte, dass alles, was er mit seinen Artikeln verdiente, direkt in den Sherpa-Fonds floss und dass er das Treffen einberufen habe, um alle Clubmitglieder zu bitten, einen von ihm verfassten Rundbrief zu unterzeichnen. Diesen Rundbrief wollte er anschließend vervielfältigen und an Bergsteigerclubs und Alpinistikverlage auf der ganzen Welt versenden, um Geld für die Familien von Sherpa zu sammeln, die als Bergsteiger und Träger auf Expeditionen arbeiteten. Viele Mitglieder des *Himalayan Club* waren nicht bereit, den Rundbrief zu unterschreiben, den sie für überflüssig hielten. Mitra versuchte ihnen zu erklären, dass Tenzing, sollte er den Gipfel des Everest erreichen, zum Nationalhelden werden würde. Doch seine Ausführungen riefen nur Unmutsbekundungen, Gelächter und Kommentare hervor wie: »Was? Ein Kuli soll den Everest bezwingen?« Mitra kämpfte trotz der ungerechtfertigten Skepsis einiger Clubmitglieder für sein Anliegen und sammelte während der gesamten Dauer der Expedition Geld für die Sherpa.

Die Zweifel an Tenzings Fähigkeiten wurden aber nicht von denen geteilt, die in der Lage waren, darüber zu urteilen – die Organisatoren der Expedition. Colonel John Hunt betrachtete Tenzing von Anfang an als vollwertiges Mitglied seines Bergsteigerteams, der mit allen anderen Teilnehmern im Wettstreit um einen Platz im Gipfelteam stand. Tatsächlich machte Hunt vor den britischen Expeditionsmitgliedern kein Geheimnis daraus, dass er nur allzu gern einen Sherpa als einen Teil des Gipfelduos sehen würde, weil er sich diesem Bergvolk, das so viel zu früheren britischen Everest-Expeditionen und zur Erkundung des Himalaja im Allgemeinen beigetragen hatte, zutiefst verpflichtet fühlte. Trotz Hunts lobender Worte war Tenzing, wie auch viele andere im Team, enttäuscht, dass nicht Eric Shipton, der legendäre Himalaja-Bergsteiger und -Forscher, dem der Everest jahrelang in vieler Hinsicht »gehört« hatte, die Expedition leitete. Für die Sherpa war »Shipton Sahib« ein wahrer Mann der Berge, der als strenger, aber besonnener Expeditionsleiter galt. Viele kannten ihn persönlich von früheren Expedition, die übrigen hatten zumindest von ihm gehört. Ihm vertrauten sie, während die Ernennung des britischen Militärmanns Hunt zum Expeditionsleiter, die in letzter Minute stattgefunden hatte, sie beunruhigte. Auch Tenzing hatte Bedenken, die jedoch zerstreut wurden, als Hunt in Kathmandu eintraf und ihm vorgestellt wurde. Dennoch empfand er den Engländern gegenüber nie dieselbe Kameradschaft, die ihn mit seinen Schweizer Freunden verband. Der häufig erwähnte Zwischenfall in der britischen Botschaft in Kathmandu, als Tenzing und sein Sherpa-Team über Nacht in einer Garage untergebracht wurden, trug nicht dazu bei, das Verhältnis zwischen den Sherpa und den britischen Bergsteigern zu verbessern. In Wirklichkeit war ihnen diese Unterkunft jedoch schon vor dem Eintreffen der Bergsteiger von den Botschaftsangehörigen zugeteilt worden, die in damals üblicher kolonialistischer Manier handelten.

Trotz aller Bedenken war Tenzing auf Anhieb beeindruckt von der Größenordnung und der Professionalität der britischen Expedition und von der herzlichen und respektvollen Art und Weise, wie Hunt ihn empfing. Er sah sofort, dass diese Unternehmung beste Erfolgsaussichten hatte, und spürte, dass er seinem Traum wieder ein Stück näher gekommen war. Weder Lambert noch Shipton waren mit von der Partie, aber er erhielt eine weitere Chance.

Anders als bei früheren Expeditionen erhielt Tenzing dieses Mal bei seinen Aufgaben als *sirdar* unschätzbar wertvolle Unterstützung, und zwar in Person von Major Charles Wylie, einem stillen, bescheidenen Menschen mit beachtlichem Organisationstalent. Wylie war ein hervorragender Himalaja-Bergsteiger und sprach als kommandierender Offizier eines Gurkha-Regiments fließend Nepali. Er verstand, was in den Köpfen der Einheimischen vorging – was wahrlich nicht immer leicht ist –, und behandelte die Träger und Sherpa freundlich und taktvoll. Tenzing und sein Sherpa-Bergsteigerteam freundeten sich genauso schnell mit ihm an wie die nepalesischen Träger, und ihr gutes Verhältnis trug letzten Endes einen großen Teil zum Erfolg der Expedition bei. Wylie war ein *sahib*, der im wörtlichen und übertragenen Sinn ihre Sprache sprach.

Auch für Tenzing war Wylie ein Segen, da das »Arbeitsklima« zwischen ausländischen Bergsteigern und Sherpa auf vielen früheren Expeditionen die Ursache erheblicher Spannungen und Unstimmigkeiten gewesen war. Jetzt erhielt Tenzing tatkräftige Unterstützung und konnte die Bürde des Verhandelns, die bislang so schwer auf ihm gelastet hatte, mit jemandem teilen. Auch 1953 gab es die üblichen Probleme mit Sherpa und Trägern – Meinungsverschiedenheiten in Bezug auf Eigentumsfragen bei der Ausrüstung, Höhe der Arbeitslöhne, Gewicht der Lasten etc. –, diesmal gelang es jedoch, sie schneller zu lösen, sodass man sich der eigentlichen Aufgabe widmen konnte: der Besteigung des Everest. Tenzing blieb bis an sein Lebensende eng mit Wylie befreundet und seine Kinder und Enkelkinder nennen ihn liebevoll »Onkel Wylie«.

Schließlich brach das vielköpfige Team von Kathmandu auf. Für den jungen Nawang Gombu war es eine wunderbar aufregende Erfahrung, der riesigen Karawane anzugehören, die sich durch die Gebirgsausläufer des Himalaja zu den hohen Gipfeln schlängelte. Es handelte sich um seine erste Expedition und er dachte kaum an den Berg selbst oder an seinen Gipfel, sondern genoss das Vergnügen, Mitglied eines Everest-Teams zu sein, und die Anerkennung, die ihm das bei seinen Landsleuten einbrachte. Michael Ward erinnert sich, dass er vor Gombu noch nie einem Sherpa begegnet war, der einen *sahib* gebeten hatte, »etwas langsamer zu gehen«.

Tenzings Mutter reiste abermals von Thamey nach Tengboche, um ihren Sohn zu treffen. Diesmal machte sie sich mehr Sorgen um sein Wohlergehen als 1952. Die beiden hatten sich nicht mehr gesehen, seit er im Vorjahr auf dem Rückweg nach Kathmandu durch

Namche gekommen war, doch sie hatte von seiner Erschöpfung und seinem Fieber gehört und war wie Ang Lhamu beunruhigt, dass er schon so bald wieder zum Everest aufbrach. Da Tenzing allerdings einen gesunden und munteren Eindruck machte, gab sie ihm ihren Segen und machte sich auf den Heimweg, wo sie ihre Gebetsmühle drehte und das Resultat seiner Klettertour abwartete.

Die Expedition blieb einige Tage in Tengboche, wo ein provisorisches Basislager errichtet wurde, um Lasten und Vorräte neu zu verteilen und die letzten Meinungsverschiedenheiten zwischen den Sherpa und den sahibs zu schlichten. Zur damaligen Zeit war es üblich, gleich zu Beginn einer Expedition persönliche Kletterausrüstung, Bekleidung und sonstiges Equipment an die Sherpa auszugeben, und deshalb rechneten sie auch dieses Mal damit. John Hunt hatte jedoch entschieden, dass die Ausrüstung bei dieser Expedition erst in Tengboche ausgegeben werden sollte und ausschließlich für den Gebrauch während der Exkursion bestimmt war. Wer sich bewährte, sollte die Ausrüstung anschließend als Geschenk erhalten. Diese Regelung wurde von den Sherpa als völlig inakzeptabel empfunden und sorgte für erhebliche Missstimmung zwischen ihnen und den sahibs. Die beiden Sherpa Pasang Phutar (der auch The Jockey, »das Schlitzohr«, genannt wurde) und Ang Dawa trieben die Angelegenheit auf die Spitze. Angeblich gehörten die beiden der verhältnismäßig neuen Marxistischen Partei in Darjeeling an und waren von ihren politischen Gefährten dazu angestachelt worden, bei der »imperialistischen« britischen Expedition Unfrieden zu stiften. Beweise gibt es für diese Behauptung zwar nicht, es steht jedoch fest, dass die Marxistische Partei zur damaligen Zeit unter den Arbeitern Darjeelings und Westbengalens immer mehr Anhänger fand. Nach einer wahren »Gerichtsverhandlung« in Tengboche, welcher Hunt, Tenzing und Wylie beiwohnten, wurden die Aufwiegler ausbezahlt und nach Indien zurückgeschickt. Für

Tenzing und Wylie, die wichtigsten Vermittler in dieser Auseinandersetzung, war es eine schwierige Zeit, aber die Abreise der beiden Sherpa bedeutete, dass sich alle wieder der Besteigung des Everest widmen konnten.

Tenzing erbat den offiziellen Segen des höchsten Lama des Tengboche-Klosters, was inzwischen zu einer Everest-Tradition geworden ist. Ursprünglich geschah das Einholen des Segens aus Respekt vor den Sherpa und ihrem buddhistischen Glauben, während es heute einen elementaren Bestandteil der mentalen Vorbereitung jedes Bergsteigers darstellt. Anschließend brach das Team in größere Höhen auf, um auf einigen kleineren Gipfeln zu trainieren, ehe das Basislager errichtet und der Everest in Angriff genommen wurde.

Teammitglied Edmund Hillary und Teamleiter John Hunt lernten Tenzing während dieser ersten Tage der Expedition besser kennen und verstanden, weshalb er sowohl bei den anderen Sherpa als auch bei den Bergsteigern aus dem Westen so großes Ansehen genoss. Auf dem nahe gelegenen Chukhung Peak kletterten Tenzing und Hunt erstmals gemeinsam. In seinem 1953 erschienenen Buch *Kampf und Sieg* schreibt Hunt, dass Tenzing ihm »nicht nur zeigte, was für ein fähiger Bergsteiger er ist, sondern auch, dass er zu diesem Zeitpunkt in besserer körperlicher Verfassung war als der Rest von uns«. Im Lauf der Zeit bekam Hunt ein immer besseres Bild von Tenzing, vor allem erkannte er seine Bescheidenheit und seine große Leidenschaft für das Bergsteigen:

Während wir damit beschäftigt waren, Vorräte anzulegen, kümmerte er sich um notwendige, aber wenig aufregende Aufgaben wie die Beaufsichtigung der Lastentransporte in den unteren Bereichen und die Organisation der Proviant- und Brennholzbeförderung. Er sorgte im Basislager für Ordnung, empfing Boten und sandte sie wieder aus und hielt seine Männer bei Laune. Alle diese Dinge erledigte er bereitwillig und sorgfältig, weil das in seiner Natur lag. Aber ich wusste, dass er im

Grunde seines Herzens höher wollte und noch höher. Am glücklichsten war er, wenn er bergsteigen konnte.

Im Western Cwm war Hillary an der Reihe, erste Klettererfahrungen mit Tenzing zu sammeln. In seinem 1957 veröffentlichten Buch *Ich stand auf dem Everest* schreibt er, dass ihm Tenzing trotz der unerträglichen Hitze und der schwierigen Bedingungen durchaus ebenbürtig war:

Das war das erste Mal, dass ich mit Tenzing kletterte oder ihn beim Klettern beobachtete, und ich fand es überaus interessant, ihn in Aktion zu sehen. Er verfügte zwar über keine herausragende Technik beim Eisgehen, war aber kräftig und entschlossen und vermochte sich ausgezeichnet zu akklimatisieren. Doch das Beste an ihm war in meinen Augen, dass er darauf vorbereitet war, beim Aufstieg ein hohes Tempo vorzulegen.

Hillarys Hochachtung vor Tenzings Fähigkeiten sollte noch beträchtlich steigen, als es zu einem Zwischenfall kam, der Hillarys Everest-Träume für immer hätte beenden können. Eines Nachmittags legten Hillary und Tenzing auf dem Abstieg durch den Eisbruch kurz nach vier Uhr einen Zwischenstopp in Camp II ein, wo George Lowe die Stellung hielt. Hillary fühlte sich fit und munter und bot Lowe spontan die Wette an, dass Tenzing und er es schaffen würden, bis zum 17-Uhr-Funkruf ins Basislager abzusteigen. Lowe tat die Idee mit einem Lachen und dem Kommentar »Das glaubst du doch selbst nicht« ab, doch Hillary nahm die Herausforderung ernst, und auch Tenzing war Feuer und Flamme. Die beiden rannten förmlich über das Eis bergab und sprangen dabei über Gletscherspalten, ohne sich vorher zu versichern, was sie auf der anderen Seite erwartete. Eine solche Spalte wurde Hillary fast zum Verhängnis: Die gegenüberliegende Kante gab unter seinem Gewicht nach und er stürzte, von einem Eishagel begleitet, in die Tiefe. Er schaffte es, seine Steigeisen in eine Wand zu rammen und sich mit dem Rücken an der anderen abzustützen, ehe sich das Seil straff zog, das Tenzing geistesgegenwärtig an seinem Eispickel gesichert hatte. So war Hillary in der Lage, aus der riesigen Eisspalte herauszuklettern. Danach war er mehr denn je davon überzeugt, dass er und der Sherpa ein unschlagbares Team abgeben würden, und beschloss, das auch Hunt verständlich zu machen, sobald die Zeit für den Gipfelversuch gekommen war.

Hillary schien bereits sehr früh verstanden zu haben, warum Tenzing, wie er selbst zugab, am liebsten mit den Schweizern in die Berge ging. In seinem 1999 veröffentlichten Buch *Die Abenteuer meines Lebens* schreibt Hillary:

Am selben Nachmittag traf eine große Gruppe ein, die die erste größere Fuhre durch den Eisbruch nach oben befördert hatte. Alles schien gut gelaufen zu sein. Tenzing war das erste Mal in diesem Jahr über das Basislager hinaus aufgestiegen und machte keinen besonders glücklichen Eindruck. Bei den Schweizern war er einer der führenden Bergsteiger gewesen, aber John Hunt war der Meinung, dass sein Einfluss und seine Erfahrung zu diesem Zeitpunkt für die Organisation der anderen Sherpa und ihrer Lastentransporte durch den Eisbruch wertvoller seien. Ich hatte beträchtlichen Respekt vor Tenzings Renommee, kam aber nie auf den Gedanken, dass wir seine Hilfe bei der Bewältigung der schwierigen Eis-Passagen benötigten, weil ich wusste, dass wir dazu durchaus selbst in der Lage waren. Kein Wunder, dass Tenzing für die Schweizer stets größere Zuneigung empfand als für uns.

Bald sollten die Briten merken, wie ehrgeizig Tenzing war, was den Gipfel des Everest betraf. Als er mit Hunt und Hillary auf dem Südsattel stand und das Vorankommen von Charles Evans und Tom Bourdillon beobachtete, wurde er immer missmutiger, da er langsam zu der Überzeugung kam, dass diese beiden den Triumph davontragen würden; dabei wünschte er sich so sehr, dass ein Sherpa – er selbst – Teil des ersten Gipfelteams wäre. Hillary konnte

Tenzings Gefühle verstehen – er räumt ein, dass er sich für seine Erleichterung schämte, als das erste Duo scheiterte –, und als die beiden schließlich die Chance bekamen, zusammen zum Gipfel aufzusteigen, konnte sie nichts mehr davon abhalten, ihr Ziel zu erreichen.

Über das Verhältnis zwischen Hillary und Tenzing wurde viel gesagt und geschrieben. Die beiden waren tatsächlich ein »seltsames Paar«: Der 1,92 Meter große Hillary überragte den 1,77 Meter großen Tenzing deutlich und keiner der beiden beherrschte mehr als ein paar Brocken der Sprache des anderen. Jan Morris, der Times-Berichterstatter der 1953er-Expedition, schrieb später über die beiden in einem Artikel für die Zeitschrift *Time*:

Die beiden gaben ein kurioses Duo ab: Hillary war groß, schlaksig, grobknochig und hatte ein längliches Gesicht, bewegte sich aber mit einer Anmut, die nicht zu seinem Äußeren passen wollte und eher an eine Giraffe erinnerte. Auf dem Kopf trug er in der Regel eine selbst gemachte Mütze, wie sie in alten Filmen über die französische Fremdenlegion zu sehen sind, an der hinten ein Stofflappen herunterhing. Tenzing wirkte im Gegensatz dazu wie aus einem Himalaja-Modejournal: er war klein, gepflegt, eher zart, braun wie eine Kastanie und hatte die sicheren Bewegungen einer Katze. Hillary grinste, Tenzing lächelte. Hillary lachte schallend, Tenzing kicherte. Beide schienen sich durch nichts aus der Ruhe bringen zu lassen; andererseits ließ sich aber auch keiner von beiden zu wagemutigen Heldentaten hinreißen – Hillary und Tenzing waren zwei gut gelaunte, beherzte Burschen, die taten, was sie am liebsten taten und am besten konnten.

Es ist richtig, dass zwischen den beiden nicht dieselbe emotionale Bindung bestand wie zwischen Tenzing und Lambert – die von einer jener seltenen Freundschaften im Leben herrührte, deren man sich glücklich schätzen kann. Doch war dies auch keine unbedingte Voraussetzung für eine erfolgreiche persönliche oder bergsteigerische Partnerschaft. Die beiden respektierten sich, vertrauten einander auf dem Berg und bildeten ein harmonisches Kletterteam. Mehr kann man vom Kameraden am anderen Ende des Seils nicht erwarten. Beide waren sich über diese Situation im Klaren und beide akzeptierten sie. Erst nachdem sie den Gipfel erreicht hatten und im Rampenlicht der Weltöffentlichkeit standen, wurden ihre Beziehung, ihre persönlichen Ambitionen und ihre Charaktereigenschaften einer bisweilen schmerzhaften Prüfung unterzogen – was sowohl Tenzing und Hillary als auch alle anderen »echten« Bergsteiger verabscheuten.

Der Gipfel selbst wurde zum Schuldigen in diesem destruktiven Prozess, denn auf ihn schien sich die ganze Welt zu konzentrieren. Den unermüdlichen Anstrengungen der anderen britischen Teammitglieder und der anonymen Schar von Sherpa, die sich Woche um Woche bergauf und bergab kämpften, um den Weg zum Gipfel zu ebnen, wurde kaum Beachtung geschenkt. Niemand fragte danach, welche Verantwortung und Anspannung auf John Hunt gelastet hatten, der sicherstellen musste, dass der allerletzte verzweifelte Versuch der Briten nicht scheiterte wie so viele andere zuvor. Niemand verlor ein Wort über die Familien aller beteiligten Sherpa, Briten und Nepalesen, die monatelange Einsamkeit und Besorgnis ertragen hatten, in dem Wissen, dass ihre Ehemänner, Brüder und manchmal auch Ehefrauen und Töchter unter harten, oft lebensgefährlichen Bedingungen arbeiteten. Allein der Gipfel zählte und die weltweite Obsession der Medien, was ihn betraf, war schlichtweg abstoßend und ist es noch heute.

»Wer erreichte den Gipfel zuerst?« Diese Frage wurde seit dem 29. Mai 1953 auf der ganzen Welt immer wieder gestellt, eine Frage, die einer großartigen Partnerschaft schadete – nämlich der von Tenzing und Hillary – und die, wie John Hunt es formulierte, »einem Bergsteiger niemals in den Sinn kommen würde«. Trotzdem fragte die Welt, und als sie die Antwort erhielt, wollte sie sie nicht akzeptieren. Die Frage, wer zwei oder drei Schritte früher am Gipfel ankommt, vor allem, wenn es sich um den eines 8850 Meter hohen Himalaja-Riesen handelt, ist für einen Bergsteiger derart irrelevant, dass sich jeder der Lächerlichkeit preisgibt, der sich herablässt, diese Frage zu diskutieren. Für John Hunt stellte sie sich überhaupt nicht – sein Team war erfolgreich gewesen, anders konnte er die Errungenschaft nicht sehen. Tenzing und Hillary bedeutete sie ebenfalls nichts: Sie verloren kein Wort über dieses Thema, als sie den anderen von der Gipfelbesteigung berichteten. Der gesamten Sherpa-Mannschaft war der Gedanke überhaupt nicht in den Sinn gekommen – der Berg war von Au Tenzing (»Onkel Tenzing«) *und* Hillary Sahib erklommen worden. Hätte irgendjemand im Team in den ersten Tagen nach der Besteigung die Frage nach dem »Ersten« aufgeworfen, hätten Tenzing und Hillary aller Wahrscheinlichkeit mit ihrer charakteristischen Offenheit ohne Umschweife erklärt, was der Wahrheit entsprach: dass Hillary zuerst auf den Gipfel trat und Tenzing ihm mit ein paar Schritten Abstand folgte – ohne Geheimniskrämerei, ohne Täuschungsmanöver, ohne Scham oder Verlegenheit. Weniger als zwei Jahre später bestätigte Tenzing in *Der Tiger vom Everest* diese Tatsache, obgleich sowohl in Hunts offiziellem Expeditionsbericht *Kampf und Sieg* als auch in Hillarys *Ich stand auf dem Everest* nur von »Wir stiegen auf den Gipfel« die Rede ist. Das macht die endlose Suche nach einer anderen Antwort umso unerfreulicher und unverständlicher.

Hillary und Tenzing versprachen beide, die Angelegenheit niemals öffentlich zu diskutieren, und Tenzing hielt sich bis zu seinem Tod daran. Erst 1993, bei den Feierlichkeiten zum 40-jährigen Jubiläum der Everest-Erstbesteigung in Großbritannien, erklärte Hillary schließlich öffentlich – nachdem ihm der Geduldsfaden gerissen war –, dass er den Gipfel zuerst erreicht habe.

Dieses Eingeständnis enttäuschte viele Sherpa, denn es schien ihnen, als wäre ihr Held Tenzing in gewisser Weise verraten worden. Das, so sagen sie, habe nicht an der Bekanntmachung der Tatsache gelegen, dass Tenzing nicht als Erster auf dem Gipfel gestanden hatte, sondern daran, dass er und Hillary ein Abkommen unter Ehrenmännern geschlossen hatten, die Angelegenheit niemals in der Öffentlichkeit zu diskutieren. Als Tenzing 1963 nach Australien reiste, wurde ihm bei seiner Ankunft in Sydney als Erstes die Gipfelfrage gestellt, doch er weigerte sich beharrlich, darauf zu antworten. Tenzing vertraute seiner Familie an, dass alles, was er in seiner Autobiographie geschrieben hatte, schlichtweg der Wahrheit entsprach, ungeachtet der Kommentare politisierender Gegner, die behaupteten, sein Bericht sei – vielleicht sogar absichtlich – fehlgedeutet worden. Kein Bergsteiger erklimmt einen steilen Hang Seite an Seite mit einem anderen Bergsteiger. Das ist unmöglich und auch dieses Bergsteigerduo machte keine Ausnahme. Tenzing befand sich einen oder zwei Schritte hinter Hillary – mehr gibt es in dieser Angelegenheit nicht zu sagen.

Auf dem Dach der Welt empfand Tenzing ein überwältigendes Glücksgefühl, wie er es niemals für möglich gehalten hätte. Hillary sagte später, er sei überrascht gewesen, dass Tenzing sogar noch aufgeregter gewesen sei als er selbst; Tenzing war wie alle Sherpa kein überschwänglicher Mensch, in *Der Tiger vom Everest* schreibt er jedoch, dass er sich nicht mit einem bloßen Händedruck mit dem eher reservierten Hillary begnügen wollte:

Ich riss die Arme hoch und schlang sie dann um Hillary und wir klopften uns gegenseitig auf den Rücken, bis wir trotz Flaschensauerstoff völlig außer Atem waren.

Es besteht kein Zweifel daran, dass beide Männer – jeder auf seine Weise – gleichermaßen zufrieden und stolz auf ihren Erfolg waren. Der stets pragmatische Hillary machte sich daran, fotografisches

Beweismaterial für ihren erfolgreichen Gipfelversuch zu sammeln, und ließ Tenzing auf der schneebedeckten Kuppel des Gipfels posieren, in der ausgestreckten Hand den Eispickel, an dem die Flaggen der Vereinten Nationen, Nepals, Großbritanniens und Indiens im eisigen Wind flatterten. Die Tatsache, dass kein Foto von Hillary auf dem Gipfel existiert, ist ein weiterer Beweis dafür, dass die Frage, wer als Erster dort angelangte, den beiden Männern nichts bedeutete. Tenzing besaß zwar einen Fotoapparat, hatte ihn allerdings nicht mitgenommen, doch Hillary, mit Leib und Seele Bergsteiger, ging es ohnehin nicht darum, ein Foto von sich, sondern vom Ausblick vom Gipfel zu bekommen.

Für Tenzing war das Erreichen des Gipfels des Everest keine spirituelle Erfahrung, denn sein Streben, dorthin zu gelangen, war nicht religiös motiviert gewesen. Sein Wunsch, den Chomolungma zu erklimmen, war aus seiner Liebe für das Bergsteigen und seiner Leidenschaft für diesen Berg entstanden:

In diesem großartigen Moment, auf den ich mein ganzes Leben lang gewartet hatte, erschien mir mein Berg nicht wie ein lebloses Ding aus Fels und Eis, sondern wie ein warmes und wohlgesonnenes lebendiges Wesen. Er kam mir vor wie eine Henne und die anderen Berge wie Küken unter ihren Flügeln. Ich hatte das Gefühl, nur meine eigenen Flügel ausbreiten zu müssen, um diejenigen, die ich liebte, zu schützen.

Als traditionsbewusster Sherpa und gläubiger tibetischer Buddhist erwies Tenzing der Gottheit des Bergs jedoch pflichtbewusst seine Ehrerbietung, indem er auf dem Gipfel einige Süßigkeiten und Nimas kleinen rot-blauen Bleistift im Schnee vergrub. Die Göttin Jomo Miyolangsangma war zufrieden gestellt.

Anschließend begannen Tenzing und Hillary den langen Abstieg in die Wärme und Geborgenheit des Camps. Die unten wartenden Teammitglieder zählten besorgt jede Sekunde ihres Gipfelvorstoßes. George Lowe war der Erste, der die beiden entdeckte, als sie sich dem Südsattel näherten. Er eilte ihnen entgegen und umarmte sie stürmisch. Sie hatten es geschafft! Wilfred Noyce war unmittelbar hinter Lowe und gemeinsam versorgten sie die beiden mit heißem Zitronensaft und Tee, ehe sie sie zurück zum Südsattel-Camp geleiteten. Noyce und Lowe hatten mit Hunt und den anderen ein spezielles Signal vereinbart, damit diese im vorgeschobenen Basislager erfuhren, ob Tenzing und Hillary erfolgreich gewesen waren oder nicht. Noyce sollte unmittelbar ober- oder unterhalb des Südsattels Schlafsäcke in einer bestimmten Position in den Schnee legen: Ein Schlafsack bedeutete, dass sie den Gipfel nicht erreicht hatten, zwei Schlafsäcke nebeneinander bedeuteten, dass sie nur bis zum Südgipfel vorgedrungen waren, und zwei Schlafsäcke in T-Anordnung waren das Zeichen für uneingeschränkten Erfolg.

Noyce kam der Vereinbarung nach, aber Nebel verhinderte, dass sein Signal von unten zu erkennen war. Die ganze Prozedur war dem armen Pasang Phutar (nicht zu verwechseln mit dem Pasang Phutar, der in Tengboche nach Hause geschickt worden war, oder mit dem legendären »Tiger« Pasang Phutar) ein Rätsel. In *Kampf und Sieg* schreibt Hunt:

Wilfred hatte sich noch einmal mit einem völlig verwirrten Pasang Phutar und zwei Schlafsäcken auf den Weg zur Spitze des Genfer Sporns gemacht. Was führte der exzentrische Sahib zu dieser Tageszeit im Schilde, als er so kurz nach seiner Ankunft am Sattel wieder aufbrach, offenbar entschlossen, im Freien zu übernachten? Oben an dem Hang, von dem Wilfred glaubte, dass er von unten am ehesten zu sehen sei, wurde die Angelegenheit für Pasang Phutar noch rätselhafter, als der Brite sich auf einem der Schlafsäcke niederlegte – der Wind war stark, und nur so konnte Wilfred verhindern, dass er die Schlafsäcke fortgeweht wurden – und den verdutzten Sherpa bat, dasselbe zu tun. Man kann Askese auch zu weit treiben, musste Pasang gedacht haben. Sie würden sich also nicht einmal in die Schlafsäcke hineinlegen? Zehn lange Minuten harrten sie zitternd in dieser Position aus, während die Sonne hinter dem Pumori verschwand, bis Wilfred entschied, dass sie ihr Bestes getan hatten, um uns die großartige Nachricht zu übermitteln.

Nachdem Tenzing und Hillary ausführlich von ihren aufregenden Erlebnissen berichtet hatten, schliefen sie erschöpft ein. Am nächsten Morgen machten sie sich entkräftet, aber von der Euphorie ihres Erfolgs angetrieben, auf den Weg nach unten, wo die großartige Neuigkeit in jedem Camp mit Freude und Erleichterung aufgenommen wurde: in Camp VII von Charles Wylie und seinen Sherpa, in Camp VI vom Kameramann Tom Stobart, und im Camp V von weiteren Sherpa, darunter Dawa Thondup und Gombu. In Camp IV war der größte Teil des Teams einschließlich John Hunt versammelt, und als die anderen sich ihnen auf dem Abstieg näherten, konnte Lowe seine Freude nicht mehr unterdrücken, streckte die Hand mit dem Daumen nach oben und deutete mit seinem Eispickel in Richtung Gipfel des Everest. Nun liefen die Bergsteiger aus Camp IV (insofern das in dieser Höhe möglich ist) ihnen entgegen und alle umarmten sich und klopften sich auf den Rücken. Tenzing war als einzigem Sherpa bewusst, was die Gipfelbesteigung den *sahibs* bedeutete, weil sie ihm selbst so viel bedeutete. Später gab er zu, dass er keine Vorstellung davon hatte, was auf ihn zukommen würde, sobald die ganze Welt davon erfuhr. Seiner Familie gegenüber sagte er scherzhaft, er wäre für immer auf dem Berg geblieben, wenn er gewusst hätte, was ihn in den folgenden Wochen erwartete.

Abseits des Schulterklopfens und der Beglückwünschungen stand eine Reihe Sherpa, die zwar breit grinsten, aber die ganze Aufregung nicht verstanden. Wie konnte die Besteigung dieses Bergs – irgendeines Bergs – einen Mann wie »Colonel Sahib« (wie sie John Hunt nannten) zum Weinen bringen? Trotzdem war auch ihnen die große Freude über den Erfolg ihrer Kameraden anzusehen. Tenzing ging schließlich zu ihnen hinüber, um sie an seinem Erfolg teilhaben zu lassen. Sie hatten hart gearbeitet und er war sich dessen ebenso bewusst wie alle anderen auf dem Berg. Er wusste, dass sie ihre Furcht und ihre Erschöpfung ihm und Charles Wylie zuliebe überwunden hatten. Sie hatten großen Respekt vor Tenzing und strahlten, als er ihnen die Hand reichte. Zu diesem Zeitpunkt konnten sie es noch nicht wissen, aber was Tenzing soeben erreicht hatte, sollte ihr Leben für immer verändern: Es sollte sie auf der ganzen Welt bekannt machen und ihnen und ihren Nachkommen Möglichkeiten eröffnen, die sie sich nie hätten träumen lassen. Während die Briten jede Silbe von Hillarys Bericht über die letzte Etappe des Aufstiegs genossen, waren Tenzing und die Sherpa bereits damit beschäftigt, die Camps für den Rückzug vom Berg abzuschlagen.

Tenzings erste Aufgabe war es, zusätzliche Lastenträger für den Rückweg zu rekrutieren. Er nutzte die Gelegenheit, Arbeit und Vergnügen zu verbinden, und machte sich auf den Weg in sein Heimatdorf Thamey, um dort die etwa erforderlichen 100 Lastenträger anzuwerben. Den Hals in zahllose *kadas* gehüllt, die ihm Sherpa-Gratulanten auf den Pfaden des Khumbu überreicht hatten, traf er schließlich seine Mutter, die als Erstes von ihm wissen wollte, was er auf dem Gipfel gesehen hätte (Sherpa sind von Natur aus abergläubisch und interessieren sich für solche Dinge). Später nahm er im Kreis seiner Familie an einer riesigen Feier anlässlich seines Erfolgs teil (»eine echte Belastungsprobe«, wie er es später in seiner Autobiographie amüsant formulierte), ehe er sich auf den Rückweg nach Tengboche machte, um sich wieder der Expedition anzuschließen.

Für Tenzing war dies der vielleicht glücklichste Moment nach seinem Gipfelerfolg: Er war befreit von seiner »Abhängigkeit« vom Everest und konnte wieder nach vorn blicken – wenngleich er zu diesem Zeitpunkt davon ausging, dass sein Leben auch in Zukunft nur aus Bergsteigen und Expeditionsarbeit bestehen würde. Er verschwendete keinen Gedanken an das politische Nachspiel der Expedition und wollte, abgesehen von seiner Frau und seinen Töchtern, denen er von einem Freund eine kurze Nachricht von seiner erfolgreichen Gipfelbesteigung schreiben ließ, niemandem von seinem Triumph berichten – das war Sache der *sahibs*. Seine Aufgabe war es, Lastenträger anzuwerben und dafür zu sorgen, dass die Expedition nach Kathmandu zurückkehren konnte. In dieser Aufgabe gingen er und die übrigen Teammitglieder vollkommen auf.

Unterwegs auf den hohen Pässen der Gebirgsausläufer des Himalaja nach Kathmandu erreichten sie immer wieder Glückwunschbotschaften, die über Funk oder durch Boten übermittelt wurden. Noch waren die Expeditionsteilnehmer weitgehend unter sich und marschierten scherzend und lachend dahin. Hillary hatte erfahren, dass ihn Ihre Majestät Königin Elisabeth II. zum Ritter schlagen wollte, konnte das allerdings nicht glauben und sagte zu Lowe, dass er sich nun einen neuen Overall kaufen müsse. Tenzing hielt seine Träger und Sherpa bei der Stange, genoss jedoch den süßen Beigeschmack des Erfolgs, als er unterwegs weitere Familienangehörige und Freunde traf. Das ganze Team überkam ein Gefühl der Erleichterung und Euphorie, Sherpa und *sahibs* gleichermaßen, wenngleich die Reihen der Sherpa-Brigade in der ganzen Aufregung zeitweise auseinander zu brechen drohten.

Hunt erinnert sich an einen überaus amüsanten Zwischenfall auf dem Rückweg: Nach ausschweifenden nächtlichen Feierlichkeiten der Sherpa in Namche Bazar warteten am nächsten Morgen drei *sahibs* – Alf Gregory, Charles Bourdillon und John Hunt – ungeduldig auf ihr Sherpa-Team. Schließlich gaben sie das Warten auf und zogen nur mit Dawa Thondup los, der beliebige Mengen Alkohol zu vertragen schien. Hunt schickte eine Nachricht an Charles Wylie, der sich mit dem größten Teil des Teams in Tengboche aufhielt, und bat ihn, ihm umgehend einen Sherpa zu schicken. Wylie entschied sich für Pemba, einen ruhigen, zuverlässigen Mann, und besorgte ihm ein Pony, um den Weg schneller zurücklegen zu können. Pemba sollte Hunt eine wichtige Nachricht von Wylie überbringen. Am nächsten Tag stieß Wylies Gruppe kurz vor Namche auf Pemba, der am Wegesrand auf einer grasbewachsenen Kuppe saß und in stark angetrunkenem Zustand seinen verstauchten Knöchel rieb. Ein weiterer Sherpa lag besinnungslos quer auf dem Pfad. Von dem Pony war weit und breit nichts zu sehen. Von einer Alkoholwolke umgeben, richtete sich Pemba auf und überreichte Wylie seine eigene Nachricht. »Es ist sehr wichtig, Sahib«, erklärte er.

Der größere Teil des Teams stieß in Namche auf ein anderes Hindernis, diesmal in Person der Mutter eines Sherpa. Nachdem Da Tenzing mit Charles Evans in eine andere Gegend im Khumbu aufgebrochen war, hatte sein Sohn Mingma beschlossen, das Team nach Kathmandu zu begleiten, um dort die große weite Welt zu sehen. Seine Mutter war zutiefst gekränkt und stellte die »Entführer« ihres Sohns zur Rede, als sie Namche verlassen wollten. »Ihr habt mir meinen Mann genommen und jetzt wollt ihr mir auch noch meinen Sohn nehmen«, jammerte sie, worauf Mingma die Anweisung erhielt, in Namche zu bleiben. Im Basislager war bereits die Mutter eines anderen Sherpa aufgetaucht und hatte versucht, bei den habgierigen sahibs einen großen Korb mit Eiern gegen ihren Sohn einzutauschen. Am Ende bekam sie ihren Sohn und behielt die Eier.

Die Expedition benötigte zehn Tage, um bis zum äußeren Rand des Kathmandu-Tals zu gelangen. Während dieser Zeit nahm Wylie Tenzing unter seine Fittiche und bereitete ihn mit großem Einfühlungsvermögen und Geschick darauf vor, was sie alle erwartete, insbesondere ihn, Tenzing und Hillary. Tenzing war sich des Ernsts dessen, was Wylie sagte, nicht bewusst, hörte ihm aber höflich zu und versuchte sich die Szenarien vorzustellen, die ihm ausgemalt wurden. Tenzing hatte sein ganzes Leben im Hochgebirge verbracht, war Analphabet und kannte nur die Pflichten eines *sirdar* und Bergsteigers. Er war völlig unbedarft, was das Leben außerhalb des Himalaja anbetraf, und in keiner Weise auf die Welt vorbereitet, in die er in Kürze Hals über Kopf gestoßen werden sollte. Wylie und die übrigen Mitglieder des britischen Teams wussten nur zu genau, was ihnen bevorstand, wenngleich nicht einmal sie vorhersehen konnten, mit welchem Eifer sich die Medien aus aller Welt bald auf sie stürzen würden.

Die Erlebnisse vor der dramatischen Ankunft in Kathmandu konnte Tenzing jedoch niemand mehr nehmen: die letzte Etappe des Aufstiegs über den gefährlichen Gipfelgrat, die Erleichterung, dass es nicht mehr weiter bergauf ging und sie tatsächlich das Dach der Welt erreicht hatten, und das unverfälschte Hochgefühl während ihres Abstiegs in die Arme derer, die so hart für das gemeinsame Ziel gearbeitet hatten und sie dann selbstlos mit Lob und Glückwünschen überhäuften. Diese Ruhe vor dem Sturm wird vermutlich kein anderer Bergsteiger jemals wieder erleben. Der walisische Reiseschriftsteller Jan Morris nannte diese Episode »das letzte unschuldige Abenteuer«.

Nach dem Gipfel

»Ich erinnere mich noch, dass ein großer Mann vor der Tür unseres Hauses in Toong Soong stand. Er hieß Natmal und Ravi Babu hatte ihn geschickt. Das war am 2. Juni und Mummy, Nima und ich waren zu Hause. Natmal sagte: ›Ich habe gute Nachrichten für Sie, Mrs. Tenzing. Ihr Mann hat den Everest bestiegen!‹«

Selbst nach fast 50 Jahren erinnert sich Tenzings älteste Tochter Pem Pem noch klar und deutlich an diesen Moment. Ravi Mitra hatte auf *Radio All-India* vom Erfolg des britischen Teams gehört und war außer sich vor Freude, dass Tenzing und Hillary das Gipfelduo gebildet hatten. Er ließ sofort Tenzings Frau und Familie benachrichtigen und machte sich daran, die Vorbereitungen für den Medien-Zirkus zu treffen, der, wie er wusste, über Darjeeling und die Familie des bald weltberühmten Sherpa hereinbrechen würde.

»Wir waren alle so glücklich«, erzählte Pem Pem. »Mummy hatte sich große Sorgen gemacht, aber nachdem wir die großartigen Neuigkeiten erfahren hatten, wussten wir, dass nun gute Dinge für uns geschehen würden.«

Sie sollten Recht behalten. Das winzige Haus in Toong Soong wurde von aufgeregten Besuchern überschwemmt – von Familienangehörigen, befreundeten Sherpa und örtlichen Würdenträgern. Riesige Mengen Tee wurden ausgeschenkt und die Küche war erfüllt vom Geschnatter der Sherpani, die gekommen waren, um Ang Lhamu bei ihren Pflichten als Gastgeberin zu helfen. Nach all den anstrengenden Jahren der Entbehrungen und zahllosen beschwerlichen Expeditionen, darunter sieben zum Everest, gab der Chomolungma endlich einen Teil dessen zurück, was er gefordert hatte. Das Leben eines Bergsteigers ist hart für alle, die daran teilhaben, aber für diejenigen, die zu Hause bleiben, ist es besonders hart, denn sie müssen hilflos abwarten, wenn die Dinge sich zum Schlechten wenden. Sie müssen wochen- oder monatelang die häuslichen Aufgaben und Pflichten des Vaters oder Sohns oder Bruders übernehmen, ohne genau zu wissen, wie es um ihn steht. Und sie müssen die Kraft aufbringen, ihr Leben fortzusetzen, wenn er vom Berg nicht zurückkehrt. Solange sie denken konnten, hatten Ang Lhamu und die Mädchen ihr Leben in der Angst verbracht, dass sie Tenzing niemals wiedersehen würden. Sie wussten, dass er ein versierter und erfahrener Bergsteiger war, doch Können und Erfahrung sind nichts wert, wenn sich auf dem Berg eine Lawine von einem Kilometer Breite löst und auf einen zurast. Doch wie auch immer sich sein Schicksal wenden mochte, zwei Dinge wusste Tenzing sicher: dass seine Frau ihn niemals im Stich lassen und seinen Töchtern immer eine gute Mutter sein würde. Ihm war bewusst, dass sein Erfolg auf dem Everest ebenso ihr Erfolg war, denn ohne sie hätte er nie die Freiheit gehabt, seinen Traum zu verfolgen.

Ang Lhamus Freude war grenzenlos und wirkte ansteckend auf die gesamte Sherpa-Gemeinde von Darjeeling. Sie hatte viele ihrer Mitmenschen in harten Zeiten aufopfernd und großzügig unterstützt und war bei allen sehr beliebt. Bei jedem Besuch erzählte sie strahlend, wie sie vom Erfolg ihres Mannes erfahren hatte. Sie lachte und kicherte und sang und schenkte Tee aus, und diejenigen, die sie näher kannten, sagten, man habe ihrem runden, freundlichen Gesicht angesehen, welch große Last ihr von den Schultern genommen worden war. Ihre Mädchen würden jetzt das Leben führen können, das sie verdient hatten, und Tenzing war endlich von der Besessenheit befreit, die ihn so lange verzehrte.

Ang Lhamu wollte nach Kathmandu reisen und ihren Ehemann persönlich in Empfang nehmen und so mussten Pläne geschmiedet werden. Allerdings hatte sie bislang noch kein Wort von ihm gehört. In Wirklichkeit hatte Charles Wylie in Tenzings Auftrag eine Nachricht über Funk von Tengboche nach Darjeeling gesendet und darin Ang Lhamu und die Mädchen gebeten, nach Kathmandu zu kommen, doch diese Nachricht war niemals angekommen. Ang Lhamu zögerte deshalb, sich auf den Weg zu machen, bis Ravi Mitra die Sache in die Hand nahm und darauf bestand, dass der Platz an Tenzings Seite seiner Frau und seinen Töchtern gehörte. Die Kosten für die Reise nach Kathmandu übernahmen Mitra (er gab ihnen 100 Rupien, der Erlös aus dem Verkauf von Fotos von Tenzing, die in Darjeeling heiß begehrt waren) und Jill Henderson vom *Himalayan Club* (die weitere 400 Rupien beisteuerte). In einfachen *bakus*, den traditionellen Sherpani-Kleidern, und mit einem Minimum an Gepäck machten sich die drei umgehend auf die lange Reise in die Hauptstadt.

In der kleinen Ortschaft Dhaulagat, zwei Tagesmärsche von Kathmandu entfernt, fing eine Meute aufgebrachter nepalesischer Journalisten und politischer Aktivisten die britische Expedition ab. Sie ignorierten Hunt, Hillary und den Rest des Teams, stürzten sich auf Tenzing, zerrten ihn beiseite und bombardierten ihn mit Fragen bezüglich seiner Nationalität und nach Details der Gipfelbesteigung. Sie hatten keinerlei Interesse für den Everest, das Bergsteigen oder für Tenzing selbst. Ihr einziges Motiv war politischer Opportunismus und sie wollten Tenzing nur für ihre Zwecke benutzen. Tenzing war Analphabet, völlig unpolitisch und von ihrem aggressiven Vorgehen verwirrt und eingeschüchtert. Irgendwann verlor Wylie, der alles versuchte, um Tenzing von der Meute und einem besonders hartnäckigen Fragesteller abzuschirmen, seine übliche Gelassenheit und riss dem Mann seine Mütze vom Kopf – in Nepal eine außerordentlich provokante Geste, wie Wylie genau wusste. Die Menge verstummte betreten und der Mann ging konsterniert auf respektvolle Distanz. Um sich von seinen Inquisitoren zu befreien, unterschrieb Tenzing schließlich aus Verzweiflung ein Dokument, das sie ihm während dieser Nervenprobe ständig unter die Nase gehalten hatten. Er hatte keine Ahnung, was darin stand, glaubte aber, mit seiner Unterschrift die Peiniger loszuwerden. Tatsächlich hatte er unterschrieben, dass er den Gipfel des Everest als Erster erreicht habe. Glücklicherweise wurde dieses Dokument von den meisten intelligenten und gut informierten Nepalesen nie anerkannt. Ihnen war klar, dass Tenzing ein Mann aus den Bergen war, der weder lesen noch schreiben konnte und dieses Täuschungsmanöver niemals wissentlich unterstützt hätte. Hunt und den Mitgliedern des britischen Teams war ebenfalls klar, dass Tenzing nicht hatte wissen können, was er unterschrieb, und taten die »beurkundete« Behauptung mit der Geringschätzung ab, die sie verdiente. Außerdem hatten sie monatelang Seite an Seite mit Tenzing gearbeitet und auf dem Berg Kopf und Kragen mit ihm riskiert. Sie kannten ihn gut genug, um zu wissen, dass er kein Mensch war, der zur Selbstverherrlichung neigte.

In Banepa am Rand des Kathmandu-Tals trafen Ang Lhamu, Pem Pem und Nima ihren »Papa«. Das Wiedersehen war überaus emotional, nicht zuletzt aufgrund der Anspannung, unter der sie alle in den letzten Tagen gestanden hatten. Pem Pem erinnert sich daran, dass sie hinter ihrem Vater einen Hünen auftauchen sah: »Ich glaube, der war der größte Mann, den ich je gesehen hatte.«

Dieser Mann war natürlich »Onkel Hillary«. Anschließend machten sie Bekanntschaft mit Wylie, der sich ihnen in vorzüglichem Nepali vorstellte. Die Mädchen waren beeindruckt, »einen *sahib* kennen zu lernen, der unsere Sprache so gut beherrschte«, und begeistert, dass sie sich mit ihm verständigen konnten. Das Familientreffen war jedoch nur von kurzer Dauer, denn sofort wurde Tenzing von seiner Familie fortgezerrt. Er wurde in nepalesische Kleidung gesteckt, bekam eine nepalesische Fahne in die Hand gedrückt und wurde in einen Jeep gesetzt, Hunt und Hillary neben sich. Von einer Welle der Hysterie und Begeisterung getragen, näherten sie sich Kathmandu. Niemand hatte mit einer solchen Reaktion der Menschen dieses abgeschiedenen Königreichs im Himalaja gerechnet, das zwar die höchsten Berge der Erde hat, dessen Bewohner aber so gut wie nichts über das Bergsteigen wussten.

In Kathmandu zog die Prozession unter breiten Bannern hindurch, die an Bambusgerüsten befestigt über die Straßen gespannt waren. Die Banner zeigten den siegreichen Sherpa Tenzing auf dem Everest, der einen scheinbar der Bewusstlosigkeit nahen Hillary den Gipfelgrat hinaufzerrt. Anfangs fand das jeder amüsant, aber die Leidenschaft, mit der die Menge die Abbildung bejubelte – sie riefen »*Tenzing zindabad! Tenzing zindabad!*«, »Lang lebe Tenzing!« –, ließ bei allen ein ungutes Gefühl über die Interpretation der Besteigung aufkommen. Sogar Pem Pem, damals ein 14-jähriges Mädchen, das nichts über Politik oder Expeditionen wusste, war äußerst beschämt, dass Hillary und die übrigen Teammitglieder – Sherpa wie Briten – von den Nepalesen völlig ignoriert wurden. In ihren jungen, kindlichen Augen war es »gemein«, dass sie so behandelt wurden. Ang Lhamu und die Mädchen waren alarmiert von Tenzings verängstigtem, gehetztem Gesichtsausdruck und fragten sich bereits zu diesem frühen Zeitpunkt, ob diese ganze Erfahrung tatsächlich gut für ihn war. Viele der Sherpa genossen jedoch den noch nie da gewesenen Trubel und das Gefühl, als Helden gefeiert zu werden, wenngleich sie sich nie als solche bezeichnet hätten. Nawang Gombu war anfangs ziemlich entsetzt darüber, wie das Team in Banepa empfangen wurde, aber als die Huldigung und Verehrung seines Onkels immer weiter zunahmen, begann er zu begreifen, was die Expedition erreicht hatte und wie viel ihr Erfolg der Welt bedeutete. Er wünschte sich mehr als alles andere, in Tenzings Fußstapfen zu treten. Nicht alle Sherpa reagierten so wie er, aber in manchen erwachte der Ehrgeiz und die Zukunft würde in den Worten des indischen Premierministers Sri Jawaharlal Nehru »tausend Tenzings« hervorbringen.

Als der Zug das Zentrum von Kathmandu erreichte, stieg die Gruppe in eine Kutsche des Königs um. Hunt und Hillary saßen vorn und ertranken fast in Ringelblumen, Tenzings Töchter hockten über den beiden am hinteren Ende der mit zahlreichen Girlanden geschmückten Kutsche und Tenzing, beinahe starr vor Furcht, stand ganz vorn und hatte die Hände im traditionellen »*Namaste*«-Gruß verschränkt. So wurden sie zum Königspalast gefahren, wo König Tribhuvan sie empfing und Tenzing den *Nepal Tara*, Stern Nepals, verlieh, den höchsten Orden des Königreichs. Hunt und Hillary erhielten mindere Auszeichnungen, was vom britischen Team jedoch nicht als Beleidigung empfunden wurde. Ebenso wenig war Tenzing gekränkt, als bekannt wurde, dass Königin Elisabeth II. Hunt und Hillary zum Ritter schlagen wollte, er selbst dagegen nur die unbedeutendere George-Medaille erhalten sollte. Er gab offen zu, dass er nichts über Medaillen wie den *Nepal Tara* wusste, geschweige denn über den Ritterschlag und andere Auszeichnungen der englischen Königin. Trotzdem waren diese Ehrenerweisungen etwas Wunderbares und wurden von den Gewürdigten geschätzt, vermutlich noch mehr in späteren Jahren, nachdem das Hochgefühl ihres Everest-Erfolgs stiller Zufriedenheit gewichen war. Zu diesem Zeitpunkt, im Juni 1953, hatten sie ihre Belohnung – auf dem Gipfel des Everest zu stehen – bereits erhalten. Für Tenzing und Hillary und auch für die übrigen Teammitglieder war die formelle Anerkennung zwar zutiefst befriedigend, aber eher der »Zuckerguss auf dem Kuchen«.

Der Empfang im Königspalast in Kathmandu muss eine interessante und zeitweise amüsante Angelegenheit gewesen sein. Hunt berichtet darüber in *Kampf und Sieg*:

Entlang der Wände saß der nepalesische Hofstaat, uns zu Ehren in festlichem Gewand, um die feierliche Zeremonie zu verfolgen, bei der Seine Majestät bestimmten Mitgliedern der Expedition Auszeichnungen verlieh. Ihnen gegenüber standen die Expeditionsteilnehmer, ungewaschen und unrasiert, die nach dem dreiwöchigen Rückweg vom fernen Berg noch immer schmutzige Bekleidung trugen – Shorts, Sportschuhe und Ähnliches. Erleichtert stellte ich fest, dass Dr. Griffith Pugh, der noch immer mit einem Pyjama bekleidet war, und zwar mit demselben Pyjama, den während des gesamten Nachhausewegs getragen hatte, sich im Hintergrund hielt.

Innerhalb kürzester Zeit war ein Lied über Tenzing und seine große Errungenschaft für Nepal geschrieben worden, das *Hamro Tenzing Sherpa*, »Unser Tenzing Sherpa«, hieß und im Juni 1953 im ganzen Tal zu hören war. In den Bergen wird es noch heute gesungen:

Unser Tenzing Sherpa erklomm den Gipfel des Himalaja.
Lasst stolz das Tamburin erklingen,
Tanzt wie ein Pfau mit anmutigem Schritt
Für Tenzing Sherpa, der über allen erstrahlt.
Und die ganze Welt wird applaudieren,
Tenzing, das warme Herz des kalten Himalaja,
Tenzing, das Juwel der Welt,
Tenzing aus den Weiten des Himalaja.
Wohl hat er seinen Durst an der Quelle des Sun Koshi gestillt,
Hat Hillary über die verwirrenden Pfade geführt.
Tenzing hisste die Flagge unseres Landes
Auf dem höchsten Turm der Welt.

Danphe hat seine Flügel ausgebreitet und getanzt,*
Gauri Shankar schmückte das Ereignis mit seinem Lächeln.
Obwohl sie kein Wasser hatten, um ihren Durst zu stillen,
Blieb der Kopf des Himmels ihr Ziel.
Gesegnet seien die tapferen und mächtigen Inkarnationen,
Wiedergeboren aus Sterblichen, um ein unsterbliches Leben zu leben.

Die Tage nach der Ankunft in Kathmandu waren für Tenzing wie auch für Hunt, Hillary und die anderen Teammitglieder eine traumatische und aufreibende Erfahrung. Die andauernde Verfolgung durch die örtlichen Medien setzte Tenzing ebenso zu wie der in seinen Augen respektlose Umgang mit seinen Gefährten. Die britischen Teammitglieder, insbesondere Hillary, wurden von den Nepalesen weiterhin ignoriert, was Tenzing, seine Familie und seine Freunde zunehmend in Verlegenheit brachte. Als Tenzing bei einer Veranstaltung auf die Bühne stieg, sprang das Publikum auf, rief »Tenzing! Tenzing!« und jubelte in ohrenbetäubender Lautstärke. Nachdem Tenzing eine kurze Ansprache gehalten hatte, wurde Hillary als »der zweite Mensch, der den Everest bestiegen hat« vorgestellt. Das war an sich schon eine Beleidigung, aber als er vors Mikrophon trat, kehrte völlige Stille ein. Tenzing war zutiefst beschämt, konnte aber nichts an der Situation ändern.

Der nepalesische König hatte Tenzing und seiner Familie angeboten, mit der königlichen Maschine nach Kalkutta zu fliegen, wo ein großer Empfang zu Ehren Tenzings stattfinden sollte. Hunt und seine Frau Joy, Hillary und Gregory sollten ebenfalls daran teilnehmen. Tenzing konnte das großzügige Angebot des Königs schwerlich ablehnen, schämte sich jedoch vor seinen britischen Freunden, die nicht eingeladen wurden, mit ihm zu fliegen. Das Ehepaar Hunt,

* ein Fasan, das Wahrzeichen Nepals

Hillary und Gregory flogen daher mit einer einheimischen Fluggesellschaft und kamen erst fünfeinhalb Stunden nach Tenzing an. Keiner von ihnen verlor darüber ein Wort, doch die britischen Medien bekamen indessen Wind von den Kontroversen. Der britische Journalist Sydney Smith stürzte sich auf den »Affront« und schmückte ihn genüsslich aus:

TENZING fliegt mit königlichem Flugzeug
BRITEN bleiben Stunden hinter ihm zurück

»Tiger« Tenzing und seine Familie fliegen morgen mit einer Maschine des nepalesischen Königs nach Kalkutta – und werden fünfeinhalb Stunden vor Colonel Hunt und Edmund Hillary zu den Feierlichkeiten eintreffen. Die sorgfältig eingefädelte Kampagne, die die Bezwinger des Everest spalten soll, erreicht damit einen neuen Höhepunkt.

Colonel Hunt und der Rest seiner Mannschaft fliegen mit einer normalen Verkehrsmaschine, die fünf Stunden Aufenthalt in Patna hat. Das ist die bislang offenkundigste Provokation und zeigt deutlich, dass die Nepalesen Tenzing als den alleinigen Bezwinger des Everest betrachten.

Zweiter Platz

Seit die gesamte Expedition am letzten Wochenende in Kathmandu eintraf, mussten sich ihr Leiter, Colonel Hunt, und Hillary, der zusammen mit Tenzing den Gipfel erreichte, mit dem zweiten Platz begnügen. Die anderen Teilnehmer wurden fast völlig ignoriert.

Bei einem prachtvollen Regierungsempfang am gestrigen Abend bat Premierminister Koirala Tenzing als Ersten nach vorne und überreichte ihm ein Bündel Banknoten im Wert von 500 Pfund sowie ein reich verziertes kukri (ein schweres Kampfmesser). Colonel Hunt und Hillary erhielten ebenfalls kukri *–Touristen-Souvenirs von passabler Qualität im Wert von jeweils etwa fünf Pfund –, während den übrigen Männern der Gruppe vergoldete nepalesische Messingschatullen mit einer Größe von 10 mal 15 Zentimetern überreicht wurden, die in Neu-Delhi für etwa 22 Pfund und 6 Schillinge zu haben sind.*

Smiths Informationen waren korrekt, wurden jedoch leider in einer Art und Weise präsentiert, die dazu beitrug, die ehemals guten Beziehungen zwischen Tenzing, seinen Sherpa und dem britischen Team weiter zu verschlechtern.

Filmmaterial und Fotos aus der damaligen Zeit zeigen nur zu deutlich, welchem Druck alle Beteiligten ausgesetzt waren. Tenzing erhielt sogar Morddrohungen, angeblich von nepalesischen Nationalisten, die verärgert darüber waren, dass er die Erstbesteigung des Everest nicht für sich und für Nepal in Anspruch nahm. Letzteres war zu viel für den einfachen Mann der Berge, dessen Leben innerhalb weniger Tage völlig umgekrempelt worden war, und führte dazu, dass Tenzing eines Abends im Beisein seiner Familie und seiner Freunde zusammenbrach. Er hielt der Belastung einfach nicht mehr stand. Nawang Gombu erinnert sich, dass der vollkommen erschöpfte und verwirrte Tenzing berichtete, er habe einen großen Geldbetrag für eine falsche Aussage über die Ereignisse am Gipfel abgelehnt. Tenzing hatte den dringenden Wunsch, die Angelegenheit »unserem Anführer« anzuvertrauen, der sich unverzüglich auf der Party einfand.

John Hunt berief am 22. Juni eine Versammlung aller Betroffenen im Büro des nepalesischen Premierministers B. P. Koirala ein. Bei diesem Treffen wurde beschlossen, eine offizielle Erklärung über Tenzing, Hillary und die Gipfelbesteigung abzugeben, um schädlichen Spekulationen Einhalt zu gebieten, Streitereien zu schlichten und die Lage zu beruhigen. In der Erklärung, die sowohl Hillarys als auch Tenzings Unterschrift trug, hieß es:

Am 29. Mai verließen Tenzing Sherpa und ich unser oberstes Camp auf dem Mount Everest für unseren Gipfelversuch. Während des Aufstiegs zum Südgipfel übernahmen wir abwechselnd die Führung.

Wir passierten den Südgipfel, stiegen auf dem Gipfelgrat weiter auf und erreichten den Gipfel schließlich fast gleichzeitig.

Wir waren überglücklich über unseren Erfolg und umarmten uns; anschließend fotografierte ich Tenzing, der die Flaggen Großbritanniens, Nepals, der Vereinten Nationen und Indiens hochhielt.

Dieser taktische Schachzug schien die Medien etwas zu beruhigen und Tenzing war in der Lage, mit der Planung seiner Zukunft fortzufahren – zumindest mit der Planung seiner unmittelbaren Zukunft, die Reisen nach Indien und später nach England und in andere europäische Länder vorsah.

In Kalkutta wurde Tenzing herzlich von Ravi Mitra empfangen. Tenzings erster Auftrag für Mitra war, seinen roten Schal – das Geschenk von Raymond Lambert – unverzüglich in die Schweiz zu schicken. In gewisser Weise hatte Lambert Tenzing bei seiner erfolgreichen Besteigung begleitet – im Geist und in seiner Liebe zum Everest und zu seinem Freund Tenzing. Tenzing wollte seinen Erfolg mit ihm teilen.

Weitere Empfänge, öffentliche Versammlungen und Verleihungszeremonien folgten, ehe die Gruppe nach Delhi weiterreiste. Der Empfang in der indischen Hauptstadt war der überwältigendste von allen. Zehntausende Menschen warteten am Flughafen und als Tenzing aus dem Flugzeug stieg, brach die Menge in frenetische »Tenzing! Tenzing!«-Rufe aus. In *Die Abenteuer meines Lebens* schreibt Hillary über die Begebenheit: »Ich habe nie größeres Entsetzen gesehen als in Tenzings Augen.«

Als sie die Stufen hinabstiegen, drängte die Menschenmenge nach vorn und riss Tenzing mit sich. Ang Lhamu, die Nima fest bei der Hand hielt, schaffte es, bei ihrem Mann zu bleiben, aber der armen Pem Pem entglitt die Hand ihres Vaters und sie verlor sich in den Menschenmassen, wo sie verängstigt nach ihren Eltern rief. Voller Entsetzen wandte Tenzing sich an seine Gastgeber, die dafür sorgten, dass die Menge im Zaum gehalten wurde, bis die kleine Sherpani wieder gefunden war.

Am Abend veranstaltete Premierminister Sri Jawaharlal Nehru in seiner Residenz Rashtrapati Bhavan einen Galaempfang für das Team. Tenzing war noch immer in seiner schlichten Sherpa-Tracht gekleidet. Der Gedanke, formellere Garderobe einzupacken, war ihm natürlich nicht gekommen, als er zum Everest aufbrach. Nehru kümmerte sich persönlich um Tenzing, führte ihn in sein Ankleidezimmer, öffnete dort den Kleiderschrank und gab ihm einige elegante Kleidungsstücke für förmliche Empfänge und für seine Reise nach Europa sowie eine Handtasche und einen Regenmantel für Ang Lhamu. Außerdem überreichte er Tenzing zwei kleine Schmuckstücke, die seinem Vater Motilal Nehru gehört hatten – eine überaus rührende Geste und ein deutlicher Beweis für seine große Zuneigung zu Tenzing.

Nehru wurde später einer von Tenzings wichtigsten Förderer. Dabei spielte die politische Tagesordnung mit Sicherheit eine Rolle: Indien hatte erst kurz zuvor, im August 1947, die Unabhängigkeit von Großbritannien erlangt, und die Erhebung von Tenzing zum Nationalhelden konnte für das Land von großem Nutzen sein. Nehru war ein gewandter Politiker und konnte gar nicht übersehen, wie wichtig dieses Image für seine neue Nation war. Doch immer wieder stellte er seine aufrichtige Zuneigung zu Tenzing und sein Interesse an dessen zukünftigem Wohlergehen unter Beweis. Als Kaschmir-Brahmane war Nehru zumindest im Herzen ein Mann der Berge und er liebte das Abenteuer und den Pioniergeist des frühen Himalaja-Alpinismus. Tenzings Erfolge als Bergsteiger faszinierten ihn und er machte es sich zur Aufgabe, dafür zu sorgen, dass dieser große Sherpa mit dem Respekt behandelt wurde, den er sich in seinen Augen redlich verdient hatte.

Ravi Mitra erinnert sich, dass Tenzing im Jahr 1954 mit Ang Lhamu von einem Besuch der Region Punjab nach Delhi zurückkehrte, ohne Nehru über die Details seines Flugs informiert zu haben. Der indische Premierminister holte Erkundigungen über den Zeitpunkt seiner Ankunft ein und schickte einen Wagen zum Flughafen, um das Ehepaar abholen und nach Rashtrapati Bhavan bringen zu lassen, wo er die beiden, wie auch später noch viele Male, als seine Gäste empfing. Bei diesem speziellen Besuch herrschte Hochsommer und die Hitze in der Ebene um Delhi setzte Tenzing arg zu. Er lag in einem Zimmer im ersten Stockwerk auf dem Bauch ausgestreckt im Bett und Ang Lhamu versuchte verzweifelt, seine Not mit nassen Handtüchern zu lindern. Nehru und seine Tochter kamen an der offenen Tür vorbei und sahen, dass Tenzings Bett in einer Ecke weit weg vom kühlenden Ventilator stand. Nehru winkte Indira herbei und zusammen schoben sie das Bett quer durchs Zimmer unter den Ventilator. Dann versorgten sie Tenzing noch mit eisgekühltem Wasser und kalten Packungen, bis es ihm wieder besser ging. Der Premierminister hätte für solche Arbeiten leicht seine Diener rufen können, aber offenbar legte er großen Wert darauf, sich eigenhändig um Tenzing zu kümmern. Im Lauf der Zeit entwickelte sich zwischen den ungleichen Männern eine enge Freundschaft.

Tenzing nutzte seine Beziehungen jedoch niemals aus und wuchs Nehru vielleicht deshalb umso mehr ans Herz. Als er 1954 zusammen mit Mitra nach Delhi reiste, war er abermals Gast in der Residenz des Präsidenten. Eines Morgens fragte ihn Nehrus Sekretär: »Welche Pläne haben Sie für heute, Mr. Tenzing? Falls Sie noch nichts vorhaben, möchten Sie sich vielleicht Indira Gandhis Wagen ausleihen? Sie braucht ihn heute nicht. Sie könnten nach Agra fahren und das Tadsch Mahal besichtigen.« Mitra war begeistert, aber Tenzing schlug das Angebot aus. Er erklärte dem Sekretär, er habe so viele Menschen Nehrus Haus betreten und wieder verlassen gesehen, die offensichtlich hart arbeiteten und sich keine Pause gönnten. Tenzing sagte, er wolle nicht, dass Nehru denke, er sei nur zum

Vergnügen nach Delhi gekommen. Als Nehru später von Tenzings Antwort erfuhr, war er zutiefst beeindruckt.

Tenzing war sich der Verantwortung, die mit seiner öffentlichen Rolle einherging, genau bewusst. Während des besagten Aufenthalts in Delhi versuchten Ang Lhamu und Mitra Tenzing zu überreden, sich mit ihnen in einem Kino in der Nähe einen Hindi-Film anzusehen. Tenzing lehnte mit der Begründung ab, dass er, solange er sich im Haus des Premierministers aufhielt, immer zur Verfügung stehen müsse, falls jemand ihn sehen wollte. Ang Lhamu, ein begeisterter Hindi-Filmfan, ging trotzdem.

Nehru lenkte mit viel Taktgefühl das Gespräch auf ein neues Haus für Tenzings Familie in Darjeeling. Tenzing hatte bei seinen offiziellen Besuchen in den Monaten nach seiner Everest-Besteigung von verschiedenen Staatsregierungen und Organisationen Geld erhalten. Allerdings reichte die Summe nicht aus für den Kauf eines Eigenheims. Nehru hielt es nicht für richtig, dass die indische Regierung Tenzing kurzerhand ein Haus kaufte – er hatte das Gefühl, dass das Tenzings Ehrgefühl verletzen würde –, und schrieb deshalb einen Brief an Dr. B. C. Roy, den ranghöchsten Minister von Westbengalen, in dem er ihn bat, Tenzing bei der Beschaffung von Kapital zum Kauf eines Hauses in Darjeeling zu unterstützen. Dies gelang mit Hilfe einer Werbekampagne in einer regionalen Zeitung und Tenzing war schließlich in der Lage, in Darjeeling ein hübsches Eigenheim mit Ausblick auf den atemberaubend schönen Kanchenjunga zu erwerben. Er taufte das Haus nach dem heiligen Kloster in seiner tibetischen Heimat auf den Namen *Gang-La*. Nehru und seine Familie, darunter Indira, Rajiv und Sanjay Gandhi, wohnten der Hauseinweihung bei.

Im Juni 1953 wurde Tenzing ohne seine Familie zu den britischen Feierlichkeiten nach London eingeladen. Ang Lhamu war damit allerdings ganz und gar nicht einverstanden. Sie sah, dass ihr Mann müde und durcheinander war, und dachte gar nicht daran, ihn ohne ihre Unterstützung und die seiner Töchter verreisen zu lassen. Als es um den Everest ging, war sie bereit gewesen, sich seinem Willen zu beugen, aber in diesem Fall blieb sie standhaft – entweder verreisten sie alle zusammen oder Tenzing blieb zu Hause. Schließlich wurde arrangiert, dass Tenzing und seine Familie Hunt, Hillary und einige andere Teammitglieder auf dem Flug nach London begleiteten. Hillary sorgte auf dem langen Flug für die Unterhaltung von Pem Pem und Nima, indem er sie, zu ihrem größten Vergnügen, unerbittlich neckte. Bei der Zwischenlandung in Zürich stellte Tenzing überwältigt fest, dass seine Schweizer Freunde vollzählig am Flughafen erschienen waren, allen voran Lambert, der seinen roten Schal trug, Tenzing stürmisch umarmte und der ganzen Gruppe zu ihrem Erfolg gratulierte. Tenzing erinnerte sich später an den Ausdruck in Lamberts Augen; er wusste, dass sein Freund an jenem Tag daran dachte, was gewesen wäre, wenn das Wetter 1952 auf dem Everest mitgespielt hätte. Lambert verlor jedoch kein Wort darüber und ließ sich einfach von der frohgemuten Stimmung anstecken. Annelies Sutter von der Garhwal-Expedition von 1947 war an diesem Tag ebenfalls am Flughafen. Sie sollte bis zu Tenzings Tod zu seinen engsten Freunden und Freundinnen gehören.

In London stieg John Hunt als Erster aus dem Flugzeug, in der ausgestreckten Hand seinen Eispickel, an dem der Union Jack befestigt war. Er hatte Tenzing zuvor gefragt, ob es ihm etwas ausmachte, ihm den Vortritt zu lassen. Tenzing hatte natürlich nichts dagegen gehabt; im Gegenteil, er freute sich, dass den britischen Teammitgliedern endlich die Anerkennung zuteil wurde, die sie verdienten. Tenzing, Ang Lhamu, Pem Pem und Nima stiegen als Nächstes aus und waren vom ersten Moment an eine Attraktion für die britische Presse und Öffentlichkeit. Tenzing trug zwar Nehrus formelle Kleidungsstücke, aber Ang Lhamu und die Mädchen waren noch immer mit den *bakus* bekleidet, die sie für die Reise von Darjeeling nach Kathmandu angezogen hatten. Ihre Gastgeber vom *Indian Services Club* organisierten bald einen ausgiebigen Einkaufsbummel für sie.

Der Aufenthalt in London war für Ang Lhamu und die Mädchen eine wunderbare Erfahrung; auch Tenzing kam mit der Situation besser zurecht und fand sie weniger anstrengend als die ersten hektischen Tage in Kathmandu und Delhi. Hunt und Wylie nahmen ihn unter ihre Fittiche und sorgten dafür, dass er sich entspannen konnte. Tenzing freute sich sehr, einige alte Bergsteigerfreunde wiederzutreffen, insbesondere Eric Shipton.

In den nächsten Tagen folgten Empfänge, Interviews, Fototermine und eine äußerst formelle Veranstaltung zu Ehren des Teams im Buckingham Palace. Pem Pem und Nima erinnern sich noch heute voller Verwunderung an ihre Erlebnisse während dieser wenigen Tage in England. Am besten ist ihnen die Audienz bei Ihrer Majestät Königin Elisabeth II. im Gedächtnis geblieben, bei der Wylie für sie dolmetschte, weil sie kein Englisch sprachen. Wylie erinnert sich an einen überaus amüsanten Moment, als Ang Lhamu der Königin vorgestellt und von ihr gefragt wurde, was sie an dem Tag getan hatte, als sie die großartige Neuigkeit vom Erfolg ihres Mannes erfuhr. Ang Lhamu erwiderte, dass sie zum Markt gegangen sei, um etwas Besonderes für Tenzing zu kaufen. Als sich die Königin erkundigte, worum es sich dabei gehandelt habe, antwortete Ang Lhamu, dass sie ihm eine große Dose Kondensmilch gekauft habe. Die Königin lächelte und gratulierte ihr zu dieser vernünftigen Wahl.

Anschließend gab die Königin den Mädchen eine kurze Führung durch den Buckingham Palace. Sie waren überwältigt von der Größe des Spielzimmers von Prinz Charles und Prinzessin Anne und begutachteten ungläubig ein Auto in Kindergröße, das die königlichen Sprösslinge geschenkt bekommen hatten. Pem Pem, die in der Schule englische Geschichte durchgenommen hatte, war fasziniert von Heinrich VIII. und erkundigte sich bei der Königin nach seinem Porträt. Als sie schließlich vor dem Gemälde stand, fragte sie, ob sie auch die Porträts seiner acht Ehefrauen sehen dürfe. Die Königin war außerordentlich *amused!*

Die Gartenpartys, Dinnerveranstaltungen und feierlichen Empfänge erschienen für Tenzing und seine Familie wie im Märchen, hatten sie doch so wenig mit dem zu tun, was sie kannten. Sie nahmen daran teil, betreut von Hunt und Wylie, hatten aber keine genaue Vorstellung, was dabei wirklich vor sich ging. Während der Zeremonie, bei der Hunt und Hillary zum Ritter geschlagen wurden, schnappten Ang Lhamu und die Mädchen vor Entsetzen hörbar nach Luft, als die Königin das Schwert über die gebeugten Häupter der beiden Männer erhob. Sie hatten keinen Zweifel daran, dass die Monarchin sie töten wollte.

Pem Pem erinnert sich, wie sie an einem anderen Tag mit Nima oben auf der Treppe zum großen Ballsaal des Gloucester House saß, wo ihre Eltern an einem prachtvollen formellen Empfang zu Ehren der Expeditionsmitglieder teilnahmen. Da die beiden Mädchen selbst nicht offiziell eingeladen worden waren, betrachteten sie aus ihrem Versteck hinter Palmen und Balustraden das ungeheuerliche Aufgebot von Ballkleidern, edlem Schmuck und eleganten Leuten. Mittendrin entdeckten sie das dunkle, hübsche Gesicht ihres Vaters und die vertraute rundliche Gestalt ihrer Mutter. Besonders beeindruckt waren sie vom Anblick all der Damen mit ihren ellbogenlangen Handschuhen, die sie noch nie zuvor gesehen hatten und äußerst belustigend fanden.

Von London aus kehrte Tenzing mit seiner Familie auf Einladung der *Schweizerischen Stiftung für alpine Forschung* für zwei Wochen in die Schweiz zurück. Sekretär dieser Stiftung war Ernst Feuz, einer von Tenzings Bergsteigergefährten während der Garhwal-Expedition, der mit seiner Frau Maria das gesamte Programm für Tenzings Familie in der Schweiz plante. In der kühlen Bergluft und der Gesellschaft alter Freunde fühlte sich Tenzing bald verjüngt und glücklich. Er besuchte mit seiner Familie Bad Rosenlaui, wo der einheimische Bergführer Arnold Glatthard 1940 die erste Schweizer Bergführerschule gegründet hatte. Tenzing konnte dort mehrere imposante Berge besteigen, unter anderem die Jungfrau, auf die ihn kein anderer als sein alter Freund Lambert begleitete. Endlich hatten sie gemeinsam einen Gipfel bestiegen!

Am Tag vor Tenzings Rückreise nach Indien organisierte das Ehepaar Feuz einen Empfang für ihn in der *Schweizerischen Stiftung* in Zürich. Bei diesem Anlass stieß Dr. B. C. Roy zu ihnen, der sich zur Behandlung eines Augenproblems in Zürich aufhielt. Tenzing, Roy, Ernst Feuz und Carl Weber, der Präsident der *Schweizerischen Stiftung*, führten ein langes Gespräch über die Gründung einer Bergsteigerschule in Darjeeling. Diese Idee stammte ursprünglich von Ravi Mitra und Roy hatte sich sehr empfänglich gezeigt. Die Schweizer wollten nur zu gerne dabei helfen und schlugen vor, dass Arnold Glatthard die Planung der Schule und den Entwurf des Lehrplans übernehmen sollte – mit der Hilfe von Tenzing und den Regierungen von Indien und Westbengalen. Zunächst sollte Glatthard im kommenden Herbst (im Oktober 1953) nach Darjeeling reisen, um einen Standort für die Schule und eine für Kletterneulinge geeignete Bergregion auszusuchen. Danach sollte Tenzing im Sommer 1954 in die Schweiz kommen, um sich in drei Monaten von Glatthard als Kletterinstruktor ausbilden zu lassen, und anschließend würden sechs der besten Sherpa-Bergsteiger anreisen – Ang Tharkay, Gyalzen Mikchen, Da Namgyal, Ang Temba, Nawang Gombu und Topgay – und bei Tenzing und Glatthard die Ausbildung beginnen, um später als Instruktoren in der Schule arbeiten zu können.

Tenzing und seine Familie verließen Zürich und machten sich voller Optimismus und Pläne für die wunderbare Zukunft, die ihnen bevorstand, auf den Heimweg. Als Tenzing zu Hause ankam, versicherte ihm Nehru, dass sein Posten als Direktor der Geländeausbildung eine »Stelle auf Lebenszeit« sei und Tenzing vertraute dem indischen Premierminister vorbehaltlos. Im Herbst 1954 eröffnete Nehru offiziell das *Himalayan Mountaineering Institute* (HMI), das bis zum heutigen Tag erstklassige Bergsteiger ausbildet.

Für den Rest des Jahres 1953 und während der ersten Monate des Jahres 1954 reiste Tenzing kreuz und quer durch Indien. In Madras (Chennai) wurde er besonders stürmisch empfangen. Bescheiden wie er war, schämte er sich, dass er der Menge nicht auf Tamil, der Sprache der Region, danken konnte, und bat Mitra, jemanden zu suchen, der ihm einen Satz des Danks auf Tamil beibringen könnte. Als Tenzing sich schließlich in der Landessprache bedankte, wurde seine aufmerksame Geste von mehr als 50.000 jubelnden und klatschenden Menschen gewürdigt.

Zu Hause in Darjeeling begann Tenzings Familie, sich in ihrem neuen Heim einzurichten. Ang Lhamu war in ihrem Element. Sie schmückte das Haus mit all den Geschenken und Andenken, die sich seit Tenzings Everest-Triumph angesammelt hatten, und verwandelte das ziemlich große, wenig einladende Gebäude in ein freundliches und gemütliches Heim, in dem sie, Tenzing und die Mädchen sowie eine immer größer werdende Schar von Verwandten ein neues Leben beginnen würden. Die Hektik der letzten Monate hatte sich gelegt und Tenzing begann sich an die Rolle zu gewöhnen, die er jetzt in seiner Gemeinde und in der ganzen Welt innehatte. Ein Redakteur des *World Books Broadsheet* schrieb im Juni 1956:

Tenzings neues Heim in Darjeeling ist voller Leben. Hausherrin ist seine Ehefrau Ang Lhamu, eine rundliche und lebhafte Frau mit ge-

witztem Blick und einem mädchenhaften Kichern. Vervollständigt wird die Belegschaft von zwei Töchtern, zwei Nichten, einer Schar von Schwestern, Cousins und Cousinen, Schwägern und Cousins und Cousinen von Schwägern sowie zahllosen nicht einzuordnenden Besuchern (einschließlich ihrer Cousins und Cousinen), die nach Belieben ein und aus gehen. Überall wimmelt es von Hunden. Tische und Wände sind mit Sammelalben, Souvenirs und Fotos übersät. Aus dem buddhistischen Gebetszimmer im Obergeschoss, um das sich ein Schwager kümmert, der Lama ist, dringt fast immer Gesang und das Klingeln einer Glocke, während im Erdgeschoss, egal zu welcher Tageszeit, aller Wahrscheinlichkeit nach gerade Tee serviert wird. Inmitten des Trubels befindet sich Tenzing selbst – geschäftig, herzlich, vielleicht ein wenig verwirrt vom momentanen Geschehen – und unterhält sich, wie es oft scheint, in mehreren Sprachen gleichzeitig. Seine dunklen Augen glühen. Seine kräftigen Zähne leuchten weiß. Man ist sich seiner Zähne stets bewusst, weil er so häufig lächelt.

Auch der Strom von Fremden, die Tenzing sehen wollten, riss nie ab – ausländische Journalisten, politische Würdenträger, Autogrammjäger und gelegentlich auch arme Einheimische, die Tenzing in ihrer Naivität für einen Gott hielten. Sie warfen sich vor ihm auf den Boden, womit sie ihn in arge Verlegenheit brachten und bei seiner Familie große Heiterkeit auslösten. Selbst berühmte Schauspieler aus Hindi-Filmen wurden in Tenzings Haus eingeladen, was zur Folge hatte, dass sich vor *Gang-La* Scharen von Schaulustigen versammelten, die einen Blick von dem indischen Leinwand-Schwarm Shashi Kapoor oder von Stars wie Jevaan und Dilip Kumar erhaschen wollten. Tenzing hieß alle Gäste willkommen und nahm sich Zeit für sie, und Ang Lhamu hatte immer eigenhändig gekochtes Essen parat. Niemand wurde je von *Gang-La* abgewiesen.

Tenzing ging nach wie vor liebend gern bergsteigen und hatte nichts von seiner Energie und seinem Können eingebüßt. Sein Verwandter Dorjee Lhatoo, später Instruktor am HMI, erinnert sich, dass Tenzing mit 48 Jahren noch immer mit weitaus größerer Leichtigkeit und Kraft kletterte als die meisten seiner jungen Sherpa-Schüler. Ab Mitte der 1950er-Jahre war er aufgrund seiner Verpflichtungen beim HMI und im Ausland nicht mehr in der Lage, an größeren Expeditionen teilzunehmen. So gab er sich damit zufrieden, in Sikkim und manchmal in Nepal zu klettern. Auch reiste er immer wieder in die Schweiz und nach England, wo er mit seinen alten Freunden anspruchsvolle Klettertouren genoss. Und er unternahm natürlich Ausflüge in die Berge in der Umgebung von Thamey, um nach dem legendären Yeti Ausschau zu halten.

Im Winter 1954/1955 nahm Tenzing Pem Pem und Nima zum Verwandtenbesuch nach Thamey mit. Sie brachen an Heiligabend in Darjeeling auf und machten sich auf den langen Weg ins Khumbu, der vom Süden Nepals durch das Arun-Tal und über die Pässe der Gebirgsausläufer führte. Die Mädchen mussten ihre Rucksäcke selbst tragen, denn Tenzing war daran gelegen, dass seine Töchter ihre Sherpa-Wurzeln nicht vergaßen. Nachdem sich die beiden einen Tag lang abgemüht und beklagt hatten, wurde ihnen ihre Last schließlich doch abgenommen: Tenzing nahm Pem Pems Rucksack und ein anderer Tenzing, der älteste Sohn des großen Ang Tharkay, trug den von Nima. Von diesem Augenblick an war Tenzing bewusst, dass seine Töchter ein ganz anderes Leben als das seine führen würden. Pem Pem erbte jedoch die Leidenschaft ihres Vaters für die Berge und ergriff 1959 die Chance, sich einer internationalen Frauenexpedition zum Cho Oyu anzuschließen. Nima nahm ebenfalls an dieser Expedition teil, entschied allerdings bald, dass eine Bergsteigerkarriere für sie nicht in Frage kam.

Nach seinem Everest-Erfolg wurde Tenzing von vielen nahen und entfernten Verwandten um Hilfe und Unterstützung gebeten. Er brachte es nicht übers Herz, sie abzuweisen, da auch er in armen

Verhältnissen aufgewachsen war und es als seine Pflicht empfand, sein Möglichstes für sie zu tun. Ang Lhamu und er waren ununterbrochen damit beschäftigt, eine Schar von Familienangehörigen zu bewirten, zu beherbergen und zu beraten, die zum Teil zwar eher fragwürdige Ansprüche hatten, aber trotzdem willkommen waren. Tenzing fühlte sich außerdem verpflichtet, für die Verbesserung der Sicherheit aller Bergsteiger-Sherpa zu sorgen, und half deshalb im Jahr 1954 mit, in Darjeeling die *Sherpa Climbers' Association* ins Leben zu rufen (die heute *Sherpa Buddhist Association* heißt). Diese Organisation führte ein vollständiges Verzeichnis aller Bergsteiger-Sherpa und vermittelte deren Kindern kostenlose Kletter-Grundkurse am HMI. Sie dienten auch als Anlaufstelle für Bergsteiger aus dem Ausland, die Sherpa für ihre Expeditionen verpflichten wollten. In dieser Rolle löste sie schließlich den *Himalayan Club* ab.

Wenn sich Tenzing gerade nicht auf einer seiner vielen Auslandsreisen befand, war er mit seiner Arbeit beim HMI völlig ausgelastet. Er führte ein Dasein, das alle seine Erwartungen übertraf: Er hatte eine sichere Arbeitsstelle und wurde verhältnismäßig gut bezahlt, er besaß ein Haus, in das er fast jeden Abend heimkehren konnte, und er hielt sich in den Bergen auf, die er liebte und in denen er Herausragendes leistete. Seine Töchter hatten den *Loreto Convent* besucht, eine der besten Mädchenschulen Darjeelings, und lebten inzwischen glücklich mit ihren eigenen Familien. Tenzing selbst genoss die Anerkennung der ganzen Welt und, was ihm wichtiger war, die seines eigenen Volks und flanierte in Knickerbockerhosen, edlen Argyle-Socken und mit Tweed-Hut wie ein König über die gepflasterten Straßen und Promenaden Darjeelings. Er hatte sich wahrhaftig ein weites Stück von der rauen Realität des Lebens im abgeschiedenen Tibet entfernt. Sein Ansehen und seine Berühmtheit waren ihm dennoch nicht in den Kopf gestiegen und er stand nach wie vor mit beiden Beinen auf dem Boden der Tatsachen.

Dorjee Lhatoo erinnert sich an eine ziemlich heftige Auseinandersetzung zwischen Tenzing und ihm über irgendeine Familienangelegenheit, nach der sie eine Zeit lang nicht mehr miteinander sprachen. Ihre Feindseligkeit nahm solche Ausmaße an, dass sich beide weigerten, am HMI zu arbeiten, wenn der andere am selben Programm oder Kurs beteiligt war. Schließlich führte kein Weg mehr daran vorbei – einer von ihnen musste seinen Stolz hinunterschlucken und dem anderen ein Friedensangebot machen. Lhatoo war der Jüngere der beiden und so fiel es ihm zu, den ersten Schritt zu tun. Mit größtem Widerwillen und nur auf energisches Drängen von Nawang Gombu ging Lhatoo zu Tenzings Haus und brachte ein *kada* als Zeichen der »Kapitulation« und Entschuldigung mit. Nach Sherpa-Tradition legt man diesen weißen buddhistischen Seidenschal dem anderen um den Hals und alles ist vergeben und vergessen. Lhatoo hatte das Haus noch nicht betreten, als ihm Tenzing entgegentrat und erwartungsvoll vor ihm stehen blieb, den Kopf leicht gesenkt, um das *kada* in Empfang zu nehmen. Doch Stolz und Sturheit ließen Lhatoo zögern, die unterwürfige Geste auszuführen. Anstatt ihn abzuweisen, stieß Tenzing einen tiefen Seufzer aus, nahm ihm das *kada* aus der Hand und legte es sich selbst um den Hals. Anschließend umarmte er Lhatoo flüchtig, um zu zeigen, dass er die Entschuldigung annahm. Der Streit war beigelegt und beide waren besänftigt.

Die Veröffentlichung von *Der Tiger vom Everest* im Jahr 1955 vermittelte der Welt ein persönlicheres Bild von Tenzing. Das Buch entstand in Zusammenarbeit mit James Ramsay Ullman und war ein Bestandteil von Tenzings Vertrag mit *United Press*, den er unmittelbar nach seiner Rückkehr vom Everest in Kathmandu unterschrieben hatte. Er gab darin auch seine Einwilligung zu einer Reihe von Artikeln auf der Basis von Interviews, die zu diesem Zeitpunkt mit ihm geführt wurden. Die *Royal Geographical Society* besaß die Rechte an sämtlichen Fotos, Artikeln und Büchern des britischen Teams, doch Tenzing war nicht an diese Vereinbarung gebunden. Allerdings hatte sich Premierminister Nehru ursprünglich gewünscht, dass seine Nichte Nayan Tara Saigal, die Tenzing in Hinblick auf dieses Projekt 1953 in Neu-Delhi ausgiebig interviewt hatte, seine Lebensgeschichte niederschreiben würde. Tenzing erhielt letzten Endes nur einen bescheidenen Anteil aus dem Verkaufserlös seiner Biographie, deren größtes Verdienst es war, dass die Welt, die ihn bislang nur als heldenhaften »Bezwinger« des Everest kannte, mehr über ihn als Menschen erfuhr.

Tenzing war in jeder Hinsicht zufrieden – mit einer einzigen Ausnahme: Seit dem Tod von Nima Dorje im Jahr 1939 wünschte er sich sehnlichst einen Sohn, der seinen Namen weitertragen würde. Er liebte seine Töchter über alles, wusste aber im Grunde seines Herzens, dass ihn nur ein Sohn wirklich glücklich machen konnte. Seine Ehe mit Ang Lhamu hatte ihm unendlich viel Freude beschert und Halt gegeben und die beiden genossen den Frieden und die Sicherheit, die eine langjährige Lebensgemeinschaft und Freundschaft mit sich bringt. Doch die Verbindung war kinderlos geblieben und hatte Tenzing keinen Sohn geschenkt. In vielen fernöstlichen Kulturen ist es nicht ungewöhnlich, dass sich Männer eine zweite Frau nehmen, während die erste noch am Leben ist; auch bei den Sherpa kommt das hin und wieder vor, wenngleich es nicht gebräuchlich ist. Als Tenzing Anfang der 1960er-Jahre im Klettercamp des HMI in Dzongri im Westen von Sikkim arbeitete, lernte er eine junge Sherpani aus Chanakpa kennen, einer kleinen Ortschaft unmittelbar oberhalb von Thamey Teng im Khumbu, deren Familie ihn in seiner Jugend auf ihren Feldern beschäftigt hatte. Sie hieß Daku und arbeitete wie viele andere Sherpa aus Nepal im Trainingscamp. Daku war auffallend hübsch, sehr kräftig und äußerst lebhaft und es dauerte nicht lange, bis sich zwischen ihr und dem wesentlich älteren Tenzing eine leidenschaftliche Beziehung entwickelte. Tenzing beschloss schließlich, sie mit zu sich nach Hause nach Darjeeling zu nehmen. Ang Lhamu kränkte diese Entscheidung zutiefst, aber im Grunde ihres Herzens wusste sie, dass sie Tenzing nicht das hatte geben können, was er sich so sehnlich wünschte. Zu allem Unglück erkrankte sie an Lungenkrebs und ihre Gesundheit verschlechterte sich zunehmend. Tenzings Töchter waren inzwischen beide verheiratet, also wusste Ang Lhamu, dass er eine Frau brauchen würde, die sich um ihn und sein Heim kümmerte. Daku zog in *Gang-La* ein und übernahm nach und nach die Rolle der Hausherrin mit all den dazugehörenden Aufgaben und Pflichten. Sie arbeitete hart und Tenzing war glücklich.

Am 10. Dezember 1962 brachte Daku ihren ersten Sohn Norbu zur Welt. Tenzing war völlig vernarrt in Norbu und sehr verliebt in Daku, die sich mit jugendlicher Energie und Hingabe um ihn kümmerte. Ang Lhamu kämpfte währenddessen, teils zu Hause, teils im Krankenhaus, gegen ihre Krankheit an, wobei ihr Tenzings Töchter und auch Verwandte aus Darjeeling zur Seite standen. Um Mitternacht des 30. November 1964, nur zwei Stunden nachdem Pem Pem ihr erstes Kind, ihren Sohn Tashi, zur Welt gebracht hatte, verlor Ang Lhamu ihren Kampf. Ihr Tod war für Tenzings Familie und für alle, die sie gekannt hatten, ein schrecklicher Verlust. Noch heute erinnert man sich in Darjeeling an ihr Lachen, ihre Lebensfreude und ihre schier grenzenlose Nächstenliebe. Sie war in guten wie in schlechten Zeiten ein Kraftquell in Tenzings Leben gewesen und die ganze Familie ist ihr zu Dank verpflichtet, dass sie in den hektischen Tagen des Jahres 1953 und auch danach für ein Gleichgewicht gesorgt hatte, das so leicht hätte verloren werden können.

Tenzing und Daku bekamen noch drei weitere Kinder: 1965 ihren zweiten Sohn Jamling, 1966 ihre Tochter Deki und 1969 ihren dritten Sohn Dhamey. Tenzing arbeitete weiterhin als Direktor der Geländeausbildung beim HMI, bis er 1976 mit 58 Jahren das Pensionierungsalter für indische Regierungsangestellte erreichte und aufgefordert wurde, in den Ruhestand zu treten. Er war am Boden zerstört, auch wenn seine Arbeit für das HMI nicht immer reibungslos verlaufen war, was in erster Linie daran lag, dass sein bescheidenes Gehalt in den mehr als zwei Jahrzehnten seit seiner Verpflichtung nur geringfügig erhöht worden war. Der Everest hatte ihm viele Vorteile verschafft, aber ein ansehnliches, frei verfügbares Einkommen gehörte nicht dazu. Nachdem er seinen Arbeitsplatz verloren und nur eine spärliche Abfindung für seine Dienste bekommen hatte, war er ohne Einkommen und musste eine junge Familie ernähren.

Tenzing nahm die Entscheidung nicht stillschweigend hin und versuchte den Direktor des HMI zu überreden, ihn in seiner Position weiterarbeiten zu lassen. Er erklärte, dass Nehru ihm die Stelle auf »Lebzeiten« versprochen hatte, was weithin bekannt sei. Nehru war allerdings 1964 verstorben und über Tenzings Anstellung war nichts schriftlich festgehalten worden. Tenzing hatte Nehru vertraut und die Angebote akzeptiert, die ihm von der indischen Regierung gemacht wurden, um ihn im Land zu halten: die Staatsbürgerschaft, ein neues Heim, eine lebenslange Anstellung. Er hatte auch von anderen – von den Nepalesen, den Schweizern und den Amerikanern – Angebote erhalten, seine Wahl war aber auf Indien gefallen. So war er verständlicherweise gekränkt und verärgert darüber, wie sich die Dinge entwickelt hatten. In seiner Entrüstung und seinem Groll fand er sich nicht allein: Viele Menschen in Indien standen hinter ihm und der Beschluss, an den strengen Vorschriften des indischen Staatsdiensts festzuhalten, wurde von großen Teilen der Öffentlichkeit verurteilt. Tenzing sei doch sicherlich eine Ausnahme, meinten sie. Am Ende kapitulierten die Behörden und

Tenzing wurde vom HMI als Berater weiterbeschäftigt, ein Posten, der noch heute existiert und derzeit von Nawang Gombu bekleidet wird. Tenzings Gehalt blieb bescheiden, aber zumindest war seine Zukunft in finanzieller Hinsicht gesichert.

Die Geschichte führte allerdings dazu, dass er jeglichen Enthusiasmus für das Institut und seinen Job verlor. Er war nicht mehr mit dem Herzen bei der Arbeit und da er nicht verpflichtet war, jeden Tag anwesend zu sein, existierte seine Beteiligung schließlich nur noch auf dem Papier. Dieses ziemlich unrühmliche Ende seiner großartigen Karriere stürzte Tenzing in tiefe Traurigkeit. Er war ein Mann, der sein Leben lang gearbeitet hatte, der ständig beschäftigt und voller Energie und Enthusiasmus gewesen war. Natürlich diktierte ihm sein fortgeschrittenes Alter eine langsamere Gangart, aber er hatte seiner Umwelt noch immer eine Menge zu bieten und brauchte dringend eine Aufgabe, die das alte Feuer in ihm wieder entfachen würde. Er war seinen vier Kindern ein hingebungsvoller Vater, reiste nach wie vor ins Ausland und folgte verschiedensten Einladungen, doch das genügte ihm nicht.

Dann trat der erfolgreiche Reiseveranstalter Eric Lindblad in Tenzings Leben, der nach Darjeeling gekommen war, weil er über seine Reiseagentur in Zukunft auch Trekkingtouren im Himalaja anzubieten plante. Lindblad fragte Tenzing bei ihrem ersten Treffen, wie viel er im Monat verdiene, und Tenzing sagte es ihm. »Ich kann Ihnen dabei helfen«, erwiderte daraufhin Lindblad, »das an einem Tag zu verdienen!« So kam es, dass Lindblad Tenzing dabei unterstützte, seine eigene Trekking-Agentur in Darjeeling aufzubauen, und ihn als Werbeträger für seine Touren einsetzte. Die Arbeit war für Tenzing äußerst lukrativ und angenehm und es dauerte nicht lange, bis er wieder mit Begeisterung bei der Sache war.

Mit Dakus tatkräftiger Unterstützung kümmerte er sich um die Trekking-Gruppen, die Lindblad ihm schickte, und begleitete regelmäßig als Reiseleiter auch Lindblads »herkömmliche« Touren, bei denen es sich in erster Linie um Kreuzfahrten handelte. Einmal verschlug es ihn dabei sogar in die Antarktis. Tenzing Freunde und Familienangehörige sahen, wie er, nachdem er erneut eine Aufgabe hatte, sich über Nacht veränderte. Er war beschäftigt, kam wieder in Kontakt mit Menschen aus dem Westen, was er außerordentlich genoss, und konnte so seinen Kindern eine Zukunft schaffen. Und er war endlich in der Lage, sich einen bescheidenen Wohlstand zu erarbeiten. Lindblad war ein Marketing-Genie und Tenzing war der Traum jedes Reiseveranstalters. Allerdings beschränkte sich Lindblads Einflussnahme auf Tenzings Leben nicht nur auf geschäftliche Dinge. Großzügig nahm er sich später der Kinder Tenzings an und sorgte dafür, dass sie ihre Ausbildung in den Vereinigten Staaten fortsetzen konnten. Er öffnete Tenzing und seiner Familie das Tor zu einer neuen Welt.

Alle, die Tenzing kannten, wünschen sich aufrichtig, dass die Geschichte dieses großen Mannes, der sich durch Begabung und harte Arbeit von einem Leben in Knechtschaft buchstäblich auf das Dach der Welt emporgekämpft hatte, ein glückliches Ende genommen hätte. Leider war das nicht der Fall. Tenzing wurde trotz der Veränderungen, die seine neue berufliche Situation und die neue Ausrichtung seines Lebens mit sich brachten, immer desillusionierter und unglücklicher. Es heißt oft, er habe in seinen letzten Jahren zu viel getrunken, und das war ohne Frage ein Teil des Problems. Diejenigen, die ihn näher kannten, in Darjeeling wie im Ausland, meinen jedoch, dass sein Alkoholkonsum nur ein Symptom eines viel tiefer sitzenden Übels war. Vielleicht war er zum Reisen zu alt geworden und kam deshalb mit der Einsamkeit während der langen Zeitspannen zwischen den verschiedenen Exkursionen, die er allein in Städten fern von seiner Heimat zu verbringen hatte, nicht zurecht. 1981 musste er im tibetischen Lhasa nach Beendigung einer

Tour einen Monat lang auf die nächste Reisegruppe warten. Sir Edmund Hillary und George Lowe hielten sich zu diesem Zeitpunkt ohne Tenzings Wissen ebenfalls in Lhasa auf, und wie der glückliche Zufall es wollte, trafen sie sich und verbrachten einen Abend zusammen. Tenzing freute sich überschwänglich, die beiden wiederzusehen. Lowe erinnert sich allerdings, dass er schlecht aussah und unglücklich wirkte. Auf Hillarys Drängen schüttete er seinem alten Kameraden sein Herz aus. Er litt noch immer unter seiner »Pensionierung« vom HMI und war nicht imstande, seine Enttäuschung und Verbitterung zu vergessen. Er fühlte sich in Lhasa schrecklich und wollte unbedingt nach Hause, damit sich jemand um ihn kümmerte. Sowohl Hillary als auch Lowe bemühten sich, ihm zu versichern, dass er gute Freunde hatte wie sie, die zumindest in Gedanken immer bei ihm waren. Es fiel den beiden Männern nicht leicht, Tenzing in diesem Zustand in Lhasa zurückzulassen, doch sie hatten ihre Verpflichtungen und Tenzing hatte seine. Der einzige Trost war, dass die alten Freunde zumindest einige Zeit zusammen verbracht hatten.

Auch Lord Hunt erinnerte sich an eine zufällige Begegnung mit Tenzig in China, als beide beruflich unterwegs waren, Hunt mit einer Delegation und Tenzing mit einer Reisegruppe. Hunt hatte immer eine tiefe Zuneigung zu Tenzing empfunden und auch Tenzing verspürte große Sympathie für seinen ehemaligen Expeditionsleiter. Die beiden freuten sich sehr über das Zusammentreffen und Hunt umarmte Tenzing, den er seit dem letzten der regelmäßigen Everest-Treffen (die im berühmten Pen-Y-Gwryd-Hotel in Nordwales abgehalten werden) nicht mehr gesehen hatte. Die beiden verbrachten einige Zeit miteinander und Tenzing schüttete Hunt sein Herz aus. Er erwähnte abermals, dass er sich einsam fühle und nicht in der Lage sei, einen Mittelweg in seinem Leben zu finden. Er hatte sich für die Arbeit in der Reisebranche entschieden und war auf sie angewiesen, fand sein Dasein jedoch ermüdend und einsam. Auch das Zusammenleben mit Daku stimmte ihn zunehmend traurig. Der Altersunterschied zwischen den beiden war inzwischen zum Problem geworden und Tenzing, der ziemlich besitzergreifend war, wollte nicht hinnehmen, dass Daku auch ein eigenes Leben wollte, in das er nicht immer einbezogen wurde. Hunt hätte Tenzing gern geholfen, doch konnte er nicht mehr tun, als ihm zuzuhören und ihm eine Schulter anzubieten, an der er sich ausweinen konnte. 1997 erinnerte sich Hunt in einem Interview der BBC mit tiefer Betroffenheit an dieses Treffen mit Tenzing.

1985 verschlechterte sich Tenzings Gesundheitszustand und mit Verdacht auf Lungenentzündung wurde er in Delhi ins Krankenhaus eingeliefert. Während dieser Zeit entwickelte sich eine engere, herzlichere Freundschaft zwischen Hillary und ihm. Hillary war damals Hochkommissar Neuseelands in Indien und in der heißen und staubigen indischen Hauptstadt stationiert und besuchte Tenzing regelmäßig. Im Vergleich zu 1953, als sie gemeinsam auf dem Everest gewesen waren, sprach Tenzing inzwischen recht gut Englisch und ihre Freundschaft konnte nun auf einer völlig anderen Ebene gedeihen. Tenzing fand in Hillary einen Vertrauten, mit dem er über alte Zeiten auf dem Everest und die gemeinsamen Erlebnisse nach 1953 sprechen konnte. Er war sich stets bewusst, wie viel Hillary und seine Himalaja-Stiftung in Solu Khumbu leisteten, und hatte wie der Rest der Welt großen Respekt davor, was sein Freund und seine Kollegen für die Sherpa-Gemeinden erreicht hatten.

Tenzing äußerte damals gegenüber Hillary sein Bedauern, dass er selbst nicht mehr für sein eigenes Volk getan habe. Es gab und gibt tatsächlich Menschen, die Tenzing genau dafür offen kritisierten. Wer dieses Urteil fällt, sollte jedoch zuerst einen Blick auf Tenzings Leben werfen und sich überlegen, welche Möglichkeiten ihm zur Verfügung gestanden hatten. Er blieb bis zu seinem Tod Analphabet; er hatte fast sein ganzes Arbeitsleben lang kein anderes Einkommen als sein Gehalt vom HMI, wo er vollzeitbeschäftigt war und nur eingeschränkt bezahlten Urlaub nehmen konnte; er sprach nicht fließend Englisch und es wäre völlig unrealistisch zu glauben, er hätte Werbekampagnen und Spendenaktionen auf die Beine stellen oder Verwaltungsaufgaben übernehmen können. Tatsächlich hatte er nicht einmal eine Expedition komplett selbst organisiert. Er war ein ausgezeichneter *sirdar*, aber eine Expedition oder ein Verwaltungsprogramm zu planen und von Anfang bis Ende durchzuführen, überstieg seine Möglichkeiten. Dorjee Lhatoo brachte es auf den Punkt, als er sagte: »Wie hätte Tenzing mehr für andere tun können? Er tat nicht einmal genug für sich selbst.«

Hillary versicherte Tenzing, dass er ein wunderbarer *sirdar* und hervorragender Bergsteiger, ein guter Vater und Ehemann gewesen sei und dass er immer hart gearbeitet habe. Es gebe genug, worauf er stolz sein könne, und er solle sich doch nun zugestehen, dies zu genießen. Tenzing äußerte gegenüber seiner Familie, wie viel Trost und Wärme Hillary ihm gespendet habe, obwohl er zu diesem Zeitpunkt bereits in eine tiefe Depression verfallen war, die bis zu seinem Tod ein Jahr später anhalten sollte.

Im November 1985 unternahm Tenzing seine letzte Reise in die Schweiz, wo er in Genf bei Raymond und Annette Lambert wohnte und einige Zeit bei seiner treuen Freundin Annelies Sutter in Zürich verbrachte. Das Ehepaar Lambert und Sutter waren entsetzt darüber, wie hager er geworden war und dass das charakteristische Funkeln in seinen Augen erloschen war. Am meisten beunruhigte sie jedoch, dass auch sein strahlendes Lächeln verschwunden war. Sie kannten ihn seit über 30 Jahren und hatten ihn noch nie so verloren und einsam gesehen. Maria Feuz, eine weitere gute Freundin von Tenzing, veranlasste, dass er komplett medizinisch untersucht wurde, weil sie den Verdacht hegte, dass es sich bei seiner Krankheit in Delhi in Wirklichkeit vielleicht um etwas viel Schlimmeres als eine Lungenentzündung gehandelt haben könnte, etwas, das eine andere Behandlung erforderte. Der untersuchende Arzt teilte der Familie später mit, dass die Tests »keine auffälligen pathologischen Befunde geliefert haben, mit Ausnahme von Herz-Lungen-Veränderungen, die durch das Alter des Patienten bedingt sind«. Es scheint, als seien seine Probleme psychischer und seelischer Natur gewesen.

Annette Lambert war immer besonders fürsorglich gegenüber Tenzing gewesen. Sie sorgte dafür, dass er bei seinen Interviews in Genf niemals aufgefordert wurde, etwas zu lesen oder zu schreiben, denn sie wollte nicht, dass er sich wegen seines Analphabetentums schämen müsste. Sie spricht allerdings noch heute mit Bewunderung von seiner Fähigkeit, sich das »Aussehen« einer Adresse oder Telefonnummer einzuprägen. So konnte er stets Anschriften identifizieren, ohne sie wirklich lesen zu können.

Tenzing schüttete Annette Lambert während seines Aufenthalts sein Herz aus und vertraute ihrem Urteil. Sie erinnert sich an lange Gespräche über seine Niedergeschlagenheit und Einsamkeit. Auf Reisen war er immer unter Fremden und wenn er nach Hause kam, vermisste er seine Kinder, die alle in den Vereinigten Staaten studierten. Daku ließ sich ebenfalls nur selten blicken. Er trauerte den Zeiten nach, als es in *Gang-La* von Freunden und Familienangehörigen wimmelte und er in seinem Leben einen Sinn und Zweck sah. Die Lamberts mochten Tenzing sehr und ihr Heim in Genf war sein zweites Zuhause, trotzdem konnten sie zu diesem späten Zeitpunkt in seinem Leben wenig tun, um ihm zu helfen. Sie drängten ihn, mit sich selbst und der Welt, in der er jetzt lebte, Frieden zu schließen. Er war zu alt für drastische Veränderungen und hatte es sich redlich verdient, sich auf seinen Lorbeeren auszuruhen. Seine enge Beziehung zu Raymond Lambert ermöglichte es ihm, sich zu öffnen und sich zum Teil von seinen unglücklichen Gefühlen zu befreien.

Das Ehepaar Lambert war dankbar, wenigstens das für ihn tun zu können.

Nach dem Abschied von den Lamberts besuchte Tenzing ein letztes Mal Annelies Sutter in Zürich. Als sie sich am Zürcher Flughafen voneinander verabschiedeten, umarmte er sie innig und wollte sie nicht mehr loslassen, als hätte er gewusst, dass sie sich nie wiedersehen würden. Es war für Tenzing eine traurige Reise gewesen und er ließ seine Schweizer Freunde beunruhigt und hilflos zurück.

In Darjeeling angekommen, ging er wieder seinen alltäglichen Beschäftigungen nach: Frühmorgens besuchte er seine Tochter Pem Pem in ihrem Haus in Toong Soong, anschließend spazierte er zum Chowrasta-Platz, wo er sich mit alten Freunden traf und dem geschäftigen Treiben zusah, und die Abende verbrachte er in *Gang-La*. Er verfolgte mit großem Interesse den Werdegang seiner vier Kinder und berichtete jedem, den er traf, von ihren Erfolgen. Kamen sie aus den Vereinigten Staaten zu Besuch nach Hause, bereitete ihm das die größte Freude, und diese Besuche waren es, die seinen letzten Lebensjahren einen Sinn gaben. Seine beiden ältesten Töchter waren natürlich immer für ihn da, wenngleich Nima inzwischen ebenfalls im Ausland lebte und ihn nur gelegentlich besuchen konnte. So blieb Pem Pem seine wichtigste Stütze, auf die er fest baute. Sie arbeitete an der St.-Paul's-Schule in Darjeeling, verbrachte aber ihren freien Tag – den Dienstag – immer mit ihm in *Gang-La*. Dort plauderten sie, tranken Tee und schwelgten in Erinnerungen und er freute sich jedes Mal auf ihren Besuch. Es war beruhigend für ihn, sie nur einen Telefonanruf entfernt zu wissen. Trotzdem fühlte er sich in seinem Haus einsam. Pem Pem erhielt zu allen Tages- und Nachtzeiten emotionale Anrufe von ihm und musste dann zu ihm gehen, ihn beruhigen und ihm seelischen Beistand leisten.

Am Sonntag vor seinem Tod rief er sie an und die beiden verbrachten den Tag zusammen und führten eine angeregte Unterhaltung über eine Reise, die er seit langem unternehmen wollte: zum Grab seiner ersten Frau Dawa Phuti, der leiblichen Mutter von Pem Pem und Nima. Tenzing wollte, dass Pem Pem mitkam und er plante die Reise für den kommenden Frühling. Da ihr Vater in guter körperlicher Verfassung war, sah Pem Pem keinen Grund, warum sie nicht zusammen verreisen sollten, und freute sich darauf, die letzte Ruhestätte ihrer Mutter aufzusuchen.

Am Freitag, den 9. Mai, erhielt Pem Pem um vier Uhr morgens einen Anruf von *Gang-La*, sie solle sofort kommen, ihr Vater liege im Sterben. Schon am Tor wurde die völlig verwirrte Tochter von Tenzings Arzt mit der Nachricht empfangen, ihr Vater sei soeben verstorben. Sein Tod kam für Pem-Pem völlig überraschend, waren doch erst ein paar Tage vergangen, seit ihn die Aussicht auf die Reise nach Chitral so sehr beflügelt hatte. Pem Pem war auf diesen Schock überhaupt nicht vorbereitet. Niemand war darauf vorbereitet.

Tenzings Feuerbestattung fand nach Sherpa-Tradition unter der Leitung seines ältesten Sohns Norbu am HMI statt. Sir Edmund Hillary war der einzige Ausländer, der zugegen war, denn zu dieser Zeit herrschten in Darjeeling große politische Spannungen: Die Rückforderung von Gorkhaland (einem unabhängigen nepalesischen Staat in Indien) schlug große Wogen, weshalb absolute Ausgangssperre verhängt worden war. Hillary war fest entschlossen, der Zeremonie beizuwohnen, und nutzte seinen Einfluss als »Hillary Sahib« und Hochkommissar Neuseelands, um sich den Weg aus der indischen Ebene über die Gebirgsstraßen und durch die Polizeibarrieren zu bahnen. Er erbrachte damit einen klaren Beweis für seine Zuneigung und seine Hochachtung seinem Freund gegenüber und setzte den Gerüchten ein Ende, dass sich die beiden überworfen hätten.

Die Feuerbestattung fand an einem regnerischen Tag im Mai statt. Das Wetter schien die ohnehin schwermütige Stimmung noch zu unterstreichen und der Scheiterhaufen wollte sich im strömenden Regen nicht entzünden lassen. In typischer Sherpa-Manier wurde das Problem jedoch durch die großzügige Verwendung von Kerosin gelöst und Tenzing konnte schließlich seine letzte Reise im Kreis seiner Familie und Freunde und im Schatten seines geliebten Himalaja antreten.

Der Tenzing der späten Jahre ist nicht der Mann, an den sich seine Familienangehörigen und seine engsten Freunde erinnern. Der wahre Tenzing war der Mann auf dem Gipfel seines Chomolungma, der Kämpfer, der gemeinsam mit Lambert dem schrecklichsten Wetter auf dem Everest trotzte; der Vater, der seine Kinder abgöttisch liebte; der Lehrer, der so vielen jungen Sherpa das Klettern beibrachte, und der Mensch, dessen berühmtes Lächeln 1953 auf der ganzen Welt durch die Medien ging und alle verzauberte.

Jetzt war er nicht mehr da. Doch in den Herzen und Gedanken aller, die den Everest und seine großartige Geschichte lieben, lebt Tenzing Norgay Sherpa weiter. Sein Leben machte sein Volk berühmt, und er bewies, was mit Beharrlichkeit und Mut alles erreicht werden kann. Er war energisch und entschlossen, aber trotzdem herzlich und bescheiden, und er wusste, was es heißt, die einfachen, aber wichtigen Freuden des Lebens zu genießen – Familie und gute Freunde, ein warmes Feuer und einen vollen Magen und nicht zuletzt die schiere Freude, seinen Traum zu leben.

Tashi Tenzings Weg zum Everest

Großvater kam immer sehr früh morgens zum Haus meiner Familie in Toong Soong in Darjeeling und weckte uns, damit wir mit ihm Tee tranken. Ich war gern mit dem alten Mann in seinen Knickerbockerhosen und der Tweedkappe zusammen. Er war voller Energie und jeder schien ihn zu kennen. Mein Held war jedoch Tenzing, der große Sherpa vom Everest. Ich hatte in jungen Jahren viel vom Everest gehört und der Name des Bergriesen hatte für mich einen magischen Klang. Meine Mutter behauptet, seit ich laufen konnte, sei ich auf alles hinaufgeklettert, das auch nur entfernt aussah wie ein Berggipfel, hätte mich, oben angekommen, mit ausgebreiteten Armen hingestellt und verkündet, ich sei Tenzing vom Everest. Angesichts meiner Abstammung, der ich mir damals nicht bewusst war, muss das für meine Verwandten und den alten Mann selbst überaus amüsant gewesen sein, denn es sollte noch Jahre dauern, bis mir klar wurde, dass mein *gaga*, also mein Großvater, der mit uns morgendliche Spaziergänge unternahm und in unserer winzigen Küche saß und Tee trank, tatsächlich der große Tenzing höchstpersönlich war. Ich war mir daraufhin nicht sicher, ob diese Erkenntnis meine Bewunderung für meinen Großvater wachsen ließ oder dem Bild abträglich war, das ich all die Jahre von meinem Helden Tenzing gehabt hatte.

Im Lauf meiner Kindheit und Jugend stellte ich allerdings fest, dass wir uns in vieler Hinsicht sehr ähnlich waren: Wir waren beide voller Energie und stets ruhelos innerhalb der Grenzen eines Hauses oder einer Stadt und wir fühlten uns beide am glücklichsten und erfülltesten hoch oben in den Bergen. Allem voran verband uns der Everest. Auch nachdem mein Großvater auf seinem Gipfel gestanden hatte, war der Berg noch in seinem Blut, so wie er auch in meinem Blut ist. Ich erinnere mich genau daran, wie sich sein Gesichtsausdruck veränderte, wenn er vom Everest erzählte, nicht von seiner Bedeutung oder vom Erreichen des Gipfels, sondern vom Berg selbst. In seiner Stimme konnte man den Wind am Südsattel und die Gefahren des Khumbu-Eisbruchs spüren. Wenn er von den großen Sherpa sprach – von Ang Tharkay, Da Namgyal oder Da Tenzing –, leuchteten seine Augen. Sie alle waren Legenden und ich träumte davon, in ihre Fußstapfen zu treten. Meine Klassenkameraden an der St.-Paul's-Schule malten im Kunstunterricht Blumen, Seen und Tiere. Ich malte den Everest.

Mein Traum vom Everest machte meiner Familie weder Sorge noch Angst. Der Berg ist einer von uns und wir alle kennen und lieben ihn. Meine Eltern waren beide Bergsteiger: Meine Mutter nahm 1959 an einer internationalen Frauenexpedition zum Cho Oyu teil, die von der Schweizer Gräfin Gravina geleitet wurde, und mein Vater hat zahlreiche Gipfel im Himalaja bestiegen, unter anderem den Nanda Devi. Das Bergsteigen war für sie keine unbekannte Größe und sie nahmen seine Risiken in Kauf. Abgesehen davon war ich kräftig, war in der Schule und am College ein ausgezeichneter Sportler gewesen und hatte mit großer Begeisterung meine Kletterkurse am HMI absolviert. Im Abschlusszeugnis meines Instruktorenkurses am HMI steht: »Tashi ist eine Klasse für sich.« Ein großes Lob von vorzüglichen Ausbildern, für das ich nicht hatte kämpfen müssen – meine Begabung fürs Klettern ist mir angeboren und ich liebe es. Meine Leidenschaft und meine Bestimmung sind die Berge.

Nachdem ich 1987 mein Studium der Geisteswissenschaften an der Universität von Delhi abgeschlossen hatte, machte ich mich sofort auf den Weg nach Nepal, um als Trekking- und Bergführer zu arbeiten. Auf diese Weise konnte ich meinen Lebensunterhalt verdienen, in den Bergen sein und wann immer die Zeit es erlaubte klettern gehen. Ich liebte dieses Leben, aber jede Tour zum Everest schürte mein Verlangen, seinen Gipfel zu besteigen. Ich würde gerne behaupten können, dass ich geduldig wartete, bis meine Zeit gekommen war, doch manchmal schien das Warten kein Ende zu nehmen und mit jedem Jahr, das verstrich, steigerte sich meine Entschlossenheit.

In Nepal lernte ich die Australierin Judy Pyne kennen, die ebenfalls als Trekkingführerin arbeitete. Sie war anders als alle anderen westliche Frauen, die ich bisher getroffen hatte. Ihre Leidenschaft für den Himalaja war tief und aufrichtig und sie verstand meine Kultur und meine Beziehung zu den Bergen. Meine Kletterleidenschaft war für sie nicht erschreckend, denn die meisten ihrer Freunde waren auch Bergführer oder Kletterer und die Welt des Bergsteigens war ihr vertraut. Nach einem Jahrzehnt in Nepal musste Judy wieder nach Australien zurück, wo sie sich jedoch weiterhin beruflich mit Trekking und Bergsteigen im Himalaja befasste. Obwohl mich allein der Gedanke schmerzte, Nepal zu verlassen, wusste ich, dass mir Judy dabei helfen würde, meinen Traum auch weiterhin zu verfolgen, und dass ein Leben im Ausland viele wunderbare neue Erfahrungen und Chancen für mich bereithielt. Also ließen wir uns in Sydney nieder und heirateten im Jahr darauf an dem Tag, der vom Lama meiner Familie als der günstigste bestimmt worden war.

Ein Jahr später kam unser erstes Kind zur Welt, ein Junge, der von unseren Lamas Pasang Gyalpo getauft wurde, was »am Freitag geborener König« bedeutet. Pasang ist ein sanftes Kind und besitzt ein bewundernswertes Feingefühl für alle Lebewesen dieser Erde, insbesondere für die Lebewesen der Meere. Als er noch sehr jung war, äußerten viele Sherpa ihre Überzeugung, dass er eine hohe buddhistische Inkarnation sein müsse, denn sein Herz sei voller Mitgefühl und frei von Bosheit. Als Kind wurde Pasang angeboten, Seine Heiligkeit den Dalai Lama offiziell zu empfangen, als dieser nach Sydney kam, um eine *Kalachakra*-Zeremonie für alle Australier abzuhalten. Diese Geste bedeutete meiner Familie und meinem Volk sehr viel, da der Dalai Lama gut mit meinem Großvater befreundet war und sogar das Heim meiner Familie in Darjeeling besucht hatte. Jetzt wurde er in unserem neuen Heim von Tenzings Urenkel willkommen geheißen. Solche Ereignisse sind in unserer Sherpa-Kultur von großer Bedeutung und ich war an jenem Tag sehr stolz auf meinen Sohn.

Im Jahr 1993 sollte sich die Erstbesteigung des Everest durch meinen Großvater zum 40. Mal jähren. Das schien mir die perfekte Gelegenheit für einen eigenen Gipfelversuch zu sein. Die Kosten für eine Expedition sind allerdings gewaltig – allein die Gebühr für die Besteigung des Everest betrug damals 10.000 US-Dollar. Dazu kamen hunderte anderer Ausgaben: Flugtickets, Fahrtkosten, Sauerstoffflaschen, Transportkosten, Träger, Essensvorräte, Ausrüstung. Woher sollte ich so viel Geld nehmen? Judy stand voll hinter mir – sie wusste nur zu gut, was mir der Everest bedeutete –, und so beschlossen wir es zu versuchen und begannen 1991 mit den Vorbereitungen.

Unser erster Schritt war, Lord Hunt, den Leiter des britischen Teams von 1953, zu bitten, im Namen meines Großvaters die Schirmherrschaft für meine Expedition zu übernehmen, was mir besonders am Herzen lag. Ich erhielt prompt einen liebenswürdigen Brief von ihm, in dem er mir mitteilte, dass er sich sehr freue und geehrt fühle. Eine weitere Geste der Unterstützung aus England traf unmittelbar vor unserer Abreise nach Nepal in Australien ein – ein Brief Ihrer Majestät Königin Elisabeth II., die mir eine sichere und erfolgreiche Expedition wünschte. Der Geist des Jahres 1953 schien mich bei meinem Everest-Versuch zu begleiten.

Die Suche nach Sponsoren für Kletterexpeditionen ist eine äußerst entmutigende Angelegenheit, vor allem in einem Land wie Australien, wo das Bergsteigen keine besonders populäre Sportart ist. Hunderte von Anfragen stießen auf taube Ohren und das gesamte Vorhaben schien zum Scheitern verurteilt, bis eines Abends ein Fax von Paul Stuber eintraf, einem überaus netten und hilfsbereiten Menschen, der meinen Großvater gekannt hatte und dessen Arbeitgeber, der Uhrenhersteller Rolex, ihn während seiner gesamten Bergsteigerlaufbahn gefördert hatte. Rolex bot mir finanzielle Unterstützung an und machte mir damit neuen Mut, an meinen Plänen festzuhalten. Als Nächstes versprach Thai Airways International, uns kostenlos Flugtickets zur Verfügung zu stellen, und Mountain Designs versorgte uns mit der nötigen Ausrüstung. Zuletzt sagte uns der Spülbeckenhersteller Clarks seine Unterstützung zu, unter der Bedingung, dass ich eines seiner Spülbecken aus rostfreiem Stahl mit auf den Everest nahm. Wenn sie mir helfen wollten, war ich gern bereit, mich zu revanchieren, und so wurde das Spülbecken verpackt und auf die Reise geschickt. Es befand sich während der gesamten Expedition im Basislager und wirkte Wunder für das Ansehen unseres Kochs und der Sherpa, die in der Küche arbeiteten. Heute steht es in einem kleinen Teehaus in der Nähe des Everest. Die Tatsache, dass dort weit und breit keine einzige Wasserleitung existiert, tut seinem Nimbus keinen Abbruch.

All das war natürlich wunderbar, aber ich brauchte trotzdem noch harte Währung, um in Nepal die Kosten vor Ort decken zu können. Wie es der Zufall wollte, nahmen dann Phillipa Saxton und Mike Ferris Kontakt zu mir auf. Das Paar aus Sydney hatte eine meiner zahllosen Dia-Werbeveranstaltungen besucht und sich von meinem Everest-Traum anstecken lassen. Die beiden wussten zwar nicht, wie, wollten uns aber unbedingt dabei helfen, Sponsoren zu finden. Zu diesem Zeitpunkt, im Januar 1993, waren wir bereits kurz davor zu verzweifeln und nahmen ihre Hilfe bereitwillig an. Sie riefen fast jede Firma im gesamten Land an und brachten ihr Anliegen jedes Mal so geschickt vor, dass es für die verschiedensten australischen Unternehmen interessant erscheinen musste. Wir bekamen Schokolade von Cadbury, Müsliriegel und Snacks von Uncle Toby sowie Funkgeräte von Motorola – was wir alles dankbar annahmen –, es fehlte uns aber noch immer das Geld, das wir so dringend brauchten. In letzter Minute gelang es Phillipa, Lipton's Teas zu überreden, einen Sohn Darjeelings zu unterstützen, und die Expedition würde nun endlich stattfinden können. Nachdem unser Team nach Nepal aufgebrochen war, steuerte Hyundai Australia noch einen Geldbetrag bei.

Unsere Expedition stand zwar nicht auf einer Stufe mit der von 1953, aber unsere finanziellen Mittel reichten aus, um die wesentlichen Kosten und Gebühren zu decken – vorausgesetzt, die Teammitglieder trugen sämtliche Lasten selbst, auch durch den Eisbruch und zu den oberen Camps. Damit war die Unternehmung in doppelter Hinsicht einzigartig: zum einen, weil die westlichen Bergsteiger ihre Lasten selbst bergauf und bergab transportieren würden, zum anderen, weil es sich meines Wissens um die erste Expedition in der Geschichte handelte, bei der ein Sherpa ein internationales Team leitete. Ich war mir selbstverständlich darüber im Klaren, dass der Verzicht auf Unterstützung durch Sherpa eine zusätzliche Belastung für die Bergsteiger darstellen würde, hatte aber keine andere Wahl. Für mich hieß es, entweder jetzt oder wahrscheinlich nie.

Begleitet wurde ich auf dieser Expedition von meinem Onkel Lobsang Tshering Bhutia, dem einzigen Sohn von Tenzings Schwester Thakchey und ihrem Ehemann Lhapka Tshering. Lobsang, damals 40, war ein Himalaja-Veteran und leitender Ausbilder beim HMI. Diese Expedition sollte seine zweite zum Everest werden, nachdem er bereits 1984 Mitglied eines indischen Teams gewesen war. Wie ich hatte er den Traum, den Everest zu besteigen, und mir war immer klar gewesen, dass mich Lobsang begleiten würde, wenn meine Zeit gekommen wäre. Wir planten, gemeinsam zum Gipfel aufzusteigen. Ich glaube, Lobsang hatte das Gefühl, mich beschützen zu müssen, da ich noch jung war und er ein erfahrener Bergsteiger. Er war ein zurückhaltender Mensch mit weichen Gesichtszügen, und mit seinem perfekt gekämmten, in der Mitte gescheitelten Haar erinnerte er an einen Schauspieler aus einem Stummfilm der 1920er-Jahre. Er strahlte Würde und Reife aus und war in Darjeeling und in der gesamten indischen und nepalesischen Bergsteigerszene äußerst beliebt. Durch und durch der Gentleman, war er auch ein versierter und entschlossener Bergsteiger, und in diesem Jahr befanden sich viele auf dem Everest, vor allem aus der indisch-nepalesischen Frauenexpedition, die von ihm am HMI ausgebildet worden waren und größte Hochachtung für ihn empfanden. Seine Popularität war so groß, dass es ihm im Basislager nie an einer Gelegenheit mangelte, »außer Haus« zu speisen.

Jedes Mal, wenn jemand aus unserer Familie den Everest bestiegen hat – und das haben inzwischen mehrere getan –, wird er gefragt, ob er sich von der durch meinen Großvater begründeten Tradition dazu gedrängt gefühlt habe. Ich nehme an, dass allen Nachfahren berühmter Menschen ähnliche Fragen gestellt werden, und natürlich sprachen auch Lobsang und ich dieses Thema gelegentlich an. Ja, wir waren Tenzings und mit dem Everest aufgewachsen, allerdings habe ich nicht das Gefühl, dass die Anziehungskraft, die er auf mich ausübt, auf *gaga* zurückgeht, und Lobsang dachte ebenso. Für Lobsang und mich gab es auch keinen bestimmten Auslöser unserer persönlichen Leidenschaft für den Berg wie damals für Tenzing. Wir liebten das Bergsteigen – egal, in welcher Form, egal, auf welchem Berg. Trotzdem war der Everest immer der Berg gewesen, von dem wir träumten. Wer könnte schon abstreiten, dass er als höchster Punkt der Erdoberfläche eine große Herausforderung für jeden Bergsteiger ist und diese Tatsache ihm einen besonderen Reiz verleiht? Davon abgesehen hatte der Everest eine bedeutende Rolle im Leben und Schicksal meiner Familie gespielt. Als wahren Kern unserer Leidenschaft empfanden Lobsang und ich aber die Opferbereitschaft, die Inbrunst und die Begeisterung, mit der so viele andere vor uns, ob Sherpa oder westliche Bergsteiger, versucht hatten, den Everest zu »bezwingen« – Männer wie Shipton, Ang Tharkay, Mallory, Irvine, Ang Nima, Lambert und, viele Male, mein Großvater. Wir hatten das Gefühl, für sie alle zu klettern, doch wir kletterten auch für uns selbst, denn sobald das Feuer für den Everest in einem entfacht ist, gibt es nichts, womit man es löschen könnte, bis man den Gipfel erreicht hat. Ob dabei nur ein Mensch erfährt, dass man ihn bestiegen hat, oder ob einem eine Million Menschen Respekt für den Erfolg zollen, spielt dabei keine Rolle. Im tiefsten Inneren weiß man, dass man es nun geschafft hat, dass man seinen Traum verwirklicht hat.

Ich hatte ein großes Kletterteam zusammengestellt, rückblickend gesehen zu groß für die finanziellen Mittel, die wir zur Verfügung hatten, doch als sich verschiedene Bergsteiger um einen Platz im Team bewarben, war ich nicht imstande, sie abzuweisen. Die mazedonischen Bergsteiger Alex Aleksov und Dimitar Todorovski baten mich höflich, sich uns anschließen zu dürfen. Sie wollten über den Südsattel aufsteigen und den Leichnam eines Freundes und Kollegen bergen, der 1990 nach der Gipfelbesteigung auf dem Berg ums Leben gekommen war. Ich konnte ihre Bitte nicht ausschlagen. Andrew Locke, ein Bergsteiger aus Sydney, den ich zwar nicht näher kannte, der aber eine große Verstärkung für das Team zu sein schien, bat mich um einen Platz. Ich sagte ihm zu. Als Nächstes meldete sich Michael Groom aus Brisbane, ein erfahrener Himalaja-Bergsteiger, über den ich in der australischen Bergsteigerszene großartige Dinge gehört hatte. Er hatte den Everest bereits zweimal in Angriff genommen und vorgehabt, 1993 seine eigene Expedition auf die Beine zu stellen, woraus allerdings nichts geworden war. Eine Woche bevor wir Sydney verließen, rief ich ihn an und bat ihn, sich uns anzuschließen. Ich wusste, dass er ebenso wild entschlossen war, den Gipfel zu erreichen, wie Lobsang und ich. In letzter Minute meldete sich dann noch David Hume, ein Programmierer aus Sydney, der zwar wenig Klettererfahrung hatte, aber so versessen darauf war, es zu versuchen, dass ich nicht umhin konnte, ihm den letzten Platz anzubieten. Unser Basislager-Koordinator und damit wichtigster Mann war Mike Wood von *Mountain Designs* in Perth. Judy und ich kannten Mike aus unseren Bergführertagen in Nepal; er war ein alter Hase im Himalaja, ein erfahrener Bergführer und Wildwasser-Kajakfahrer und konnte wunderbar mit den Sherpa und Nepalesen umgehen. Außerdem war er ein Organisationstalent und ein verlässlicher Gefährte, wenn es hart auf hart kam – und es sollte tatsächlich außerordentlich hart kommen.

Zu den 15 Expeditionen, die sich in jenem Jahr auf der nepalesischen Seite des Everest befanden, gehörte auch eine indisch-nepalesische Frauenexpedition, deren stellvertretende Leiterin Rita Gombu Marwah war, die älteste Tochter von Nawang Gombu und, im verzweigten Stammbaum der Familie Tenzing, meine Cousine zweiten Grades. Sie war eine versierte Bergsteigerin und hatte sich bereits 1984 am Everest versucht, hatte bei dieser Expedition von 1993 jedoch die Rolle der stellvertretenden Leiterin und Expeditions-Koordinatorin übernommen und wollte höchstens bis zum Südsattel aufsteigen. Lobsang und ich mochten Rita sehr gerne und waren überglücklich, dass wir uns alle drei zur selben Zeit auf dem Berg befinden würden.

Ritas Expedition war gut ausgerüstet und hervorragend besetzt und sie wusste, dass ich mit einer Minimalmannschaft auskommen musste. Als sie uns dabei beobachtete, wie wir unsere »Sherpa«-Lasten durch den Eisbruch und weiter zu Camp III und IV schleppten, beschloss sie, uns zu helfen. Einige unserer schwersten Fuhren mit Sauerstoffflaschen, die wir an einem Nachmittag herrichteten, um sie frühmorgens bergauf zu befördern, waren über Nacht auf wundersame Weise verschwunden. Wir fanden sie später vollständig und wohlbehalten im vorgesehenen Camp, wohin sie auf Ritas Anweisung von Sherpa des indischen Teams gebracht worden waren. Wir haben nie über diese Angelegenheit gesprochen, aber ich werde ihr immer für ihre Hilfe dankbar sein. Als ich in Delhi studierte, hatte ich Rita und ihren Ehemann Nilamber Marwah regelmäßig besucht und von ihnen immer etwas zu essen bekommen oder ein kleines Taschengeld, wenn ich mich mit der bescheidenen finanziellen Unterstützung, die meine Eltern mir und meinem Bruder aus Darjeeling zu schicken in der Lage waren, nicht mehr über Wasser halten konnte. Jetzt griff mir Rita wieder unter die Arme – diesmal in größerer Höhe und unter höherem Risiko.

In den Anfangstagen der Everest-Expeditionen befand sich in jeder Saison immer nur ein Bergsteigerteam auf dem Berg. Jedes Team legte seine eigene Route durch den heimtückischen Khumbu-Eisbruch fest und brachte seine eigenen Fixseile weiter oben am Berg an. Diese Zeiten sind jedoch längst vorbei und in den letzten Jahren hat es sich eingebürgert, dass jede Expedition einen finanziellen Beitrag zur Vorbereitung der Route durch den Eisbruch leistet: Das heißt, dass sich ein Team bereit erklärt, zwischen Basislager und Camp I Fixseile und Leitern anzubringen, und die anderen Teams, die die Route benutzen, diesem Team eine Gebühr bezahlen; 1993 betrug sie 1500 US-Dollar. Eine praktische Abmachung, aber nach meinem Empfinden nicht die ideale Art und Weise, sich am Everest zu versuchen. Seit den Zeiten meines Großvaters hat sich auf dem Everest eben eine Menge geändert.

Mike Groom beschreibt den Khumbu-Eisbruch in seiner Autobiographie *Sheer Will* überaus treffend als »riesige Mausefalle, die jederzeit über einem ahnungslosen Bergsteiger zuschnappen kann«. Als die Route am 1. April freigegeben wurde, begann unser Team umgehend mit der Lastenbeförderung zu Camp I. Wir waren ein wenig beunruhigt, inwieweit diese Anstrengung an unseren Kraftreserven für den Gipfelversuch zehren würde, befanden uns aber alle in guter körperlicher Verfassung. Außerdem waren wir uns dieser Situation völlig bewusst gewesen, bevor wir Australien verließen. Jeder von uns war überzeugt, dass wir in der Lage waren, den Gipfel zu erreichen, und dass uns nichts aufhalten konnte, wenn die Bedingungen stimmten.

Die folgenden Wochen brachten wir damit zu, Lasten zu transportieren, uns in höher gelegenen Camps zu akklimatisieren und immer wieder ins Basislager zurückzukehren, um Kraft zu tanken. Während dieser ganzen Zeit hielt ich stets Augen und Ohren nach irgendeinem Anzeichen für den legendären *chowkidar* von Camp III offen. Wir Sherpa glauben an Geister und ich hatte bereits viele Geschichten darüber gehört, dass in diesem Camp nachts ein Geist durch die Zelte streift, der die schlafenden Bergsteiger bewacht. Angeblich handelt es sich dabei um den Geist der auf dem Everest verschollenen Bergsteiger und ich hatte gehofft, ihm zu begegnen. Lobsang hatte bei seinem vorangegangenen Everest-Versuch die Stiefel und Steigeisen des Geists im Schnee neben den Zeltwänden knirschen gehört und Mike Groom behauptete dasselbe. Ich hörte oder spürte allerdings nichts.

An einem Nachmittag besuchte ich die Mitglieder des nepalesischen Sherpa-Teams in ihrem Zelt in Camp II, die hofften, Pasang Lhamu Sherpa als erste Nepalesin auf den Gipfel des Everest führen zu können. Sie war eine kräftige Frau und hatte sich bereits drei Mal am Everest versucht, doch diesmal wirkte sie nervös und auffallend reserviert, als wir uns über ihren bevorstehenden Aufstieg unterhielten. Pasang Lhamu brach dann bereits am 22. April – also deutlich vor der ersten Maiwoche, dem üblichen Zeitraum für Gipfelversuche –, zusammen mit fünf Sherpa zum Gipfel auf. Nachdem sie den Gipfel erreicht hatten, ereilte uns die Nachricht, dass ihnen der Sauerstoff ausgegangen sei und sie in halb komatösem Zustand (der eintritt, wenn in großer Höhe die Versorgung mit zusätzlichem Sauerstoff plötzlich unterbrochen wird) auf dem Südgipfel festsaßen, nur 100 Höhenmeter unterhalb des Gipfels auf der Route zu Camp IV. Am Abend des 23. April gelang es drei der fünf Sherpa, zum Südsattel abzusteigen, die beiden anderen – Pemba Nuru und Sonam Tshering – blieben bei Pasang Lhamu. Wie durch ein Wunder schaffte es Pemba Nuru, am nächsten Morgen abzusteigen, nachdem er die Nacht schutzlos in Gipfelnähe verbracht hatte. Pasang Lhamu und Sonam Tshering hatten die Nacht tragischerweise nicht überlebt. Nach ihrem Tod wurde Pasang Lhamu zur Nationalheldin, und ihre Bestattungsprozession war eine der größten Menschenansammlungen in der Geschichte Kathmandus. Ihr Traum, als erste Nepalesin auf dem Gipfel des Chomolungma zu stehen, hatte sich zwar erfüllt, doch sie hatte dafür den höchsten Preis bezahlt.

Pasangs Tod beunruhigte mich zutiefst. Mein Wunsch, auf dem Everest erfolgreich zu sein, war ebenso groß wie es der ihre gewesen war, und auch ich konnte in eine Situation geraten, in der mir mein Traum mehr bedeuten würde als mein Leben und ich vielleicht meine Grenzen überschritt, wie sie es getan hatte. Bergsteigen ist nicht nur ein physischer Akt, sondern gleichzeitig eine Reise in die Tiefen der eigenen Seele, und seine Bedeutung wird einem erst dann bewusst, wenn man vor solch entgültige Entscheidungen gestellt wird. Ich sollte bald herausfinden, wo ich meine Grenze zog.

Schließlich erhielten wir die Nachricht, dass am 10. Mai mit schönem Wetter zu rechnen war – allerdings nur für 24 Stunden, nicht länger. Wir machten uns alle auf den Weg in die oberen Camps, um uns für den Aufstieg zum Gipfel vorzubereiten. Am Nachmittag des 9. Mai hatten Mike, Lobsang und ich in unseren Zelten Stellung bezogen und trafen die Vorkehrungen für den Tag, auf den wir so lange gewartet hatten – den Gipfeltag. Andrew, Alex und David hatten beschlossen, noch eine weitere Nacht in Camp II zu verbringen, ehe sie ihren Gipfelversuch unternahmen. Mike fasste den mutigen Entschluss, den Gipfel ohne die Verwendung von Flaschensauerstoff erreichen zu wollen. Lobsang machte sich wegen dieser Entscheidung große Sorgen, respektierte jedoch Mikes Standpunkt und unterstützte seinen Gipfelversuch.

Am nächsten Tag wollten 51 Bergsteiger zum Gipfel aufbrechen, was zu diesem Zeitpunkt einen Rekord darstellte und uns alle zutiefst beunruhigte. Es führt nur eine Route über den Gipfelgrat des Everest nach oben, nur ein einziger Pfad, und der ist extrem schmal und gefährlich. Timing und Rhythmus sind beim Klettern in dieser Höhe von alles entscheidender Bedeutung, und ständig das Tempo ändern und sich den anderen Bergsteigern anpassen zu müssen, kann durchaus über Erfolg oder Scheitern, Leben oder Tod entscheiden. Wir hatten jedoch keine andere Wahl: Alle Bergsteiger, die sich an diesem Tag auf dem Südsattel befanden, waren ebenso entschlossen wie wir, den Gipfel zu erreichen. Mike, Lobsang und ich waren angespannt und gestresst, als wir uns zwischen Sauerstoffflaschen, Rucksäcken und klobigen Bergstiefeln in ein Zelt zwängten. Mike machte sich Sorgen, weil sich unser winziger Gaskocher, auf dem ich Schnee zu Trinkwasser schmolz, gefährlich nahe bei den Sauerstoffflaschen befand, und prophezeite uns dreien einen rasanten Flug zum Gipfel des Everest, wenn die Flaschen explodierten. Worauf ich spontan erwiderte: »Ja, aber würde das als Besteigung ohne Sauerstoff zählen?« Unser Lachen löste die Anspannung und wir versuchten uns ein wenig auszuruhen.

Mike brach in dieser Nacht um 23 Uhr unter klarem Himmel und bei Vollmond auf. Lobsang und ich machten uns zwei Stunden später auf den Weg, als Letzte in der langen Reihe von 51 Kletterern – darunter auch die neuseeländischen Bergsteigerlegenden Rob Hall und Gary Ball –, die sich mühselig den Südostgrat in Richtung Gipfel hinaufschlängelte. Das langsame Tempo, mit dem sich die Karawane vorwärtsbewegte, machten Lobsang und mich sehr nervös. Wir wussten, dass es unmöglich sein würde, sie zu überholen, und dass jede Sekunde, die wir stehen bleiben mussten, wertvolle Sauerstoff- und Energiereserven verzehrte. Auf etwa 8200 Meter Höhe stießen wir auf Gary Ball, der ziemliche Probleme hatte. Er hustete Blut, wirkte sehr schwach und hatte sich dazu entschieden, den Rückweg zum Sattel anzutreten. Zu diesem Zeitpunkt wollte Lobsang unsere Sauerstoffzufuhr von einem Liter auf zwei Liter pro Minute erhöhen, womit ich nicht einverstanden war. Ich wusste, dass wir angesichts der Menschenmenge vor uns und der Strecke, die wir noch zu bewältigen hatten, sparsam mit unseren Vorräten umgehen mussten. Schließlich entsprach ich seinem Wunsch aber doch und drehte das Ventil seines Atemgeräts weiter auf. Er sah mich an und fragte: »Alles in Ordnung?« Mit gedämpfter Stimme entgegnete ich durch meine Sauerstoffmaske: »Ja, mir geht's gut. Geh du weiter.« Er machte einen munteren Eindruck, marschierte kraftvoll los und steigerte dann das Tempo, um wieder zu der Schlange aufzuschließen, die sich inzwischen 30 Meter vor uns befand.

Mittlerweile hatte ich mit Schwierigkeiten zu kämpfen. Ich hatte schon am Vortag Probleme mit meiner Gletscherbrille gehabt, die sich durch die bei der Anstrengung erzeugte Körperwärme beschlug und die ich immer wieder absetzen musste. Infolgedessen hatte ich mir eine leichte Schneeblindheit zugezogen, und jetzt, zu diesem entscheidenden Zeitpunkt und in größerer Höhe, wurden die Schmerzen stärker und ich sah immer verschwommener. Ich kämpfte mich noch 100 Meter weiter, dann ließ ich mich in den Schnee fallen, wo ich über eine Stunde lang sitzen blieb und überlegte, wie ich mich entscheiden sollte. Ich hatte hart gearbeitet, um so weit zu kommen, und es war unwahrscheinlich, dass ich in absehbarer Zukunft noch einmal genug Geld für eine Expedition zusammenbekommen würde. Der Everest war mein Traum, der Gegenstand meines brennenden Ehrgeizes. Sollte ich hier aufgeben, so kurz vor dem Ziel? Doch was war dieses Ziel wert, wenn ich mein Leben verlor? Ich hatte zu Hause eine Frau und einen Sohn, ich hatte eine Familie, der ich viel mehr bedeutete als der Everest. Ich dachte an meine Mutter. Was würde sie mir raten? *Steig ab, steig ab, steig ab.* Ich hatte keine andere Wahl. Meine Kraft, mein Sehvermögen und meine Motivation hätten ausgereicht, um den Gipfel zu erreichen, aber in welchem Zustand hätte ich mich anschließend auf den alles entscheidenden Abstieg begeben? Jeder Bergsteiger weiß, dass mit dem Erreichen des Gipfels erst die Hälfte der Besteigung bewältigt ist. Der Gipfel ist wichtig, aber die Freude am Bergsteigen und das Überleben sind noch viel wichtiger. Ich kehrte um und machte mich auf den Rückweg zu Camp IV.

In Camp IV angekommen, suchte ich die neuseeländischen Zelte auf, wo sich Gary Ball ausruhte. Er besorgte mir ein Medikament zur Behandlung meiner Augen, die inzwischen schmerzten, als würden sie von glühenden Messern durchbohrt. Dann legte ich mich in meinem Zelt hin, und wartete auf die Rückkehr meines Teams. Eine Stimme vor meinem Zelt fragte mich, ob ich mit zu Camp II absteigen wolle – sie gehörte zu den Frauen aus dem koreanischen Team. Wir hatten alle im Basislager Freundschaft geschlossen und behielten einander auf dem Berg immer im Blick. Ich wusste, dass sich meine Augen in geringerer Höhe schneller erholen würden, und entschied mich deshalb, sie zu begleiten. Gary Ball war ebenfalls bereit abzusteigen und so brachen wir gemeinsam auf. In Camp II empfing Gary über Funk die Nachricht, dass alle, einschließlich Mike Groom und Lobsang, gegen 13.30 Uhr den Gipfel erreicht hatten und auf dem Rückweg zu Camp IV auf dem Südsattel waren. Auch wenn ich auf dem Weg zum Gipfel kehrtgemacht hatte – mein Team war erfolgreich gewesen und das war wichtiger. Ich konnte mir die Gesichter von Lobsang und Mike genau vorstellen, ihre Euphorie, endlich ihren größten Traum verwirklicht zu haben.

In Camp II suchte ich Zuflucht in einem der indischen Zelte, zusammen mit Nima, dem jüngeren Bruder von Daku, der dritten Frau meines Großvaters. Er ist ein wunderbarer Gefährte und ein toller Bergsteiger. An jenem Tag kümmerte er sich hingebungsvoll um mich: Er sorgte dafür, dass ich regelmäßig Medikamente für meine Augen bekam, und hielt mich auf dem Laufenden, wie die anderen Bergsteiger auf dem Rückweg vom Gipfel zum Sattel vorankamen.

Am Spätnachmittag verschlechterte sich das Wetter zusehends. Der Wind fegte um den Gipfel und die Temperatur sank von Minute zu Minute. Ich wusste, dass Mike sicher in Camp IV angekommen war und sich in seinem Zelt eine wohlverdiente Ruhepause gönnte. Ich nahm an, dass Lobsang ebenfalls zum Sattel zurückgekehrt war, denn er hatte mit Leichtigkeit den Gipfel erreicht und war in dieser Saison der erfahrenste Bergsteiger auf dem Everest. Gegen 21 Uhr waren alle Gipfelstürmer zurückgekehrt und registriert worden, bis auf Lobsang und den britischen Bergsteiger Harry Taylor, der ohne zusätzlichen Sauerstoff aufgestiegen war. Ich machte mir große Sorgen und bat zahlreiche Kollegen über Funk, Lobsang in einem der Zelte ausfindig zu machen. Die Wetterverhältnisse waren inzwischen so verheerend geworden, dass alle von oben kommenden Bergsteiger im erstbesten Zelt, in dem noch Platz war, Schutz suchten. Um 23 Uhr endlich erreichte mich aus dem vorgeschobenen Basislager die Nachricht über Funk, dass man Lobsang im Zelt eines anderen Teams ausfindig gemacht habe.

Es war für uns alle ein anstrengender Tag gewesen – für mich, für die anderen Mitglieder meines Teams in Camp II und Camp IV und für Mike Groom im vorgeschobenen Basislager, der verzweifelt versuchte, allen auf der Spur zu bleiben, und uns die ganze Zeit über den Stand der Dinge auf dem Laufenden hielt.

Spät in der Nacht des 10. Mai befanden sich Alex, Andrew und Dave in ihren Zelten auf dem Südsattel, wo sie sich für ihren eigenen Gipfelversuch am nächsten Tag vorbereiteten, und Lobsang schlief, wie wir alle dachten, in einem Zelt irgendwo in der Nähe. Trotzdem war ich nicht in der Lage einzuschlafen. Schreckliche Vorahnungen plagten mich. Im Morgengrauen griff ich schließlich zum Funkgerät und sprach mit David: Von Lobsang war weit und breit nichts zu sehen; er war in keinem der Zelte. In dem albtraumhaften Durcheinander der vergangenen Nacht war die Zuverlässigkeit sämtlicher Meldungen und Bestätigungen eingeschränkt gewesen und diejenigen, die berichtet hatten, Lobsang sei zurückgekehrt, hatten sich getäuscht. Tief in meinem Innersten wusste ich, was geschehen war – jeder Himalaja-Bergsteiger hätte es gewusst –, doch es gibt immer einen schwachen Hoffnungsschimmer und an den klammerte ich mich den ganzen 11. Mai über. Der Sturm tobte und die Sichtweite war gleich null. Niemand auf dem Südsattel konnte sein Zelt verlassen, also kam eine Suchaktion nicht in Frage.

Am Morgen des 12. Mai schulterte Alex sein Sauerstoffgerät und machte sich trotz des Schneesturms auf die Suche nach Lobsang. Ich fühlte mich völlig machtlos in Camp II, konnte aber immer noch nicht klar sehen und wusste, dass niemandem damit gedient wäre, wenn ich zu Camp II aufstieg, wo ohnehin schon Chaos herrschte. Alex war gekommen, um nach einem verschollenen Bergsteiger zu suchen, und jetzt suchte er nach einem zweiten. Nach stundenlangem Durchkämmen der Hänge fand er schließlich Lobsangs Leichnam nur 200 Meter oberhalb von Camp IV in einer Senke. Er lag in fötaler Position zusammengerollt da, das Gesicht bis zu Unkenntlichkeit entstellt, und neben seiner Hand lag ein geöffnetes Schweizer Armeetaschenmesser. Seine zertrümmerte Armbanduhr war um 14.55 Uhr stehen geblieben. Offenbar war er von irgendwo unterhalb des Südgipfels abgestürzt und hatte den Fall allem Anschein nach überlebt, allerdings mit so schweren Kopfverletzungen, dass er kurz darauf gestorben sein musste.

Ich konnte diesen Verlust nicht akzeptieren; ich konnte nicht einmal darüber nachdenken, wie es dazu gekommen sein mochte oder was den Absturz herbeigeführt hatte. Niemals wieder habe ich mich so verloren und verzweifelt gefühlt. Lobsang war das einzige Mitglied meiner Familie, das auf dem Everest sein Leben lassen musste. Er hatte den Gipfel erreicht, aber der Preis dafür war zu hoch gewesen. Ich wollte die Besteigung nicht mehr fortsetzen – die Expedition war beendet. Andrew, Alex und David kehrten ins Basislager zurück, anschließend brachen Andrew und David nach Kathmandu auf und machten sich von dort aus auf den Heimweg nach Australien.

Lobsang war wie alle Sherpa ein strenggläubiger Buddhist gewesen. Letzte Rituale sind für uns in Hinblick auf die Übergangsphase zur nächsten Reinkarnation von äußerster Wichtigkeit. Mike Wood übernahm die schwierige Aufgabe, meine Familie in Darjeeling zu informieren, und anschließend rief ich dort an, um zu fragen, was ich tun sollte. Ich kannte die Antwort bereits, bevor ich sie hörte: Lobsang sollte nach unten gebracht und unserer Tradition gemäß verbrannt werden. Das hatte für mich oberste Priorität.

Rita und die Mitglieder des indisch-nepalesischen Frauenteams waren völlig erschüttert. Niemand konnte es glauben, niemand wollte es glauben. Ich wurde in diesen dunklen Tagen von meinen Teamgefährten unterstützt, die sich entschlossen, zu bleiben und

Lobsang bis zum Ende seiner Reise zu begleiten. Eigentlich hätten alle einen wichtigen Grund gehabt, sich auf den Heimweg zu machen: Auf Mike Wood warteten zu Hause seine Frau, seine Kinder und seine Arbeit; Mike Groom war frisch verheiratet und hatte soeben als erster Bergsteiger aus Queensland den Everest bestiegen, was gefeiert werden sollte, und Alex und Dimitar war es nicht gelungen, den Leichnam ihres Freundes zu bergen, und mussten nun die traurige Nachricht zu Hause kundtun. Trotzdem hatten sie uns so sehr geholfen, indem sie Lobsang gefunden hatten. Ich habe alle diese Menschen ins Herz geschlossen und werde ihnen für ihre Unterstützung während der Expedition ewig dankbar sein.

Ich blieb in Camp II, während ein von Rita und ihren Gefährtinnen ausgesandtes Team von Sherpa mit dem langwierigen und gefährlichen Unterfangen begann, Lobsangs Leichnam vom Berg zu holen. Es war schwierig für mich, zwischen dem Basislager und dem Südsattel auszuharren, und ich hatte das Gefühl, in der Luft zu hängen. Die Sherpa waren ausgeruht und konnten ihre Aufgabe bewältigen, dennoch war ich nicht imstande, einfach aufzubrechen und zum Basislager abzusteigen. Ich wollte auf Lobsang warten und ihn nach unten begleiten.

Während dieser Tage in Camp II ereignete sich ein Zwischenfall, der meine ohnehin schon strapazierten Nerven völlig zerrüttete. Als ich auf dem Gletscher stand und zum Sattel hinaufblickte, hörte ich von oben einen wilden, gequälten Schrei. Ich hob den Blick und sah einen Bergsteiger des koreanischen Teams durch die Luft fliegen – Arme und Beine ausgestreckt. Sein Fall wurde vom Klappern und Scheppern von Blechbechern und anderen Gegenständen begleitet, die aus seinem Rucksack auf die Felsen unter ihm fielen. Er schlug etwa 200 Meter von mir entfernt auf und rutschte noch einige Meter, bis er von einer riesigen klaffenden Gletscherspalte verschluckt wurde und schreckliche Stille einkehrte. Ich stand fassungslos da.

Es bestand kein Zweifel daran, dass er sich absichtlich vom Südwestgrat gestürzt hatte, und ich konnte das Gefühl von Versagen und Scham nur erahnen, das jemanden, der den Gipfel nicht erreicht hatte, in einen solchen Tod trieb. Ich hatte den Weg, den so viele Bergsteiger außer mir eingeschlagen hatten, nie in Frage gestellt, doch an diesem dunklen Tag dachte ich lange darüber nach, was es mir wirklich bedeutete, auf Berge zu steigen, vor allem auf diesen Berg. Ich war traurig und verunsichert.

Als ich eines Nachmittags im selben Camp alleine in meinem Zelt lag und darauf wartete, dass Lobsangs Leichnam eintraf, ereignete sich ein weiteres Drama, das beängstigend und belustigend zugleich war. Einige ausländische Bergsteiger hatten ganz in der Nähe ihr Lager aufgeschlagen und ich hörte eine hitzige Diskussion über Funk zwischen ihnen, ihren Gefährten im Basislager und ihren Sherpa am Südsattel mit. Zwei Mitglieder des ausländischen Teams steckten auf dem Gipfelgrat oberhalb des Südsattels in einem Schneesturm fest und flehten über Funk ihre Sherpa auf dem Sattel an, zu kommen und ihnen beim Abstieg zu helfen. Die Sherpa weigerten sich beharrlich in gebrochenem Englisch, während die ausländischen Bergsteiger in meinem Camp, die offenbar um das Leben ihrer Kameraden fürchteten, ihnen gut zuzureden versuchten. Als ich feststellte, dass die Sprachprobleme zu Missverständnissen führten, die alles nur noch schlimmer machten, kroch ich aus meinem Zelt und ging zu ihnen, um meine Hilfe anzubieten. Der Everest hatte bereits genug Menschenleben gefordert, und wenn ich dazu beitragen konnte, weitere Todesfälle zu verhindern, musste ich es versuchen. Den ausländischen Bergsteigern war mein Angebot willkommen, also nahm ich das Funkgerät und sprach mit den Sherpa auf dem Südsattel.

»Ich bin der Enkel von Tenzing Sherpa«, erklärte ich auf Nepali, »und ich habe eure Auseinandersetzung mitgehört. Warum wollt ihr diesen beiden Männern nicht helfen?« Sherpa verweigern in den Bergen nur äußerst selten Hilfe, und ich war mir sicher, dass mehr dahinterstecken musste. Auf Nepali konnten sie offen mit mir sprechen. Sie sagten, die Bergsteiger hätten sie schlecht behandelt und auf dem Sattel keine Rücksicht auf ihre Sicherheit genommen. Sie waren sehr verärgert und ich hatte vollstes Verständnis für sie. Trotzdem musste ich sie dazu überreden, die Kletterer vom Berg zu holen – um jeden Preis. »Ich verstehe, warum ihr verärgert seid«, sagte ich in ernstem Tonfall, »aber wir sind Sherpa und haben niemals jemanden auf dem Berg sterben lassen, wenn wir es verhindern konnten. Das ist nicht unsere Art. Wir haben eine lange Tradition, vor allem auf dem Everest, und unterlassene Hilfeleistung würde große Schande über unser Volk bringen.« Ich hatte aus tiefster Überzeugung gesprochen, aber als Antwort hörte ich nur Gemurmel und Flüstern. Ihr Entschluss, sich nicht von der Stelle zu rühren, stand fest. Ich unternahm noch einen letzten Versuch: »Gut, wenn ihr so denkt, was kann ich dagegen tun? Aber vergesst nicht, eines Tages wird euer Leben zu Ende gehen und dann werdet ihr wahrscheinlich wieder geboren werden als ... *westliche Bergsteiger.*« Das zeigte Wirkung. Diese Vorstellung war zu viel für sie, und sie sagten prompt zu, ihre Stiefel anzuziehen und sich auf den Weg zu machen. Die ausländischen Bergsteiger wurden gefunden und sicher nach unten gebracht, und wir Sherpa amüsieren uns jedes Mal köstlich, wenn die Geschichte erzählt wird.

Es dauerte zehn Tage, bis sich Lobsangs Leichnam endlich im Basislager befand, gehüllt in die Flaggen Australiens, Indiens und Mazedoniens. Die Lamas des Pangboche-Klosters hielten die ganze Nacht *pujas* ab und beteten, und am nächsten Tag trugen wir den Leichnam zur Feuerbestattung hinunter zu ihrem Kloster. Keiner von uns wird diesen Tag vergessen, doch ich fand Trost in der Gewissheit, dass Lobsang nun in sein nächstes Leben entlassen wurde.

Anschließend schickte ich die anderen nach Hause – sie hatten genug getan –, wartete aber selbst noch einige Tage, bis der Scheiterhaufen vollständig erloschen war, ehe ich aufbrach und mich mit der Asche auf den Weg nach Kathmandu und von dort aus weiter nach Darjeeling und zu Lobsangs Zuhause machte. Es war die schwierigste Reise, auf die ich mich jemals begeben habe. Ich wusste nicht, was ich sagen sollte, geschweige denn, wie ich versuchen sollte, das Geschehene zu erklären. In der Familie Tenzing sind jedoch alle mit dem Bergsteigen aufgewachsen oder auch selbst Bergsteiger und wer mit dieser Welt vertraut ist, weiß, dass solche Tragödien ohne Sinn und Zweck geschehen. Ich sehnte mich so sehr nach Hause, nach meiner Mutter und meinen Angehörigen. Ich war am Ende und kaum noch mehr als die leere Hülle des Sherpa, der ich zu Beginn der Besteigung gewesen war.

Meine Mutter begleitete mich, als ich Lobsangs Asche zu seinem Haus brachte. Sein Tod hatte sie ebenso erschüttert wie mich, denn sie war seine Cousine und hatte diesen Gentleman der Berge sehr gerne gemocht. Trauer wirkt sich jedoch bei jedem Menschen anders aus, und in Lobsangs Heim schlugen mir Verbitterung und Vorwürfe entgegen. Ich verstand, wie seine Angehörigen fühlten, aber wie konnten sie denken, ich hätte ihn im Stich gelassen, während ich doch alles unternommen hatte, um ihn zu retten? Wäre ich jemals imstande gewesen, ihn in einer Notlage auf dem Berg allein zu lassen? Niemals. Ich versuchte, es ihnen zu erklären, ihnen die Wahrheit begreiflich zu machen, doch ihre Trauer trübte ihre Vernunft. Meine Mutter und ich gingen noch trauriger nach Hause, als wir gekommen waren. Ich hatte nicht mit dieser Reaktion gerechnet und wusste nicht, wie ich damit fertig werden sollte. Ich unterhielt mich bis spät in die Nacht hinein mit meinen Eltern. Als Bergsteiger, die dem Tod in den Bergen bereits ins Auge gesehen hatten, kannten sie die Risiken und Gefahren. Und sie wussten, wie nahe

Lobsang und ich uns gestanden hatten. Nachdem wir uns tagelang beraten hatten, beschlossen meine Mutter und ich, unser Möglichstes für Lobsangs Familie zu tun – für seine Frau, seinen Sohn und seine alten Eltern, die bei ihnen wohnten. Als Instruktor beim HMI war Lobsang zusätzlich zu seinem Gehalt eine Unterkunft zur Verfügung gestellt worden. Das HMI willigte ein, dass seine Familie weiterhin darin wohnen durfte, bis eine andere Lösung gefunden war.

Für Bergsteiger ist es schwierig, eine angemessene Lebensversicherung abzuschließen; Klettern ist eine Tätigkeit, die maximales Risiko in sich birgt, und den meisten Gesellschaften ist die Quote der tödlichen Unfälle viel zu hoch, als dass sie uns versichern würden. Jeder Bergsteiger, der sich auf den Everest begibt – das gilt vor allem für Sherpa –, weiß, dass den Hinterbliebenen im Fall seines Todes wenig bleibt, abgesehen von der Unterstützung durch Familienangehörige und Freunde. Ich wusste, dass Lobsangs Angehörige nun eine solche Unterstützung brauchten. Mir ist nicht bekannt, ob ihnen aus dem Verwandtschaftskreis Hilfe angeboten wurde, doch mir war klar, dass sie von mir finanzielle Unterstützung erwarteten. Ich bin kein wohlhabender Mann und hatte am Ende der Expedition beträchtliche Schulden, konnte auch keinen Kredit mehr aufnehmen. Aber ich hatte die persönliche und moralische Verpflichtung sicherzustellen, dass Lobsangs Familie ein Dach über dem Kopf hatte und versorgt war. Ich verkaufte mein kleines Haus in den Blue Mountains in der Nähe von Sydney und meine Mutter opferte ihren Rentenfonds. Außerdem machte Hyundai eine großzügige Spende und australische Freunde von uns gaben, was sie konnten. Mit vereinten Kräften waren wir in der Lage, in einer guten Gegend von Darjeeling, ganz in der Nähe des HMI, ein geräumiges Haus zu erwerben. Schließlich bot sich noch der allzeit loyale und großzügige Mike Wood an, Lobsangs Sohn Tenzing zu unterstützen, solange dieser zur Schule ging. Mehr konnten wir nicht tun und ich hatte das Gefühl, dass Lobsang die großen Opfer, die wir für seine Lieben brachten, zu schätzen gewusst hätte.

Ich kehrte nach Australien zurück, verloren, desillusioniert und in einer tiefen Depression, wie ich sie bislang nicht gekannt hatte. Lobsang fehlte mir und obwohl ich wusste, dass ich nicht im Geringsten für seinen Tod verantwortlich war, fühlte ich mich schuldig; ich fühlte mich schuldig, so glaube ich, weil ich noch am Leben war und er nicht. Für meine Freunde war ich mit einem Mal ein Fremder – ein Mensch, den sie nicht wiedererkannten – und ich brauchte viele Monate, bis ich nach und nach meine alte Energie und Lebensfreude zurückgewann.

Trotzdem spürte ich auch in diesen dunklen Tagen tief in meinem Herzen, dass mein Traum vom Everest noch nicht zu Ende war. Meine Mutter hatte mir eine kleine Buddha-Statue geschenkt, gesegnet von unseren Lamas und in ein geweihtes safrangelbes Tuch gewickelt, die ich auf die Expedition mitgenommen hatte. Als ich sie nun wieder vorsichtig auf den Altar in meinem Haus in Sydney stellte, spürte ich einen Hoffnungsschimmer aufflackern. Meine Suche war noch nicht vorüber. Der Tag würde kommen, an dem die Statue dort stehen würde, wo sie hingehörte – auf dem Dach der Welt.

Es heißt, die Zeit heilt Wunden, und nach vielen Monaten gelang es mir endlich, alles hinter mir zu lassen und mein Herz und meine Gedanken darauf zu richten, mein Leben mit meiner Familie neu aufzubauen. Außerdem begann ich, für ein neues Haus zu arbeiten, nachdem ich das alte hatte verkaufen müssen. Zu diesem Zweck gründeten Judy und ich unser *Himalayan Travel Centre*. Im folgenden Jahr erfüllte sich ein weiterer Traum von mir: Ich hatte mir immer ein kleines Mädchen gewünscht und im Dezember 1994 kam

Dechen Lhamu zur Welt. Ihre Geburt linderte einen großen Teil meines Schmerzes und schenkte uns allen neue Lebensfreude. In ihrem Fall entschieden wir uns selbst für einen Namen, anstatt die Lamas zu fragen, da ich schon immer gewusst hatte, wie meine Tochter heißen sollte. Für mich kam kein anderer Name als Dechen in Frage (was im Tibetischen »Freude und Glück« bedeutet), und Judy wählte zu Ehren meiner Großmutter den Namen Lhamu. Dechen war schon als Baby sehr lebhaft und heute ist sie ein äußerst regsames und charismatisches Kind, voller Elan wie sein Vater und sein Urgroßvater.

Ich war glücklich und zufrieden und unser Leben verlief wieder in geregelten Bahnen. Die Flamme, die in mir für meinen Berg brannte, war nicht erloschen, sondern hatte sich nur ein wenig verdunkelt. 1996 begann sie wieder aufzulodern und ich sagte Judy, dass ich mich noch einmal am Everest versuchen wollte. Ich sah den Ausdruck von Schmerz in ihrem Gesicht, doch sie sagte, sie habe die ganze Zeit gewusst, dass dieser Augenblick kommen würde, und war bereit, das alles noch einmal durchzustehen.

Dieses Mal wusste ich jedoch, was zu tun war: Ich musste mich einem guten Team anschließen, damit ich die größtmögliche Chance hatte, den Gipfel zu erreichen. Keine kräftezehrenden Lastentransporte mehr zwischen Basislager und Südsattel, die 1993 unsere ganze Energie verbraucht hatten. Ich wollte die beste Unterstützung und Rückendeckung, die ich bekommen konnte, also kontaktierte ich Ende 1996 Guy Cotter von *Adventure Consultants* in Neuseeland und bat ihn, an seiner 97er-Everest-Expedition teilnehmen zu dürfen. Guy war bei der Everest-Katastrophe von 1996 vor Ort gewesen, die Jon Krakauer in seinem Buch *In eisige Höhen* schildert. Dabei waren die Himalaja-Legenden Rob Hall und Scott Fisher zusammen mit sechs anderen ums Leben gekommen, nachdem sie hoch oben am Berg von einem Sturm überrascht worden waren.

Guy hatte nun die Zügel des Unternehmens in die Hand genommen – Rob Halls und Gary Balls ganzer Stolz – und es wieder angekurbelt. Unerschrocken wie er war, wollte er im nächsten Jahr als Mitglied des »Dream-Teams« zum Everest zurückkehren, dem auch der Ausnahme-Bergsteiger Ed Viesturs angehörte, der im Rahmen der Dreharbeiten zu dem IMAX-Film *Everest* ebenfalls bei der Tragödie von 1996 vor Ort gewesen war und hilflos das traurige Ende seines Freundes Rob Hall mit hatte ansehen müssen. Weitere Teilnehmer waren der finnische Himalaja-Veteran Veikka Gustafsson, der sich ein drittes Mal am Everest beweisen wollte, diesmal ohne zusätzlichen Sauerstoff, und David Carter, ein Sägewerkbesitzer aus Indiana, der schon einmal versucht hatte, den Everest zu besteigen, allerdings ohne Erfolg. Außerdem schloss sich uns noch der Südaustralier Peter Weeks an. Wir waren ein kleines, erfahrenes und gut ausgerüstetes Team und fest entschlossen, den Berg von der schlechten Presse und dem düsteren Ruf reinzuwaschen, die er in der 96er-Saison erhalten hatte.

Natürlich stellte sich auch dieses Mal wieder die Geldfrage. Sich einem bereits bestehenden Team anzuschließen, erleichtert die finanzielle Last, aber die Besteigung des Everest ist und bleibt eine kostspielige Angelegenheit. Sobald ich erfuhr, dass ich einen Platz im Team bekommen hatte, begann ich, mich nach Sponsoren umzusehen. Die australische Industrie bewies wieder einmal wenig Interesse am Bergsteigen, mit Ausnahme der allzeit hilfsbereiten Fluggesellschaft Thai Airways International. Meine Flug- und Transportkosten waren gedeckt, aber ich brauchte Geld. Nach einer weiteren langen Serie von Enttäuschungen und Rückschlägen holte ich tief Luft und wandte mich noch einmal an Rolex in Genf, obwohl ich nicht wirklich damit rechnete, dass sie mir ein zweites Mal unter die Arme greifen würden. Nur wenige Tage später erhielt ich ein Fax von Paul Stuber, der mir den benötigten Betrag anbot – zusätzlich zu dem, was ich mir geliehen hatte –, um über die Runden zu kommen. Ich werde nie in der Lage sein, in Worte zu fassen, wie dankbar ich ihnen war. Bei meinen beiden Everest-Versuchen setzten sie allein aufgrund des Rufs meiner Familie und ihrer langjährigen freundschaftlichen Beziehung zu meinem Großvater ihr Vertrauen in einen Menschen, den sie nie kennen gelernt hatten. Sie verlangten dafür keine Gegenleistung und ich verdanke meinen Everest-Erfolg zu einem großen Teil ihnen.

Angenehm überrascht war ich, als letzten Endes der *K2 Gear Shop* in Brisbane and *Patagonia* in Sydney anbot, mich mit Bekleidung und Ausrüstung auszustatten. Ich glaube an Karma und Schicksal, und in meinem tiefsten Inneren wusste ich, dass es mir der Everest diesmal erlauben würde, meinen Traum zu verwirklichen. Meine Familie und ich hatten genug gelitten. Am 12. März brach ich bester Dinge nach Nepal auf.

Ich vereinbarte mit den anderen Teammitgliedern, dass ich im Basislager zu ihnen stoßen würde, da ich in Darjeeling noch Wichtiges zu erledigen hatte. Ich wollte mich vor der Besteigung noch mit meinen Eltern treffen und, was ein besonders glücklicher Zufall zu sein schien, ich war eingeladen, beim HMI der Enthüllung der Gedenkstatue meines Großvaters beizuwohnen. Sir Edmund Hillary war ebenfalls anwesend. Bevor ich zum Everest aufbrach, kam er zu uns nach Hause und gab mir seinen Segen. Alles in allem hätte ich mir kein passenderes Vorspiel zu meinem erneuten Everest-Versuch vorstellen können.

Wie geplant, traf sich unser Kletterteam Anfang April im Basislager. Außer Dave Carter und Peter Weeks kannte ich alle und fühlte mich im Team schnell wohl. Wir waren alle passionierte Bergsteiger und David und Peter waren gut vorbereitet und tolle Gefährten. Außerdem hatten wir ein »Dream-Team« von Sherpa dabei, vier junge und kräftige Männer, die in ihrer kurzen Bergsteigerkarriere wichtige Erfahrungen bei Rob Hall gesammelt hatten: Ang Dorje, der den Everest inzwischen sechs Mal bestiegen hat; Ang Tshering aus Rolwaling, der zu diesem Zeitpunkt bereits drei Mal den Gipfel erreicht hatte und während unserer Expedition zum ersten Mal Vater wurde; Chultim aus Khumjung, der den Everest einmal bestiegen hatte, und Gombu, ein weiterer Sherpa aus Rolwaling und Everest-Veteran. Auf dem Weg zum Basislager hatte ich alle meine Verwandten aus dem Khumbu getroffen und ich habe dort eine Menge! Sie alle hatten mir 1993 nach Lobsangs Tod zur Seite gestanden und mich sowohl in seelischer als auch in praktischer Hinsicht unterstützt. Sie hatten mir geholfen, die Einäscherung und die pujas zu arrangieren, und sich auf meinem Rückweg nach Kathmandu um mich gekümmert, als ich so allein und in schrecklicher Verfassung war. Meine Sherpa-Familie ist mir äußerst wichtig und die 97er-Besteigung unternahm ich ebenso für Lobsang und für sie wie für mich selbst. Als ich die Dörfer meiner Verwandten passierte, gaben sie mir zahllose *kadas* mit auf den Weg, veranstalteten *pujas* und der höchste Lama des Tengboche-Klosters spendete mir seinen Segen. Später erfuhr ich, dass während meiner Besteigung alle Familien im Khumbu auf den buddhistischen Schreinen in ihren Häusern Weihrauch verbrannten.

Das Basislager rief in uns allen viele traurige Erinnerungen wach. Jeder von uns war an diesem Ort schon von Albträumen geplagt worden. Doch diesmal herrschte eine andere Stimmung. Diesmal würde es nicht zu einer Tragödie kommen und wir würden einen Teil des Schmerzes früherer Besteigungen auslöschen. Unseren Vorsätzen zum Trotz hielt es Chomolungma für nötig, uns ihre Macht und ihre alleinige Gewalt über unser Schicksal ins Gedächtnis zu rufen. Nachdem wir wochenlang Lasten befördert und die oberen Camps errichtet hatten und uns, bereit für den Gipfelversuch, wieder im Basislager befanden, schickte uns die Göttin unerträgliche Jetstream-Winde, die einen Aufstieg unmöglich machten. Viele der oberen Camps, die wir mühsam aufgebaut hatten, wurden zerstört – Orkanböen mit 200 Stundenkilometern rissen sie buchstäblich in Fetzen. Nur unsere Zelte in Camp II überstanden wie durch ein Wunder den Sturm.

Vom 2. bis zum 18. Mai saßen wir im Basislager fest. So lange untätig herumsitzen zu müssen ist demoralisierend und raubt einem die Kräfte, die später fehlen, wenn man sie am dringendsten braucht – oberhalb von Camp IV. Ich erinnere mich noch daran, wie ich nach unserem letzten Rückzug aus Camp III, wo ein mächtiger Schneesturm tobte, meine Frau in Sydney anrief und ihr sagte, dass wir noch ein letztes Mal versuchen würden, zum Sattel zu gelangen, unseren Besteigungsversuch jedoch nach einem weiteren Misserfolg aufgeben würden. Es war Ende Mai, der Monsun war im Anmarsch, und das ständige Hin und Her rieb uns langsam, aber sicher auf.

Judy hatte vor meinem erneuten Versuch, den Everest zu besteigen, Angst gehabt, doch dieser Hinweis auf eine eventuelle Kapitulation beunruhigte sie noch mehr als das Risiko der Besteigung selbst. Sie wusste, wie viel mir daran lag, den Gipfel zu erreichen. Nach unserem Gespräch rief sie Mike Groom in Brisbane an, einen guten Freund und herausragenden Bergsteiger, der selbst unzählige Male vor dieser Hürde gestanden hatte, und fragte ihn um Rat. »Ruf ihn an«, sagte Mike mit ruhiger und entschiedener Stimme, »und sag ihm, dass er seinen Arsch in Bewegung setzen und endlich den Berg besteigen soll.« Genau das hatte sie hören wollen und sie gab die Botschaft klar und deutlich an mich weiter. In der Zwischenzeit war meine Mutter, die zu Hause in Darjeeling jede Minute der Expedition mitlebte, bei den Lamas unserer Familie gewesen, die für mich beteten. Sie hatten ihr gesagt, dass ich meinen Gipfelversuch am 23. Mai unternehmen müsse, dem Geburtstag Buddhas. Keinen

Tag früher oder später. »Na klar, kein Problem«, sagte ich mir, als ich die Nachricht erhielt: »Ich brauche jetzt die anderen nur noch wissen zu lassen, dass das Datum beschlossene Sache ist.«

Wir unternahmen einen letzten Vorstoß und stiegen abermals auf; der Wind fegte noch immer über den Gipfel des Everest, hatte aber auf den Hängen darunter inzwischen nachgelassen. Da wir im Western Cwm einen Tag Pause einlegten, war der 23. Mai als Gipfeltag inzwischen ziemlich unwahrscheinlich geworden, Lamas hin oder her. Während unserer Rast diskutierten wir mehrere Stunden über die Kriterien für eine Mitgliedschaft im *Everest Anonymous Club*, dessen Gründung der amerikanische Bergsteiger und Filmemacher David Breashears vorgeschlagen hatte. Ich fand dieses Intermezzo inmitten der Gesellschaft einiger der besten Himalaja-Bergsteiger aller Zeiten höchst unterhaltsam und es löste bei uns allen die Anspannung. Ed Viesturs war selbstredend Mitglied, ebenso Guy Cotter, der 1992 den Gipfel erreicht hatte. David Breashears war ebenfalls so gut wie sicher ein Mitglied des Clubs, nachdem er den Everest vier Mal bestiegen hatte, und Veikka gehörte aufgrund seiner 1993er-Besteigung dazu. Dave und ich waren dagegen eher fragwürdige Kandidaten. Ich hatte es versucht und war gescheitert, genau wie Dave, aber schließlich war ich ein Tenzing und das verlangte besondere Überlegung!

Am 22. Mai stiegen wir alle, westliche Bergsteiger und Sherpa, zum Südsattel auf. Da der Wind mit einem Mal wie durch ein Wunder auf fünf Knoten abgeflaut war, waren wir optimistisch, den Gipfel zu erreichen. Guy Cotter, unser unerschrockener Expeditionsleiter, war offenbar noch besserer Dinge als der Rest der Gruppe: Als wir uns am Nachmittag in unseren Zelten ausruhten, hörten wir einen wilden Schrei und sahen Guy draußen, nur mit Bergstiefeln bekleidet, auf dem Sattel (in 8000 Metern Höhe!) herumlaufen. Dieser Vorfall trug bestimmt nicht dazu bei, die seit langem gehegten Zweifel der Sherpa an der Zurechnungsfähigkeit westlicher Bergsteiger auszuräumen. Bei Einbruch der Dämmerung wurden die Wolken fortgeweht und machten der schönsten, ruhigsten und mondhellsten Nacht Platz, die ich jemals erlebt habe. Ich spürte, wie mir warm ums Herz wurde. Chomolungma hatte für mich ihr Bestes bis zuletzt aufgespart.

Um 21.30 Uhr standen wir auf und fingen an, für den Gipfel zu packen. Der wichtigste Gegenstand, den ich in meinem Rucksack verstaute, war die kleine Buddha-Statue, die mir meine Mutter Jahre zuvor geschenkt hatte und die ich auf den Gipfel stellen sollte. In all den Jahren der Everest-Besteigungen hatte das noch niemand getan und für mich war es von größter Wichtigkeit, dass dieses Symbol der tiefen Religiosität aller Sherpa und Tibeter einen Platz auf dem höchsten Punkt der Erde, der Wohnstätte der Götter, erhielt. Ganz oben auf meinem Rucksack hatte ich einen Stoff-Kaninchennasenbeutler befestigt. Kaninchennasenbeutler sind eine vom Aussterben bedrohte australische Beuteltier-Art. Mein Sohn hatte mich gebeten, ihn mitzunehmen, doch symbolisierte er auch meinen sehnlichen Wunsch, dass unangetastete Orte und wild lebende Tiere dieses wunderbaren Planeten erhalten bleiben sollen.

Leise brachen wir um 23 Uhr vor den anderen Teams auf, um das Gedränge zu vermeiden, das in den vorangegangenen Jahren Verzögerungen und Chaos verursacht hatte. Auf unsere Stirnlampen hätten wir eigentlich verzichten können, da der leuchtend weiße Schnee auf dem Gipfelgrat das helle Mondlicht reflektierte. Es war extrem kalt (-30°C), doch der Berg war atemberaubend schön und im Gegensatz zu 1993 war ich voller Elan und guter Dinge und genoss jeden einzelnen Schritt. So sollte das Bergsteigen auf dem Everest sein, so hatte ich es erwartet. Ich konnte mir ein breites Grinsen unter meiner Sauerstoffmaske nicht verkneifen, als wir zügig über den Südostgrat aufstiegen.

Wir kamen hervorragend voran bis zum Südgipfel, wo wir eine Teepause einlegten und die Gelegenheit wahrnahmen, die ganze Schönheit und Größe des Himalaja in uns aufzusaugen. Das Gefühl lässt sich nicht in Worte fassen, wenn man an einem solchen Ort schweigend auf Himalaja-Riesen wie den Makalu, den Lhotse und den Kanchenjunga hinabblickt und sieht, wie der Everest seinen morgendlichen Schatten über die gesamte nepalesische Khumbu-Region wirft. Das unvorstellbare Ausmaß seines Schattens führt einem die überwältigende Größe und Dominanz dieses gewaltigen Bergs vor Augen. Wir wären alle gerne noch länger hier geblieben, wussten aber, dass wir aufbrechen mussten.

Der Grat zwischen dem Südgipfel und dem berüchtigten Hillary Step ist einer der gefährlichsten und gnadenlosesten Abschnitte des Aufstiegs – der »Stachel im Schwanz des Everest«, wie Guy Cotter ihn nennt. Der Grat ist nur einen Meter breit und voller Wechten: Ein falscher Schritt auf brüchigem Eis und man stürzt entweder die Kangshung-Flanke nach Tibet oder die Südwest-Flanke zu Camp II hinunter. Fehler sind hier absolut tabu, deshalb stiegen wir schweigend und voll konzentriert weiter auf, bis wir nach 100 Metern den Hillary Step erreichten.

Da wir das ganze Ausmaß der Tragödie vom Frühjahr 1996 kannten, wussten wir, was uns dort erwarten würde. Der Brite Bruce Herrod, Mitglied einer südafrikanischen Expedition, hatte den Gipfel nach langwierigem und strapaziösem Aufstieg vom Sattel erst nach 18 Uhr erreicht und musste sich dann der unsagbar gefährlichen Aufgabe stellen, im Dunkeln abzusteigen. Er ging langsam und schaffte es bis zum Hillary Step. Doch beim Hinunterklettern des schmalen Felsabsatzes verhedderte er sich mit den Steigeisen in alten Kletterseilen und kippte nach hinten. Kopfüber blieb er hängen, unfähig, sich selbst wieder aufzurichten, und starb in dieser Position. Bergsteiger, die später an ihm vorüberkamen, wussten nicht,

Lobsang Tshering Bhutia zelebriert vor seinem Everest-Versuch 1993 ein traditionelles *puja* im Basislager

Namche Bazar

Jamling Tenzing Norgay auf dem Gipfel des Everest, 1996

Sir Edmund und Lady June Hillary zu Besuch bei der Familie Tenzing in Darjeeling vor Tashis erfolgreichem Everest-Versuch im Jahr 1997

Tashi auf dem Gipfel des Everest, 23. Mai 1997, 6.50 Uhr

Ang Tshering, das einzige noch lebende Mitglied der Everest-Expedition von 1924, präsentiert stolz seine Bergsteigermedaillen, Darjeeling, 2000

Da Tenzing, stets der stolze Sherpa, in späteren Jahren in seinem Haus im Khumbu

Ang Dorje; dessen inzwischen verstorbene Frau war die jüngste Schwester von Dawa Phuti, Tenzings erster Ehefrau. Samde, Khumbu, 1999

Pertemba Sherpa auf dem Gauri Shankar

Der große, inzwischen verstorbene Babu Chhiri Sherpa mit Tashi, Khumbu, 2000

Ein schwaches, aber warmherziges »Namaste«. Tenzings Schwester Thakchey, die als Einzige der Geschwister noch am Leben ist, Darjeeling, 2000

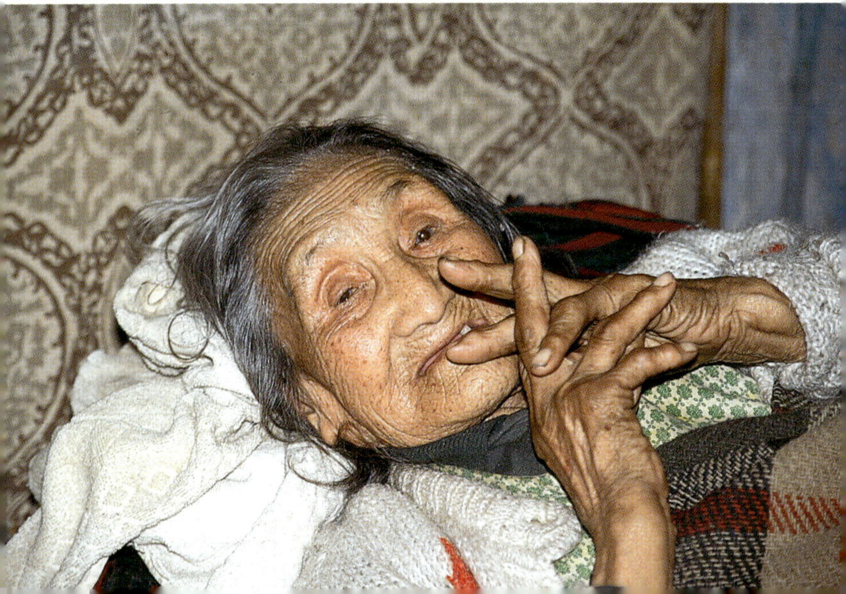

Tashi mit einigen noch in Tibet ansässigen Mitgliedern der Familie Tenzing, Yueba, 2000

Gang-La, das Heim der Familie Tenzing in Darjeeling, 2000

Tashi vor dem Haus von Tenzings Familie in Moyey, Tibet, 2000

Tashi genießt eine einfache Klettertour in Nepal

was sie mit seinem Leichnam machen sollten. Das mag gefühllos und makaber klingen, doch bei einem Todesfall in den Bergen ist die Bergung des Verunglückten oft sehr riskant. In großen Höhen einen Leichnam aus den Seilen zu schneiden ist enorm kräfteraubend und kann leicht das eigene Leben gefährden. Dann sind auch noch die Wünsche der Angehörigen zu respektieren. Viele hinterbliebene Verwandte und Freunde möchten, dass der Leichnam des Verunglückten unangetastet auf dem Berg verbleibt – wie im Fall von Rob Hall, dessen Leichnam sich noch heute dort befindet, wo er gestorben ist, nur einen Meter unterhalb des Südgipfels neben einem großen Felsbrocken. Seine Familie hatte darum gebeten, seinen Leichnam unangetastet zu lassen.

Bruce Herrods Familie hatte inzwischen den legendären Himalaja-Bergsteiger Pete Athans gebeten, den Toten aus den Seilen zu befreien und der Südwest-Flanke zu übergeben. Pete hatte eingewilligt und wir alle wussten davon. David Breashears und ich bewegten uns respektvoll an Bruce Herrods gefrorenem Leichnam vorbei und erklommen dann den Hillary Step. Pete befand sich unmittelbar hinter unserem Team und befreite mit Eds und Guys Hilfe Herrods Leiche, nachdem er seinen Fotoapparat und seine persönlichen Habseligkeiten an sich genommen hatte. Es war zutiefst erschütternd, den gefrorenen Körper ins Tal stürzen zu sehen, aber zumindest konnte Bruce jetzt in Frieden ruhen, und diejenigen, die ihn geborgen hatten, konnten sicher weiterklettern.

Ich habe noch heute klar und deutlich das letzte Stück des verschneiten Gipfelgrats vor Augen. Der Gipfel selbst ist ziemlich groß – ein schneebedeckter Kegel – und fällt steil ins dahinter liegende Tibet ab. Mein ganzes Leben lang hatte ich auf diesen Augenblick gewartet und wurde nicht enttäuscht. Ich ging etwas schneller und schloss zu David auf, der als Einziger vor mir war. Was David dann tat, berührte mich tief und wird mir mein ganzes

Leben lang in Erinnerung bleiben: Er blieb vor dem Gipfel stehen, wartete, bis ich neben ihm stand, und reichte mir die Hand, damit wir zusammen den letzten Schritt auf den Gipfel tun konnten. Er sagte mir, es sei eine Ehre für ihn, doch ich fühlte mich mindestens genauso geehrt, denn er ist nicht nur ein hervorragender Bergsteiger, sondern auch ein Mensch, der den Himalaja von ganzem Herzen liebt und seine Gipfel mit Hochachtung und Respekt besteigt. Wir Sherpa haben zahllose Bergsteiger aus aller Herren Länder kennen gelernt und sind mit ihnen geklettert, doch wenn wir über Expeditionen sprechen und über diejenigen, die unsere Vorfahren *sahibs* nannten, wissen wir genau, wer von ihnen unsere Anerkennung und unser Vertrauen verdient. David Breashears gehörte zweifellos zu diesen Bergsteigern, wie auch meine anderen westlichen Gefährten an jenem Tag auf dem Everest.

Als wir auf dem Gipfel standen, war es 6.50 Uhr. Wir waren in einer außerordentlich guten Zeit vom Südsattel aufgestiegen – in nur etwas mehr als acht Stunden. Gemessen am Gesamterfolg war das jedoch nicht von besonderer Bedeutung. Die Freude am Klettern und die sichere Rückkehr aller Bergsteiger sind das, was wirklich zählt. David und ich hatten wunderbare zehn Minuten für uns allein auf dem Dach der Welt, bis der Rest unseres Teams eintraf. Wir sprachen kaum ein Wort und nahmen einfach nur den Zauber dieses ganz besonderen Orts in uns auf.

Ich werde oft gefragt, woran ich dachte und was ich empfand, als ich auf dem Gipfel stand. Mein erster Gedanke galt Lobsang; er war in diesem Augenblick bei mir und ich fühlte mich ihm sehr nahe. Ich dachte an meinen Großvater und daran, was er an diesem Ort viele Jahre zuvor empfunden haben musste, als er und Hillary das allererste Mal vom höchsten Punkt der Erdoberfläche auf die Welt hinabblickten. Die überwältigendste Empfindung war jedoch das unbeschreibliche Glücksgefühl, an diesem Ort zu stehen und das atemberaubende Panorama zu genießen. Ich bedauerte sehr, dass ich nach so kurzer Zeit wieder aufbrechen musste; ich wollte für immer dableiben, die Euphorie spüren und mich mit allen Sinnen daran ergötzen. Ich weinte und lachte und betete, als ich den kleinen Buddha im reinweißen Schnee des Gipfels vergrub. Meine Sherpa-Gefährten waren von dieser Geste sehr berührt; sie glaubten, dass die Statue sie beschützt hätte und der Berg dafür nun gebührend geehrt worden sei. Ich entrollte noch traditionelle buddhistische Gebetsfahnen sowie die Flaggen Nepals, Indiens, Australiens und erstmals auch die Flagge Bhutans, zu Ehren der Verbindungen meiner Familie zu diesem winzigen Königreich im Himalaja. Ich empfand eine tiefe Zufriedenheit, als ich mich wieder auf den Weg nach unten machte.

Der Abstieg war viel erschreckender als der Aufstieg – man *muss* dabei nach unten blicken, was ziemlich furchteinflößend ist. Ich stieg mit äußerster Vorsicht und größtem Respekt vor den Hängen ab, die das Leben so vieler erfolgreicher Gipfelstürmer gefordert hatten, darunter auch das von Lobsang, aber ich fühlte mich kräftig und nicht allzu erschöpft und erreichte bald unversehrt den Südsattel. Das Basislager stellte eine Verbindung zu Judy in Sydney her und ich überrollte sie mit einer Lawine zusammenhangloser adrenalinberauschter Freudenbekundungen. Judy lachte einfach und teilte meine ungezügelte Begeisterung; meine bebende, sich überschlagende Stimme sagte ihr alles. Das Gefühl der Erleichterung war unvergleichlich.

Unten im Basislager packten wir zusammen, und meine Gefährten machten sich auf den Weg nach Kathmandu und von dort aus weiter nach Hause. Ich marschierte durchs Khumbu zurück und stattete jedem Haus, in dem Mitglieder der Familie Tenzing wohnten, einen Besuch ab, um meine Freude mit denen zu teilen, die 1993 meinen tiefen Schmerz mit mir geteilt hatten. Es war eine wunderbare Wanderung – die *kadas* um meinen Hals türmten sich so hoch auf, dass ich kaum noch darüber hinweg sehen konnte.

Als ich in Kathmandu landete, warteten meine Eltern am Flughafen auf mich. Sie waren unsagbar erleichtert, dass ich wohlbehalten zurückgekehrt war, und unglaublich stolz auf meinen Erfolg. Meine Mutter schenkte mir zum Andenken an meine Besteigung eine wunderschöne Goldkette, die ich bis heute trage. Mein Freund Phintso Ongdi von *International Trekkers* und Chhunta Tuladhar vom *Nirwana Garden Hotel* gaben beide jeweils einen Empfang für mich, auf denen ich von der nepalesischen, indischen und ausländischen Presse in Beschlag genommen wurde. Eine erfolgreiche Everest-Besteigung ist heutzutage keine einzigartige Errungenschaft mehr, doch hat es, so meine ich, einen unbestreitbaren Reiz, wenn jemand aus der dritten Generation einer Familie – vor allem, wenn es sich dabei um die Familie Tenzing handelt – den Gipfel erreicht, und entsprechend reagierte die ganze Welt mit Interesse und Begeisterung. Das Ereignis wurde schließlich sogar ins Guinness-Buch der Rekorde aufgenommen!

Trotz der schönen Feierlichkeiten in der australischen Botschaft, bei Freunden und in verschiedenen Hotels und Institutionen fühlte ich mich am meisten geehrt, als mir die *Nepal Buddhist Association* eine kleine silberne Buddha-Statue überreichte als Anerkennung dafür, dass ich einen Buddha auf das Dach der Welt gebracht hatte.

Ziemlich erschöpft, aber noch immer euphorisch, flog ich nach Sydney zurück. Am Flughafen wurde ich von meiner Familie und einigen engen Freunden empfangen. Sie trugen alle rote T-Shirts, die mit einer Aufschrift zum Gedenken an meinen Erfolg bedruckt waren. Mein Traum war Wirklichkeit geworden.

Thuji chey Chomolungma – ich bin dankbar.

In den Fußstapfen von Tenzing Norgay

Sherpa zu sein und gleichzeitig dem Tenzing-Clan anzugehören bedeutet, untrennbar mit dem Himalaja und insbesondere mit dem Everest verbunden zu sein. Während sich viele aus der Familie gegen das Bergsteigen entschieden, konnten einige der Anziehungskraft der gewaltigen Gipfel nicht widerstehen und ließen zu, dass die Beschäftigung mit den Bergen – ob als Beruf oder als Freizeitbeschäftigung – einen großen Teil ihres Lebens einnahm.

Der Generation unmittelbar nach Tenzing ermöglichte das Bergsteigen eine erfolgreiche berufliche Laufbahn und dank des HMI eine verhältnismäßig sichere Zukunft (natürlich abgesehen von den hohen Risiken beim Klettern). Tenzings Neffen Nawang Gombu und Lobsang Tshering Bhutia sowie sein angeheirateter Neffe Dorjee Lhatoo arbeiteten als Instruktoren beim HMI und erreichten im Lauf der Zeit alle den Gipfel des Everest. Die Angehörigen der nächsten Tenzing-Generation sind keine professionellen Bergsteiger und verdienen ihren Lebensunterhalt mit anderen Tätigkeiten. Sie klettern einfach aus Spaß an der Freude. Obwohl Jamling Tenzing Norgay, Rita Gombu Marwah und Tashi Tenzing auf anderen Gebieten erfolgreich waren, konnten sie sich dem Reiz der Berge nicht entziehen und führten die Bergsteigertradition der Familie mit einer Leidenschaft und Beharrlichkeit fort, die dem »Tiger vom Everest« alle Ehre gemacht hätte.

Nawang Gombu

Nawang Gombu ist ein Mensch, der sagt, was er denkt. Seine Lebenseinstellung ist von Geradlinigkeit, Tatkraft und Entschlossenheit geprägt, egal, ob er sich in den Bergen befindet oder zu Hause in Darjeeling in seiner Sherpa-Gemeinde arbeitet. Er ist klug, ausdauernd und scharfsinnig und die Leiter der großen Expeditionen der 1950er- und 60er-Jahre erkannten und schätzten bald seine Vorzüge als Bergsteiger und Klettergefährte.

Gombu wurde 1936 im tibetischen Minzu geboren. Seine Mutter, Tenzing Norgays ältere Schwester Lhamu Kipa, war Nonne, sein Vater Lama Nawang La, ein jüngerer Bruder des Dzongpen von Kharta, war Mönch. Die Liaison zwischen Gombus Eltern stieß in Tibet auf Ablehnung, nicht so sehr aus dem Grund, dass beide im Kloster lebten – solche Verbindungen waren keine Seltenheit –, sondern vielmehr, weil er aus einer aristokratischen Familie stammte und sie aus einer Familie von Leibeigenen, die sich auf dem Land des Dzongpen als Arbeiter verdingten. Ihre Liebe füreinander war allerdings so stark, dass sie sich dazu entschieden, außerhalb der Grenzen Tibets mit ihren Kindern ein neues Leben anzufangen. Als Gombu fünf Jahre alt war, machten sie sich mit ihm und seiner eine Woche alten Schwester Doma über den Nangpa-La-Pass auf den Weg ins Khumbu. Dort ließen sie sich in der Nähe von Thamey nieder, wo bereits andere Mitglieder der Familie Tenzing lebten. Als Kind half Gombu bei der Feldarbeit, hütete Yaks und lauschte den Geschichten über die großen Sherpa, die auf der Nordseite des Chomolungma in Tibet als Expeditionsbegleiter arbeiteten. Er hörte viel über Ang Tharkay, Anullu Sherpa und seinen Onkel Tenzing Norgay, der sich zu dieser Zeit bei den *sahibs* und daher auch bei den Sherpa in Darjeeling und im Khumbu bereits einen Namen gemacht hatte.

Gombus Eltern lenkten den Werdegang ihres Sohns jedoch in eine völlig andere Richtung. Sie wollten, dass er Mönch wurde, und schickten ihn deshalb als Teenager ins Da-Rongphu-Kloster. Bei traditionsbewussten Sherpa und Tibetern ist es Brauch, einen Sohn der Familie ins Kloster zu schicken, weil man sich durch dieses Zeichen der Ergebenheit spirituelle Belohnung erhofft. Ursprünglich war geplant, dass Gombu mindestens fünf Jahre lang im Kloster bleiben sollte, doch er empfand die Bedingungen dort als sehr hart und zeitweise unmenschlich. Er erinnert sich daran, dass jeder Fehler beim Vorlesen aus religiösen Schriften mit einem Hieb mit dem Bambusstock bestraft wurde. Nach nur einem Jahr beschloss der junge Gombu, zu seiner Familie ins Khumbu zurückzukehren. Sein Freund Ang Tshering, ebenfalls Mönch im Da-Rhongpu-Kloster, fasste denselben Entschluss und so sammelten die beiden Jungen wochenlang Essensreste, ehe sie sich in einer bitterkalten, eisigen Himalaja-Nacht auf den Weg machten. Nur mit ihren Mönchskutten bekleidet, stahlen sie sich im Schutz der Dunkelheit aus dem *gompa* davon, kletterten über den hohen, das Kloster umgebenden Zaun und marschierten, den Elementen schutzlos ausgeliefert, über den Nangpa-La-Pass ins Khumbu. Gombus Laufbahn als Mönch war damit beendet, denn seine Bestimmung lag auf einem völlig anderen Gebiet.

Als Nepal 1950 seine Grenzen öffnete und Tibet nach der chinesischen Invasion nach und nach abgeriegelt wurde, verlagerte sich das Zentrum der Himalaja-Alpinistik in die hoch gelegenen und abgeschiedenen Täler des Khumbu. Gombu war fasziniert von den Schweizer Everest-Versuchen im Jahr 1952 und wünschte sich sehnlichst, dieser neuen Welt anzugehören. Seine Mutter riet ihm, sich an seinen Onkel, den großen *sirdar* und Bergsteiger Tenzing, zu wenden, der im Herbst auf dem Rückweg vom Everest nach Namche Bazar kommen würde. Gombu nahm die Gelegenheit wahr, traf sich mit seinem Onkel und bat ihn um Arbeit auf seiner nächsten Expedition.

»Du wirst hart arbeiten müssen, Gombu«, erklärte Tenzing streng.

Gombu antwortete darauf mit einem Kopfschütteln, was auf dem Subkontinent »ja« bedeutet. Er musste nicht lange warten, denn im Frühling des folgenden Jahres zog das britische Team mit einer langen Kolonne von Sherpa und Trägern auf dem Weg zum Everest durch die Gebirgsausläufer des Himalaja hinauf ins Khumbu. Tenzing hatte sein Versprechen nicht vergessen. Gombu bekam eine Last zugeteilt und wurde zum Basislager geschickt. Heute noch bekommt er leuchtende Augen, wenn er sich daran erinnert, wie aufgeregt und glücklich er war, als sein Traum endlich in Erfüllung ging. Er war zwar kein Mitglied des Kletterteams, gehörte aber immerhin der großen Expedition an und das genügte. Von nun an schien Gombu das Glück auf seiner Seite zu haben, denn seine Teilnahme an dieser und weiteren Expeditionen machte ihn bald zu einem der erfolgreichsten Sherpa aller Zeiten, der an etlichen bedeutenden Erstbesteigungen beteiligt war.

Wie die meisten Sherpa ist Gombu eher klein gewachsen – er misst gerade einmal 1,68 Meter –, dafür aber ist er athletisch gebaut und enorm kräftig. Er besitzt den unbeugsamen Willen, jeden Berg zu bezwingen, und einen unglaublichen Sinn für Humor, mit dem er alle, die mit ihm zusammenarbeiten, in seinen Bann schlägt. Als er bei seiner ersten Expedition Sauerstoffflaschen ins Western Cwm beförderte und bei einem Gang Colonel Hunt begleitete, bemerkte er, dass dieser nur eine Flasche trug, während er selbst mit zwei Flaschen beladen war.

»Warum tragen Sie nicht auch zwei Flaschen?«, erkundigte er sich bei dem Expeditionsleiter.

Im Camp angekommen, gab Hunt Gombus Bemerkung belustigt an Tenzing weiter, der seinem Neffen einen bitterbösen Blick zuwarf. Hunt entschärfte die Situation, indem er herzhaft lachte,

Gombu auf den Rücken klopfte und Tenzing prophezeite: »Gombu wird eines Tages ein guter Bergsteiger werden.«

Die britische Expedition war für Gombu eine überaus lehrreiche Erfahrung. Am meisten beeindruckte ihn, dass zwischen den Teammitgliedern keinerlei Neid herrschte und sie sich ihrem Anführer gegenüber absolut loyal verhielten. Er wurde sich bewusst, welche Opfer jeder Einzelne für den gemeinsamen Erfolg bringen musste, und erkannte, was mit Planung und Teamwork selbst unter widrigsten Umständen zu erreichen war.

Bei der Erstbesteigung des Everest im Jahr 1953 leistete Gombu einen entscheidenden Beitrag, indem er zweimal Lasten zum Südsattel beförderte, und erhielt dafür sowohl die Tigermedaille des *Himalayan Club* als auch die Queen's-Coronation-Medaille. Außerdem war er einer der ersten sechs Sherpa, die vom HMI ausgewählt wurden, um in der Schweiz zu Instruktoren ausgebildet zu werden. Seine Zukunft war damit abgesichert. Er zog von Thamey nach Darjeeling und begann dort ein neues Leben.

1954 rekrutierte Ang Tharkay Träger für eine amerikanische Expedition zum 8463 Meter hohen Makalu unter der Leitung von Dr. William Siri. Ang Tharkay hatte viel Gutes über Gombu und seine Leistungen im Jahr 1953 gehört, musste jedoch ganz sicher gehen, ehe er einen so jungen Burschen auf einen hohen, gefährlichen Berg wie den Makalu mitnahm. Er fragte seinen alten Freund Tenzing nach dessen Meinung und wusste, dass dieser ihm ungeachtet der Familienbande eine ehrliche Antwort geben würde. »Wie ist Gombu, Tenzing?«, erkundigte er sich. Tenzings kurze und bündige Antwort sagte Ang Tharkay alles, was er wissen musste: »Gombu ist gut.«

Neben seiner Arbeit beim HMI begleitete Gombu regelmäßig Expeditionen im Himalaja. Der amerikanische Makalu-Versuch von 1954 scheiterte aufgrund verheerender Wetterverhältnisse, trotzdem erreichte Gombu eine Höhe von fast 7000 Metern. 1956 schloss er sich einem indischen Team an, das sich zunächst ohne Erfolg am Saser Kangri im Karakorum versuchte und dann beschloss, den Sakang, einen jungfräulichen Berg von über 7500 Meter Höhe auf dem Sakang-Lungpa-Gletscher, in Angriff zu nehmen, was zu Gombus erstem Gipfelerfolg führte. Im folgenden Jahr begab er sich abermals als Begleiter eines indischen Teams auf den Nanda Devi, wo er bis 200 Höhenmeter unterhalb des Gipfels aufstieg, obwohl schlechtes Wetter herrschte. Beinahe wäre er in einer Lawine ums Leben gekommen.

1959 wurde Gombu eingeladen, sich der internationalen Frauenexpedition zum Cho Oyu anzuschließen. Die Besteigung verlief tragisch, da zwei Bergsteigerinnen und zwei Sherpa bei einem der oberen Camps von einer Lawine in den Tod gerissen wurden. Das einzig Erfreuliche an der Expedition war für Gombu, dass er Tenzings junge Töchter Pem Pem und Nima, die er selbst im Klettern ausgebildet hatte, beim Bergsteigen beobachten konnte. Zur Freude ihres Vaters und ihres Cousins erwiesen sich die beiden als echte Tenzings.

1960 – Gombu genoss bereits großes Ansehen als Bergsteiger und Instruktor beim HMI – wurde er gebeten, am ersten indischen Everest-Versuch teilzunehmen. Bei Sturm und starkem Schneefall kämpften sich Gombu und seine Gefährten bis auf 8600 Meter hinauf, konnten dann allerdings nicht mehr weiter aufsteigen, ohne ihre Sicherheit beim Abstieg aufs Spiel zu setzen. Enttäuscht und niedergeschlagen traten sie den Rückzug an. Bei seiner Rückkehr nach Darjeeling war Gombu entschlossener denn je, irgendwann den Gipfel des Everest zu erreichen.

Anfang 1963 erhielt er einen Brief von Dr. William Siri, der zum stellvertretenden Leiter der ersten amerikanischen Everest-Expedition benannt worden war. Siri kannte Gombu von der 1954er-

Makalu-Besteigung, war sich allerdings nicht sicher, ob er dem richtigen Gombu schrieb, da der Sherpa-Brauch, Kinder erst nach Konsultation der Mönche und der heiligen Schriften einen Namen zu geben, dazu führt, dass viele Sherpa denselben Namen haben, und zwar sehr häufig den des Mönchs, der sie getauft hat. »Sind Sie derselbe Gombu, der 1954 mit mir auf dem Makalu war und 7000 Meter erreicht hat?«, schrieb Siri. Gombu antwortete stolz: »Ich bin dieser Gombu und war seitdem auf dem Everest, wo ich bis 200 Meter unterhalb des Gipfels aufgestiegen bin.«

Dieser Gombu war selbstverständlich »dabei«. Als er Darjeeling verließ, sagte er zu Tenzing: »Ich gehe dorthin, wo du gewesen bist.«

Die amerikanische Expedition von 1963, deren Hauptsponsor die *National Geographic Society* war, stand unter der Leitung von Norman G. Dyhrenfurth. Das Team wollte über den Südostgrat (die am häufigsten benutzte Route) zum Everest aufsteigen und gleichzeitig den bislang unbestiegenen Westgrat in Angriff nehmen, um die erste Gipfelüberschreitung zu versuchen. Daneben sollten wissenschaftliche Untersuchungen durchgeführt werden. Ein derart ehrgeiziges Vorhaben verlangte nach fachkundiger Leitung, die in Person von Dyhrenfurth voll und ganz gewährleistet war. Auch die Teilnehmer waren keine gewöhnlichen Bergsteiger. Sie waren überdurchschnittlich gebildet (unter den 20 Teammitgliedern befanden sich 13 Akademiker, davon fünf promovierte), äußerst erfahren und extrem motiviert. Die Rivalität, die sich zwischen der Westgrat- und der Südostgrat-Gruppe entwickelte, führte zu einigen Auseinandersetzungen, deren Schlichtung eines ruhigen und höchst demokratischen Eingreifens der Expeditionsleitung bedurfte. Die Sherpa der Expedition erinnern sich, dass die *sahibs* »eine Menge Versammlungen« einberiefen und dass sie sich wunderten, wie viel Wortklauberei inzwischen zu einer Everest-Besteigung zu gehören schien.

Tatsächlich ging es in einigen Diskussionen der *sahibs* um die Sherpa-Mannschaft, denn in ihren Reihen gab es wie üblich Unzufriedenheit und Probleme, die mit viel Fingerspitzengefühl gehandhabt werden mussten. Die älteren Sherpa waren mittlerweile erfahrene Expeditionsbegleiter und wussten, wie weit sie mit ihren Forderungen gehen konnten. Trotzdem war Dyhrenfurth mit Gombus Unterstützung meist in der Lage – Gombu hatte wenig Geduld mit der Expeditionstaktik der Sherpa –, sie wieder versöhnlich zu stimmen und ihre Motivation aufrecht zu erhalten.

Gombu fiel während der Expedition nicht nur durch seine Überzeugungskraft und seinen Einfluss auf die anderen Sherpa auf, sondern auch durch seine ernorme körperliche Kraft und sein bergsteigerisches Können. Und so erhielt er bald einen Platz im Südostgrat-Gipfelteam, was unter den Sherpa Unmut auslöste. In den vorangegangenen Jahren waren Spannungen zwischen den Sherpa aus Darjeeling und den Sherpa aus dem Khumbu entstanden und die Mehrheit der Sherpa dieser Expedition stammten aus dem Khumbu. Die Sherpa aus Darjeeling erhielten aufgrund ihrer größeren Erfahrung und besseren Qualifikation in den meisten Expeditionsteams noch immer die gefragtesten Jobs, was bei ihren Brüdern aus dem Khumbu Neid auslöste. Die amerikanische Expedition von 1963 machte in dieser Hinsicht keine Ausnahme, doch Gombu handhabte das Problem mit Taktgefühl und Entschiedenheit. Er arbeitete während seiner gesamten Laufbahn daran, diese unnötige Fehde beizulegen.

Gombus Partner bei seinem ersten Everest-Gipfelversuch war der 1,98 Meter große »Big« Jim Whittaker. Da Gombu ganze 30 Zentimeter kleiner war als Big Jim , gaben die beiden ein noch kurioseres Paar ab als Tenzing und Hillary, doch wie diese bildeten sie beim Klettern ein harmonisches und selbstbewusstes Team. Am 1. Mai um 11.30 Uhr näherten sich die zwei Männer dem Gipfel des Everest. Kurz vor dem Gipfel blieb Big Jim stehen und gab Gombu zu verstehen, dass dieser als Erster hinaufsteigen solle. »Nein, geh du zuerst«, sagte Gombu, tief beeindruckt von dieser großzügigen Geste. »Lass uns zusammen gehen«, erwiderte Big Jim und die beiden legten Seite an Seite den letzten Meter zum Gipfel zurück. Noch heute wird vom Großmut der Amerikaner gesprochen, den sie bei ihrer ersten Everest-Besteigung unter Beweis stellten.

Gombu war erschöpft, konnte aber nun endlich nachvollziehen, was sein Onkel zehn Jahre zuvor bei seiner Rückkehr zum Südsattel empfunden hatte. Das Gefühl war unvergleichlich und Gombu wurde – wie einst Tenzing – die persönliche und universelle Bedeutung dessen bewusst, was er erreicht hatte.

Das Erreichen des Gipfels war jedoch nur der erste von zahlreichen Erfolgen der Amerikaner, die anschließend nicht nur zum ersten Mal den Westgrat des Everest durchstiegen, sondern auch die erste Gipfelüberschreitung schafften. Die Expedition brach dank aller Beteiligten sämtliche Rekorde. Vor allem aber sorgte der lebhafte und entschlossene Tom Hornbein dafür, dass das Team in die Annalen des Bergsteigens einging, indem er sich beharrlich weigerte, den Westgrat-Versuch aufzugeben.

Gombu hatte sich nicht nur bei Bergsteigern in Amerika und auf der ganzen Welt einen Namen gemacht, sondern auch Freundschaften fürs Leben geschlossen. Norman G. Dyhrenfurth erwähnt in seiner Schilderung der Besteigung ein Beispiel für Gombus Kraft und Hilfsbereitschaft: Beim Aufstieg zum Südsattel hatte Dyhrenfurth eine zusätzliche Sherpa-Last schultern müssen. Als er völlig erschöpft und dem Zusammenbruch nahe auf dem kahlen, windgepeitschten Sattel ankam, hatte nur Gombu die Kraft und den Antrieb, die Wärme und den Schutz seines Zelt zu verlassen, um Dyhrenfurth zu helfen, die Seile und Steigeisen abzulegen, damit der in sein eigenes Zelt kriechen konnte. Bergsteigern mit langjähriger Erfahrung bedeuten solche Gesten mehr als Gipfelerfolge und Gombus Gefälligkeit hinterließ bei Dyhrenfurth großen Eindruck.

Noch im selben Jahr wurde Gombu von seinen Freunden und Klettergefährten in die Vereinigten Staaten eingeladen, wo er von Präsident John F. Kennedy empfangen wurde und verschiedene Auszeichnungen erhielt, unter anderem die Hubbard-Medaille der *National Geographic Society*. Der junge Sherpa aus der Wildnis des östlichen Tibet war im wahrsten Sinne des Wortes weit gekommen.

Im folgenden Jahr begab sich Gombu mit einem Team der *Indian Mountaineering Foundation* (IMF) unter der Leitung von Colonel Narinder Kumar erneut auf den Nanda Devi. Diesmal gelang es ihm, zusammen mit seinem Teamkameraden Dawa Norbu am 20. Juni den Gipfel zu erreichen.

Sein Erfolg führte dazu, dass er von der IMF eingeladen wurde, sich einer Everest-Expedition unter der Leitung von Captain Mohan Kholi anzuschließen. Die Inder hatten Erfolg, und Gombu war damals der erste Mensch, der den Everest zweimal bestiegen hatte. Dafür erhielt er zahlreiche offizielle Auszeichnungen, unter anderem den *Padma Bhusan*, den höchsten indischen Orden, und die Goldmedaille der IMF.

Zurück in Darjeeling, erfuhr Gombu, dass man ihn zum stellvertretenden Direktor der Geländeausbildung unter Tenzing befördert hatte. Im kommenden Jahrzehnt widmete er sich ganz seiner Arbeit beim HMI und seiner Familie, fand aber noch immer Zeit zum Bergsteigen, wie etwa 1982, als er sich einer amerikanischen Expedition anschloss, die den Everest über die Nordflanke bestieg. Trotz seines fortgeschrittenen Alters – er war zu diesem Zeitpunkt bereits 50 – war er zweifellos eines der ausdauerndsten Teammitglieder. Seitdem ist Gombu in alle Erdteile zum Bergsteigen eingeladen worden und hat mit großem Vergnügen die »kleinen« Berge Nordamerikas und Europas bestiegen.

Als Tenzing Norgay 1976 als Direktor der Geländeausbildung in »Rente« ging, übernahm Gombu seinen Posten und bekleidete ihn bis zu seiner Pensionierung im Jahr 1999. Heute arbeitet Gombu – wie Tenzing bis zu seinem Tod – als Berater für das HMI. In erster Linie ist er jedoch für die *Sherpa Buddhist Association* (SCA) tätig, deren Präsident er seit einigen Jahren ist. Diese Organisation wurde von Tenzing gegründet, um den infolge von Kletterunfällen arbeitsunfähig gewordenen Sherpa zu helfen und die Familien derer zu unterstützen, die nicht aus den Bergen zurückkehrten. Früher waren Sherpa im Ruhestand oft ohne Auskommen gewesen und in vielen Fällen hatten sich die Angehörigen nach ihrem Tod nicht einmal eine angemessene Bestattungszeremonie leisten können. Die SCA beschaffte die nötigen Gelder und half, wann und wo immer sie gebraucht wurde. Nachdem sich der Ausgangspunkt der Himalaja-Alpinistik heute längst nach Nepal verlagert hat, kümmert sich die Organisation nun in erster Linie um die noch lebenden alten Sherpa-Bergsteiger und deren Familien (ihnen kommen ungefähr 40 Prozent der finanziellen Hilfe der SCA zugute) sowie um ärmere Sherpa-Familien aus Darjeeling, unabhängig davon, ob sie etwas mit dem Bergsteigen zu tun haben oder nicht.

Gombu widmet sich noch immer mit großem Eifer der Aufgabe, die Kluft zwischen den Sherpa aus Darjeeling und den nepalesischen Sherpa zu schließen. Die berufliche Missgunst und Verstimmung zwischen den beiden Gruppen gipfelten irgendwann darin, dass es den Sherpa aus Darjeeling gänzlich untersagt wurde, in Nepal zu arbeiten. Nach einem Treffen des *United International Alpine Club* im Jahr 1982, bei dem Gombu und Tenzing das Problem ansprachen und von führenden Persönlichkeiten aus der weltweiten Bergsteigergemeinde Unterstützung erhielten, insbesondere von Sir Edmund Hillary, verbesserte sich die Situation merklich. Tatsächlich finden sich in der Liste derjenigen, die in den letzten Jahren den Gipfel des Everest erreicht haben, auch die Namen bekannter Sherpa aus Darjeeling, die allesamt Nachfahren von Tenzing sind: Lobsang im Jahr 1993, Jamling im Jahr 1996 und Tashi im Jahr 1997. Gombu leistet der Zusammenarbeit zwischen den verschiedenen Gruppen von Sherpa des Ost-Himalaja bei jeder Gelegenheit Vorschub und setzt sich dafür ein, dass am HMI auch ärmere Sherpa aus der Makalu-Barun-Region ausgebildet werden. Am Institut lernen sie, es ihren Brüdern aus dem Khumbu und aus Darjeeling gleichzutun und ihre angeborenen bergsteigerischen Begabungen und Fähigkeiten einzusetzen, um für sich und ihre Kinder eine bessere und sicherere Zukunft aufzubauen.

Nawang Gombu genießt heute ein ruhiges Leben in Darjeeling, ist aber noch immer häufig unterwegs, um an Konferenzen oder Regierungstreffen teilzunehmen oder im Ausland Familienangehörige oder Bekannte zu besuchen. Er ist ein interessanter Gesprächspartner und steht nach wie vor felsenfest hinter seinen Überzeugungen. In seinen Augen funkelt noch immer seine Leidenschaft für die Berge.

Dorjee Lhatoo

Dorjee Lhatoo ist ein stiller, besonnener Mann und vermittelt den Eindruck, dass er niemals etwas sagt, worüber er sich nicht zuvor hinlänglich Gedanken gemacht hat. Die Bücher in seinem Regal zeigen, dass seine Interessen weit über den Himalaja hinausgehen, und sein kultiviertes Auftreten und sein exzellentes Englisch verleiten jeden, der nicht mit der indischen Bergsteigerszene vertraut ist, zu der Annahme, es handele sich bei ihm um einen Gelehrten oder einen gebildeten Privatier. Doch Lhatoo war bis zu seiner Pensionierung vor zwei Jahren professioneller Bergsteiger, einer der besten im Himalaja und wahrscheinlich sogar einer der besten der Welt. Diejenigen, die ihn klettern sahen, sagen, sein Kletterstil sei ungemein elegant und eindrucksvoll gewesen. Seine Kraft und Ausdauer beim Bergsteigen standen im Widerspruch zu seiner zarten Statur.

Man möchte meinen, Lhatoo sei ein Mann, der das Glück genossen habe, mit dem Bergsteigen seinen Lebensunterhalt verdienen zu können und als Instruktor häufig Ausflüge in die Berge unternehmen zu dürfen, um einige der imposantesten Gipfel des Himalaja zu besteigen. Lhatoos Liebe zum Bergsteigen wurde jedoch immer von dem Zwang überschattet, bergsteigen zu *müssen*. Die monatelange Abwesenheit von seiner Familie, die allgegenwärtige Angst und Gefahr, die Einsamkeit während langer Expeditionen und allem voran die Sorge über das Schicksal seiner Frau und seiner Kinder, sollte ihm in den Bergen etwas zustoßen, stellten stets eine große Belastung für ihn dar. »Wenn ich als Amateur geklettert wäre, hätte ich vielleicht ungetrübte Freude am Bergsteigen empfunden«, sagt er.

Lhatoo ist ein Beispiel dafür, was das Bergsteigen für die meisten Sherpa und Tibeter tatsächlich bedeutet: Sie entscheiden sich aus finanzieller Not für diesen Beruf, den sie unter anderen Umständen niemals wählen würden. Im Himalaja hört man oft ältere Sherpa zu ihren Kindern sagen: »Ich klettere, damit ihr es nicht tun müsst.« Lhatoo ist einer von ihnen.

Trotzdem empfindet Lhatoo noch immer eine tiefe und aufrichtige Leidenschaft für die Berge. Wenn er vom Ausblick auf dem Gipfel des Nanda Devi spricht oder von der Besteigung jungfräulicher Berge in Bhutan, ahnt man, welche Genugtuung und Freude er dabei empfand. Wenn er die Möglichkeit gehabt hätte, sich für einen anderen Lebensweg zu entscheiden, hätte das Bergsteigen vermutlich trotzdem eine entscheidende Rolle in seinem Leben gespielt.

Lhatoo wurde 1941 als ältestes von fünf Kindern in der kleinen Ortschaft Yatung in der Nähe von Phari in Tibet geboren. Sein Vater verwaltete einen von mehreren Bungalows, die zur Unterbringung von Expeditionsteilnehmern und Regierungsangestellten aus Britisch-Indien errichtet worden waren. Der Bungalow von Lhatoos Vater war bei Expeditionsteilnehmern besonders beliebt, da er der einzige von einem Sherpa geführte in der Umgebung war. Lhatoo erinnert sich daran, wie er als junger Bursche Tenzing kennen lernte, als dieser mit Professor Giuseppe Tucci durch Tibet reiste. Lhatoo war zutiefst beeindruckt von dem jungen Sherpa-Bergführer, der mit seinen Reithosen, seinen modischen Stiefeln, seinem aufgestellten Kragen, seinem langen, bis über die Augen fallenden Haar und allem voran mit seinem strahlenden Lächeln einen ziemlich flotten, faszinierenden Anblick bot. »Er hatte ein herzhaftes Lachen«, erinnert sich Lhatoo, »und eine unkomplizierte Art, mit der er bei allen, die ihn kennen lernten, sehr gut ankam.« Die Begegnung mit Tenzing zählte zu den wenigen Ablenkungen, die Lhatoo als Kind in einem rauen und schwierigen Land wie dem feudalistischen Tibet vergönnt waren.

Wenn sich Lhatoo an seine frühe Kindheit in Tibet erinnert, hat er Gefangene in Ketten und Lumpen vor Augen, die sich von Haus zu Haus schleppten und um Essen bettelten. Viele von ihnen waren offensichtlich schwer krank und manchen hatte man zur Strafe die Hände amputiert. Es war ein erschreckender Anblick für das Kind. Im Vergleich dazu war sein Leben sicher und glücklich.

Als Lhatoo sieben Jahre alt war, starb sein Vater. Seine Mutter hatte beschlossen, nie wieder zu heiraten, und so hielt sie es für das Beste, mit ihren Habseligkeiten und ihren Kindern (von denen zwei in jungen Jahren starben) nach Darjeeling umzusiedeln, wo sie hilfsbereite Familienangehörige hatte. Ende der 1940er-Jahre machte sie sich auf den Weg durch den Himalaja nach Darjeeling, wo Lhatoo zwei Jahre lang eine chinesisch-nationalistische Kuomintang-Schule besuchte. Als nach der Auflösung der Nationalregierung in China sämtliche Schulen dieser Art geschlossen wurden, war Lhatoos offizielle Ausbildung beendet. Von da an wurde von ihm erwartet, sich durch intensives Lesen selbst weiterzubilden. Als ältester Sohn war es aber auch seine Aufgabe, zu Hause zu helfen, Gelegenheitsarbeiten anzunehmen und seine Mutter in Familienangelegenheiten zu unterstützen. Die beiden kehrten in den folgenden Jahren mehrmals nach Tibet zurück und versuchten, ihren Grund und Besitz zu verkaufen, was ihnen schließlich auch gelang, allerdings zu einem verschwindend geringen Preis. Rückblickend betrachtet hatten sie jedoch mehr Glück als die meisten, die ihr Land an die einmarschierenden Chinesen verloren, ohne dafür in irgendeiner Weise entschädigt zu werden. Lhatoos Mutter erhielt zumindest eine geringe Geldsumme, mit der sie ihr neues Leben in Indien einstweilen finanzieren konnten.

Noch als Teenager trat Lhatoo der indischen Armee bei. Sein Sold betrug bescheidene 60 Rupien im Monat, aber er hatte eine geregelte Arbeit und war überzeugt davon, dass ihm, wenn er sich bewährte, eine viel versprechende Zukunft bevorstand. Seine Pläne wurden jedoch durchkreuzt, als seine Mutter 1962 die Vorbereitungen für eine Heirat zwischen ihm und Tenzings Nichte Sonam Doma traf. Lhatoo hatte nicht die geringsten Vorbehalte gegen Doma, die Vorstellung verheiratet zu sein versetzte ihn jedoch in Angst und Schrecken. Mit seinem erbärmlichen Sold konnte er sich kaum selbst über Wasser halten – wie sollte er eine Frau und zukünftig auch Kinder ernähren? Als er für die Hochzeit Heimaturlaub bekam und sich auf den Nachhauseweg machte, überkam ihn kurz vor Darjeeling eine solche Panik, dass er die Flucht ergriff und zurück nach Lucknow eilte, wo sein Regiment stationiert war. Lhatoos resolute Mutter schrieb seinem kommandierenden Offizier und erklärte ihre missliche Lage, worauf Lhatoo den Befehl erhielt, sich umgehend nach Hause zu begeben und zu heiraten, wie seine Mutter es wünschte. Lhatoo gehorchte. Heute kann er sich zurücklehnen und über seine damaligen Bedenken lachen, denn Doma und er haben in all den Jahren eine glückliche Ehe geführt und drei erfolgreiche Söhne großgezogen.

Nach seiner Hochzeit stellte Lhatoo bald fest, dass seine Tätigkeit bei der Armee für einen Familienvater nicht geeignet war, und so belegte er zwei Kletterkurse beim HMI. Der Direktor des Instituts, Colonel B. S. Jaiswal, erkannte Lhatoos herausragendes Klettertalent und bot ihm einen Posten als Instruktor an, wobei er ihm versicherte, dass seine Entlassung aus der Armee ohne Schwierigkeiten in die Wege geleitet werden könnte. Lhatoo nahm das Angebot an und begann 1962 seine Laufbahn am HMI.

Knapp ein Jahr später erreichte Lhatoo seinen ersten Gipfel im Himalaja, den 5800 Meter hohen Frey's Peak in Sikkim. Es folgten einige weitere Besteigungen kleinerer Berge, darunter der Palung, der Rathong und der Koktang. Da sich Lhatoo nicht damit zufrieden gab, Berge einfach nur zu besteigen, feilte er an seiner Klettertechnik und wurde schnell zu einem Experten für die schwierigsten Routen im Himalajagebiet von Sikkim.

Er wurde gebeten, an einer Gemeinschaftsexpedition der bhutanischen und der indischen Armee teilzunehmen. Ziel dieser Unternehmung war die Besteigung des an der Grenze zwischen Bhutan und Tibet gelegenen Chomolhari. Das Vorhaben wurde von Seiner Majestät König Jigme Dorji Wangchuk von Bhutan finanziert, dem sehr viel daran lag, dass endlich auch ein Bhutaner einen Gipfel im Himalaja bestieg. Er stieß damit allerdings auf Widerstand von unerwarteter Seite, und zwar bei seinem eigenen Volk, das die Berge als Wohnstätte der Götter betrachtete. Den Fuß auf den Gipfel eines Bergs zu setzen, so glaubten die Bhutaner, würde diesen beschmutzen und die Menschen, die unterhalb seines Gipfels lebten, dem Zorn der Götter aussetzen. Das brachte den König als großen Befürworter des Vorhabens in eine ziemlich schwierige Situation. Er entschied sich deshalb, seine Untertanen mit einer spirituellen Geste zu besänftigen, und ordnete an, dass von einem ranghohen bhutanischen Lama eine besondere *puja*-Zeremonie abgehalten werde. Der Lama überreichte dem König ein geweihtes Gefäß mit verschiedenen Amuletten und anderen wertvollen Gegenständen, das zum Gipfel getragen und der Göttin des Bergs, Tashi Tsheringma, der höchsten der Fünf Schwestern des langen Lebens, denen auch Chomolungma angehört, dargereicht werden sollte. Lhatoo wurde als Bewacher des Gefäßes auserwählt und packte es feierlich in seinen Rucksack. Angesichts der Bedeutung seiner Rolle bei dieser Expedition beschloss Lhatoo, sein nächstes Kind (Doma erwartete ihr drittes Baby) nach dem Berg zu benennen, dessen Gottheit er ehren sollte.

Als Lhatoo den Gipfel zusammen mit seinem Klettergefährten Colonel Prem Chand erreichte, stellte er das geweihte Gefäß ehrerbietig im Schnee des Gipfelkegels ab. Später nannte er seinen Sohn Lhari, zu Ehren der Göttin des heiligen Gipfels. In den folgenden Jahren bezwang der herausragende Kletterer noch weitere Berge in Bhutan, darunter den Kangri und später den 7500 Meter hohen Kankar Punsum South. Bei einer anderen Gelegenheit gelang ihm im Alleingang eine Besteigung des 6360 Meter hohen, jungfräulichen Jazela Kang, die er zu seinen reizvollsten Klettererfahrungen zählt.

1975 beteiligte sich Lhatoo an einem indisch-französischen Besteigungsversuch des Nanda Devi East, der bis dahin nur von einem nicht-europäischen Bergsteiger erklommen worden war, nämlich von Tenzing. Dieser bezeichnete die Route als die schwierigste, die er kannte. Die Franzosen wurden von Yves Pollet Villard angeführt, die Inder von Balwant Sandhu. Als Mitglied des Gipfelteams stieg Lhatoo zusammen mit Villard und dem legendären Eiskletterer

Walter Cecchinel auf. Alle drei erreichten, ohne sich anzuseilen und ohne zusätzlichen Sauerstoff, den Gipfel, wo sie ihre technische Glanzleistung mit einer Flasche Cognac feierten. Der Abstieg muss eine echte Herausforderung gewesen sein! Lhatoo war mit den weltbesten Bergsteigern geklettert und hatte problemlos mithalten können. Er war mit seiner Leistung zufrieden und wurde von seinen Gefährten als Weltklasse-Bergsteiger anerkannt.

Im folgenden Jahr schloss sich Lhatoo einer indisch-japanischen Expedition an, die in einem Zug den Ostgipfel und den Hauptgipfel des Nanda Devi überschreiten wollte. Zwei Japanern gelang dieses Meisterstück, aber Lhatoo war leider nicht in der Lage, ihnen zu folgen, und kehrte äußerst unzufrieden nach Darjeeling zurück. Zu einem gewissen Grad wurde er jedoch entschädigt, als er später im selben Jahr eine Einladung zum Internationalen Bergsteigertreffen im französischen Chamonix erhielt. Das Treffen war eine faszinierende Erfahrung für den wissensdurstigen Lhatoo, der stets neue Herausforderungen suchte. Die anschließenden Klettertouren in den Alpen erwiesen sich als unverhoffte Dreingabe. Er bestieg den Montblanc und den Aiguille Vert und versuchte sich am Mont Modit, allerdings ohne Erfolg. Das Bergsteigen in den Alpen gefiel ihm sehr, da sie ideale Voraussetzungen boten: anspruchsvolle Routen in wunderschönen Bergen, auf denen jeder Bergsteiger nur für sich selbst verantwortlich war und nach einem Tag harter Arbeit in die Wärme und Behaglichkeit einer Hütte zurückkehren und köstliches Essen und eine Flasche guten Wein genießen konnte! Die Puristen unter den Bergsteigern mögen die Hände über dem Kopf zusammenschlagen, doch Lhatoo macht keinen Hehl aus seiner Vorliebe für solche Annehmlichkeiten.

Mit mehreren kleineren Erstbesteigungen in der Tasche machte sich Lhatoo 1981 abermals auf den Weg zum Nanda Devi, diesmal als Mitglied eines gemischten indischen Männer-und-Frauen-

Teams, das den Hauptgipfel besteigen wollte. Lhatoo ist bis heute der Meinung, dass ihn der Nanda Devi als Bergsteiger am meisten gefordert hat, und diese Besteigung machte keine Ausnahme. Er führte das Gipfelteam mit den drei Bergsteigerinnen Rekha Sharma, Harshwanti Bisht und Chandraprabha Aitwal an, die mit ihm, Rattan Singh und Sonam Paljor eine Seilschaft bildeten. Sie verließen das oberste Camp um 4 Uhr morgens und stiegen ohne Pause auf, bis sie um 5.30 Uhr den Gipfel erreichten. Lhatoo hatte zuvor bis fast zum Gipfel Fixseile angebracht, um den Bergsteigerinnen den Aufstieg zu erleichtern. Als die erschöpften Kletterer nach einem kurzen Aufenthalt auf dem Gipfel mit dem Abstieg begannen, zeigten sich bei Lhatoo ohne Vorwarnung die Symptome eines höhenbedingten Netzhautödems. Doch musste er sein Team sicher nach unten geleiten und es gelang ihm auch, trotz seiner Behinderung alle unbeschadet zum Camp zurückzuführen.

23 Stunden lang waren sie ununterbrochen auf den Beinen gewesen. Diese außerordentliche Leistung und seine weiteren Erfolge brachten Lhatoo eine beispiellose Reputation in indischen und ausländischen Bergsteigerkreisen ein und führten dazu, dass er zum stellvertretenden Direktor der Geländeausbildung beim HMI befördert wurde. Diese Position nahm ihn zwar voll in Anspruch, doch fand er immer wieder Zeit, an ausgesuchten Expeditionen teilzunehmen.

Der Everest hatte nie ganz oben auf Lhatoos Wunschliste gestanden, als er jedoch gebeten wurde, sich der indischen Everest-Expedition von 1984 anzuschließen, sagte er zu und erreichte den Gipfel zusammen mit Bachendri Pal, die nun als erste Inderin auf dem Dach der Welt stand. Lhatoo genoss die Besteigung – die Wetterlage war stabil und verhältnismäßig sicher und der Ausblick atemberaubend –, empfand sie allerdings nicht als große bergsteigerische Herausforderung, was er später zum Ärger seiner Expeditionsgefährten öffentlich kundtat. Sie sahen ihre Leistung durch seine Aussage geschmälert, was nicht Lhatoos Absicht gewesen war. Er war eben inzwischen ein überaus erfahrener und technisch versierter Bergsteiger und hatte den Eindruck gewonnen, dass der Everest zwar Ausdauer und körperliche Kraft erforderte, sein Gipfel aber bei gutem Wetter und guten Schnee- und Eisverhältnissen verhältnismäßig leicht zu erreichen war. Darin würden ihm viele zustimmen. Trotzdem war er dankbar, dass er die Chance für diese Besteigung bekommen hatte.

Auch in den kommenden Jahren kletterte Lhatoo im Himalaja und in ausländischen Gebirgen und erhielt 1986 den ersten *Tenzing Norgay Award* für herausragende bergsteigerische Leistungen. 1999 beendete er seine Arbeit beim HMI und trat in den Ruhestand. Seine drei Söhne haben alle eine Laufbahn eingeschlagen, die nichts mit dem Bergsteigen zu tun hat, und Lhatoo ist dankbar dafür.

Hätte er selbst ebenfalls einen anderen beruflichen Weg eingeschlagen, wenn sich die Gelegenheit dazu ergeben hätte? »Ja, sicher«, antwortet er, ohne zu zögern. Dann, nach einer kurzen Pause und einem verschmitzten Lächeln, korrigiert er sich: »Na ja, wahrscheinlich doch nicht.« Wer Lhatoo kennen lernt, erhält den Eindruck, dass nichts diesen Mann für längere Zeit von den Bergen hätte fern halten können. Schließlich ist es kein Zufall, dass er in technischer Hinsicht der wahrscheinlich brillanteste Kletterer war, den Indien je hervorgebracht hat.

Lobsang Tshering Bhutia

Lobsang Tshering Bhutia war 40 Jahre alt und einer der erfahrensten Bergsteiger seines Teams, als er am 10. Mai 1993 über den Gipfelgrat des Everest aufstieg und die Flaggen Indiens und des HMI auf dem Gipfel des Chomolungma befestigte. Er war ein versierter und zuverlässiger Kletterer und ein hoch geschätzter und bewährter

Lehrer, der einen entscheidenden Beitrag zu zahlreichen Expeditionen im ganzen Himalaja geleistet hat. Zu seinen Gipfelbesteigungen zählten der Jomsong (7330 Meter), der Kabru Dome (6545 Meter), der Saser Kangri im Karakorum (7672 Meter) und der Kamet (7756 Meter) sowie etliche andere Berge in Sikkim.

Bei der indischen Everest-Expedition von 1984 erreichte er ohne Probleme den Südgipfel, erhielt jedoch keinen Platz in einem der Gipfelteams – was jedes Mal eine große Enttäuschung für ihn war. 1991 war er auf dem Gipfel des Kanchenjunga und deshalb bestens vorbereitet, als er zwei Jahre später die Gelegenheit bekam, den Everest zu besteigen.

Lobsang ist der Einzige aus der Familie Tenzing, der auf dem Everest ums Leben kam. Angesichts der enormen Risiken, die der Tenzing-Clan viele Jahrzehnte lang einging, ist es jedoch nicht überraschend, dass Chomolungma eines Tages einen Tribut einforderte. Für die Hinterbliebenen war dieser Preis zu hoch und die Bergsteigerwelt verlor mit Lobsang ihren größten Gentleman und einen ihrer besten Kletterer.

Rita Gombu Marwah

Rita Gombu Marwah, die Tochter von Nawang Gombu, erbte von ihrem Vater nicht nur dessen ungestüme, spontane Art, sondern auch seine große Ausdauer und sein bergsteigerisches Talent. Sie gilt bei den Sherpa als Pionierin des Frauenbergsteigens und die herausragenden Erfolge indischer Bergsteigerinnen sind zu einem großen Teil ihr zu verdanken.

Rita kam im September 1957 in Darjeeling unter schwierigen Umständen zur Welt. Ihre Mutter Dawa Phuti kam bei Ritas Geburt ums Leben. Die verzweifelten Familienangehörigen standen völlig unter Schock und begannen sofort die traditionellen tibetisch-buddhistischen Übergangsriten für die Verstorbene zu zelebrieren, wobei die winzige, aber kräftige Rita fast ganz sich selbst überlassen wurde. Glücklicherweise erreichte die Nachricht schnell Ang Lhamu, die sich sofort auf den Weg zu Gombus Haus machte, dicht gefolgt von Pem Pem, Nima und deren Cousine Doma. In Gombus Heim herrschten Kummer und Chaos, und so nahm Ang Lhamu das Kind und brachte es zum alten *Planters' Hospital*, damit es dort untersucht und versorgt werden konnte, bis seine Familie wieder in der Lage war, es nach Hause zu holen. Eine Krankenschwester aus Sri Lanka nannte das Baby Rita und dabei blieb es.

Die kleine Rita blieb sechs Monate lang im Krankenhaus, danach nahmen Ang Lhamu und Tenzing sie im quirligen *Gang-La* auf, wo sie bis zu ihrem zwölften Lebensjahr blieb. Nach Dawa Phutis Tod war Nawang Gombu augenscheinlich nicht in der Lage gewesen, für das kleine Mädchen zu sorgen, und Ang Lhamu war gerne bereit, die Verantwortung zu übernehmen, bis Gombu wieder geheiratet hatte und ihr ein Zuhause bieten konnte. Rita nannte Ang Lhamu »Mummy« und hing sehr an ihr und diese ließ Rita wie einst Pem Pem und Nima ein Geschenk von unschätzbarem Wert zuteil werden: die Liebe einer Mutter. So kam es, dass Rita ihre Kindheit inmitten von Bergen und Expeditionen verbrachte. Dass sie sich später dem Bergsteigen verschrieb, ist keine Überraschung, denn in Gedanken hatte sie die Himalaja-Riesen längst bestiegen, ehe sie das erste Mal einen Fuß auf die Berge setzte.

Mit dem Everest kam Rita erstmals im Jahr 1963 in Kontakt, als sie zu einem öffentlichen Empfang zu Ehren ihres Vaters nach dessen erster Besteigung mitgenommen wurde. Obwohl sie damals erst fünf Jahre alt war und die Bedeutung dessen, was ihr Vater erreicht hatte, nicht in vollem Umfang verstand, war ihr bewusst, dass es sich beim Everest um einen ganz besonderen Berg handeln musste.

Rita besuchte die Loreto-Klosterschule in Darjeeling und belegte, sobald sie alt genug war, ihren ersten Grundkurs am HMI. Ihren Instruktoren zufolge verfügte sie über ein beachtliches bergsteigerisches Talent. Rita lernte mühelos, und mit zunehmender Erfahrung wuchs ihr Vertrauen in ihre Fähigkeiten. Ihr erster Gipfel war der B. C. Roy, ein Trainingsberg des HMI, der sich für die junge Sherpani als Kinderspiel erwies. Im Anschluss daran wurde sie zu einer Everest-Vorbereitungsexpedition zum Kabru Dome (6545 Meter) und zum Mana (7272 Meter) eingeladen. Im Lauf dieser Expedition stellte Rita fest, dass sie den meisten ihrer erfahreneren Teamgefährten ebenbürtig, wenn nicht sogar überlegen war und dass sie tatsächlich eine reelle Chance hatte, den Everest zu besteigen.

Ritas Everest-Träume wurden Wirklichkeit, als sie die Einladung erhielt, sich der indischen Everest-Expedition von 1984 anzuschließen. Im konservativen Indien stellte diese Expedition einen Meilenstein dar, denn diesem Team sollten Männer und Frauen angehören. In Indien wurde Bergsteigen noch immer als unangemessene Betätigung für Frauen angesehen, obwohl das Land einige ausgezeichnete Bergsteigerinnen hervorgebracht hatte. Als sich die Gelegenheit einer Everest-Besteigung ergab, waren sofort einige fest entschlossene Frauen zur Stelle, die der Herausforderung durchaus gewachsen waren und schließlich sogar bessere Leistungen zeigten als einige der Männer.

Am 9. Mai brach das erste Gipfelteam auf, das aus Ang Dorje, der den Everest bereits zuvor bestiegen hatte, dem Kletterinstruktor Phu Dorje und der damals 27-jährigen Rita bestand. Die Wetterverhältnisse waren schlecht, als sich die drei um sieben Uhr morgens von ihrem Camp auf dem Südsattel auf den Weg machten. Nach einer Stunde in der eisigen Kälte entschloss sich Ang Dorje, der keinen zusätzlichen Sauerstoff verwendete und Erfrierungen befürchtete, zur Umkehr. Phu Dorje drängte Rita weiterzugehen, doch der Wind hatte auf 80 Stundenkilometer aufgefrischt und über dem Südostgrat zogen Wolken heran. Rita wollte den Gipfel erreichen, war allerdings nicht bereit, dafür ihr Leben aufs Spiel zu setzen, und traf deshalb in 8665 Meter Höhe, ganze 185 Meter unterhalb des Gipfels, die schwierige Entscheidung umzukehren. Phu Dorje stieg allein bis zum Gipfel auf.

Rita bereut ihren Entschluss nicht, wenngleich sie weiß, dass sie ihr Ziel hätte erreichen können. Ihr Team war am Ende erfolgreich, denn beim zweiten Anlauf erreichte Bachendri Pal als erste Inderin in der Geschichte den Gipfel. Rita betrachtet die Erfahrung – die mehrfache Durchquerung des gewaltigen Khumbu-Eisbruchs, das Leben im Basislager, die Möglichkeit, weit oben auf dem Everest zu klettern, und die Ehre, Teil einer historischen Expedition zu sein – als Höhepunkt in ihrem Leben.

Es sollte neun Jahre dauern, bis sie wieder zum Everest zurückkehrte, diesmal als stellvertretende Leiterin der ersten indisch-nepalesischen Frauenexpedition aller Zeiten. Ziel der Expedition, die von Bachendri Pal geleitet wurde, war es, jungen indischen und nepalesischen Bergsteigerinnen die Möglichkeit zu einer Everest-Besteigung zu geben. Da Rita inzwischen zwei kleine Kinder hatte – den siebenjährigen Nikhil und die fünfjährige Vrinda –, beabsichtigte sie nicht, einen Gipfelversuch zu unternehmen, obwohl sie die uneingeschränkte Unterstützung ihres Ehemanns Nilamber Marwah gehabt hätte. Dem Team gelang es schließlich, sechs Frauen zum Gipfel zu führen: die 19-jährige Diki Dolma, Radha, Deepu Sharma, Santosh Yadav, Savita Martoliya und Suman Kotiyal. Ein in jeder Hinsicht beeindruckender Erfolg, der durch Bachendris und Ritas meisterhafte Planung und Durchführung möglich geworden war.

Lobsangs tödlicher Kletterunfall, der sich zu dieser Zeit ereignete, bedeutete einen schweren Schock für das Team, da viele der Frauen von ihm ausgebildet worden waren. Als Familienangehörige traf dieser Verlust Rita – ebenso wie Tashi – besonders schwer. Lobsang war einer der ausdauerndsten Bergsteiger gewesen, die sie kannte, und sie wusste genau, wie viel ihm der Everest bedeutet hatte. Sie war erst in der Lage, seinen Tod zu akzeptieren, nachdem sie seinen Leichnam mit eigenen Augen gesehen hatte. Als Lobsang schließlich hinunter ins Basislager gebracht worden war, entschied sich Rita, das Everest-Kapitel in ihrem Leben zu schließen, und sie hat diese Entscheidung anschließend nie in Frage gestellt.

Rita weiß ganz genau, weshalb sie den Everest besteigen wollte: Weil sie wusste, dass sie es konnte. Sie empfand keinen Druck wegen ihres Familiennamens, räumt allerdings ein, dass der Erfolg ihres Vaters und seine Ermutigungen eine Rolle gespielt hatten.

Ritas Leben ist noch immer voller Herausforderungen. Sie arbeitet in leitender Position bei *Air India* und zieht gleichzeitig ihre beiden Kinder groß. Das Bergsteigen hat sie inzwischen aufgegeben, hält sich aber immer noch leidenschaftlich gern in der freien Natur auf und macht mit Nikhil und Vrinda oft Ausflüge in die Berge. Sollten die beiden später einmal in die Fußstapfen ihrer Mutter und ihres Großvaters treten wollen, würde Rita sie nicht daran hindern, dennoch ist sie dankbar, dass das Bergsteigen für die heutige Generation der Familie nur noch ein Hobby und nicht eine Notwendigkeit zum Überleben ist. Diesen glücklichen Umstand schreibt sie ihrem Großonkel Tenzing zu, denn ihrer Meinung nach war es sein Everest-Erfolg, der den Sherpa zu einer Identität verhalf und ihr Geschick als Gemeinde in eine neue Richtung lenkte.

»Der Everest ist mir noch immer sehr wichtig und wird es auch bleiben, denn dieser Berg hat uns zu dem gemacht, was wir heute sind«, sagt Rita. »Der Name und der Ruhm unserer Familie sind eng mit ihm verbunden – unsere zweite Generation besteigt ihn noch immer. Die ganze Familie von Tenzing Norgay verdankt alles dem Everest. Hätte Tenzing ihn nicht bestiegen, würden wir noch heute wie ein gewöhnliches Bergvolk leben.«

Jamling Tenzing Norgay

Jamling, dessen Name »weltberühmt« bedeutet, wurde 1965 als zweites Kind von Tenzing und Daku in Darjeeling geboren.

Schon von jungen Jahren an verspürte Jamling den sehnlichen Wunsch bergzusteigen und begleitete seinen Vater oft auf dessen zahlreichen Trekking-Expeditionen mit dem HMI nach Sikkim. Tenzing war seinen vier Kindern ein hingebungsvoller Vater, wollte aber nicht unbedingt, dass sie in seine Fußstapfen traten. Im Gegenteil: Als Jamling 1984 die Absicht äußerte, sich mit der indischen Frauenexpedition am Everest zu versuchen, schob sein Vater diesem Plan schnell einen Riegel vor. »Ich bin geklettert, damit meine Kinder es nicht tun müssen, damit du eine gute Ausbildung bekommst und nicht Lasten den Berg hinauftragen und dabei dein Leben riskieren musst«, sagte er Jamling.

Jamling besuchte die St.-Paul's-Schule, wo er sich mit herausragenden Leistungen im Sportunterricht und großem Ehrgeiz auch in allen anderen Bereichen hervortat. Seine Eltern waren oft unterwegs und so wuchs er zu einem unabhängigen und selbstständigen jungen Mann heran. Als er nach seinem Schulabschluss in den Vereinigten Staaten am *Northland College* in Wisconsin studierte, hatte er wenig Probleme damit, sich dem westlichen Lebensstil anzupassen.

Jamlings langjähriger Amerikaaufenthalt hinderte ihn allerdings daran, den Lebensabend seiner Eltern in deren Nähe zu verbringen, denn sein Vater verstarb 1986 und seine Mutter 1992. Nach dem Tod seiner Eltern hatte er das Gefühl, seine Familie könnte den Kontakt zum Himalaja verlieren. Deshalb kehrte er nach Darjeeling zurück und übernahm die Verantwortung für *Gang-La*, wo er bis heute lebt.

Jamlings Leidenschaft für den Everest war so groß, dass er trotz der Vorbehalte seines Vaters 1996 die Einladung annahm, sich der IMAX-Everest-Expedition als Leiter des Bergsteigerteams anzuschließen. Er brachte zwar keine Expeditionserfahrung mit, war aber zuversichtlich, dass er der großen Verantwortung gewachsen war, ein Team von Bergsteigern auf den bedeutendsten Gipfel im Himalaja zu führen. Allerdings zählten zu seinen Klettergefährten ja auch die Everest-Veteranen Ed Viesturs und David Breashears, die tadellose bergsteigerische Referenzen aufzuweisen hatten.

Dennoch beschloss Jamling, die buddhistischen Lamas um Rat zu fragen, ehe er sich auf ein so gefährliches Unterfangen einließ. So reiste er nach Siliguri zu Chatrul Rimpoche, einem hoch angesehenen Lama der Nyingmapa-Sekte. Rimpoche befragte die Götter und verkündete schließlich, dass die Voraussetzungen nicht günstig seien. Jamling war beunruhigt, hatte aber zu diesem Zeitpunkt dem Everest-Team bereits fest zugesagt und musste sich der Herausforderung stellen.

Rimpoches Prophezeiungen sollten sich auf tragische Weise als wahr erweisen, denn die Frühjahrssaison 1996 auf dem Everest forderte zahlreiche Todesopfer, darunter auch die Expeditionsleiter Rob Hall und Scott Fischer. Jamling und seine Teamgefährten waren entmutigt und erschüttert über das Opfer, das der Berg von ihren Freunden und Kollegen gefordert hatte, und mussten ihre ganze Willenskraft und allen Mut aufbringen, um ihr Vorhaben fortzusetzen.

Nach der Tragödie vom 10. Mai konsultierte Jamling den Lama des Tengboche-Klosters. Diesmal standen die Vorzeichen gut und Jamling und seine Gefährten wagten sich mit neuem Mut an die Besteigung des Bergs. Die Wetterverhältnisse verbesserten sich merklich und am 23. Mai stand Jamling schließlich dort, wo 1953 sein Vater gestanden hatte – eine zutiefst bewegende Erfahrung für diesen Sohn des Everest.

Die nächste Generation

Sollten Sherpa jemals an den Olympischen Spielen oder an anderen Sportwettkämpfen irgendwo auf der Welt teilnehmen, würden sehr wahrscheinlich die Teehäuser im Khumbu, in Darjeeling und im weiten Barun-Tal mit Medaillen, Pokalen und Collagen aus internationalen Zeitungsausschnitten geschmückt sein. Allerdings bekommen die von Natur aus athletischen und außerordentlich kräftigen Bergbewohner dieser Region nie die Gelegenheit, an solchen Veranstaltungen teilzunehmen, was zum größten Teil an den fehlenden finanziellen Mitteln liegt, aber auch daran, dass sie ihre körperliche Ausdauer als selbstverständlich erachten und sie nicht als etwas Besonderes betrachten.

Die gelegentlichen Langstreckenläufe in Nepal, wie beispielsweise der Lauf zwischen Kathmandu und dem Everest-Basislager, werden häufig von Sherpa gewonnen. Es ist auch nichts Außergewöhnliches, dass ein Sherpa den Weg vom Basislager am Everest nach Lhukla in einem Tag zurücklegt, für den Besucher aus dem Westen in der Regel drei Tage brauchen. Tashi hat einmal in zwölf Stunden und ohne Pause den heiligen Kailash in Tibet umrundet – eine Gesamtstrecke von 51 Kilometern, die die Überquerung des 5635 Meter hohen Dolma-La-Passes beinhaltet. Jeder, der einmal mit Sherpa in den Bergen unterwegs war und sie erschöpft und mit zittrigen Knien gefragt hat: »Wie lange dauert es noch bis zum Camp?«, kennt die entspannt und mit einem Lächeln im Gesicht gegebene Standardantwort: »In Sherpa-Zeit oder in westlicher Zeit?«

In den 1970er-Jahren begannen viele Sherpa, das Bergsteigen nicht mehr als gefährliche Gelegenheitsarbeit zu betrachten, sondern als Karrieremöglichkeit. Und damit änderte sich auch die Einstellung der westlichen Bergsteiger zu ihren Sherpa-Gefährten. Schon immer wurde anerkannt, dass die Sherpa in den Bergen über unglaubliche Kraft und Ausdauer verfügten, aber man traute ihnen nicht zu, technische Herausforderungen zu meistern oder eine Führungsrolle auf dem Berg zu übernehmen. Ein junger Sherpa trug einen entscheidenden Teil dazu bei, dass sich dieses Bild wandelte. Er besaß nicht nur die angeborenen Fähigkeiten seines Volks im Überfluss, sondern hatte auch das Verlangen und den Antrieb, von seinen technisch überlegenen Klettergefährten aus dem Westen zu lernen, indem er ihnen zusah und anschließend in Eigeninitiative unter Beweis stellte, dass er jeder Herausforderung auf dem Berg gewachsen war. Dieser Mann hieß Pertemba Sherpa und war der Erste eines neuen »Schlags« von Sherpa. Mit ihm und anderen, die folgten, drückten die Sherpa durch ihre Gipfelerfolge den bedeutendsten Bergen ihren eigenen Stempel auf, wodurch ihnen endlich auch in der Öffentlichkeit ein gewisses Maß Anerkennung für ihre Leistungen zuteil wurde.

Pertemba Sherpa

In Bergsteigerkreisen im Himalaja wird gesagt, dass Pertemba einer von nur drei Sherpa sei – neben Tashi und Tenzing –, die sich nicht in erster Linie aus finanziellen Gründen dem Bergsteigen verschrieben haben, sondern wegen ihrer Leidenschaft für das Klettern und weil das Erreichen des Gipfels für sie eine so große Bedeutung hat. Die Himalaja-Region hätte einem Mann wie Pertemba, der eine gewisse Schulbildung hatte, durchaus auch andere Möglichkeiten geboten, doch er entschied sich für das Bergsteigen aus dem einfachen Grund, dass er es liebte und hervorragend beherrschte.

Pertemba wurde 1948 in der Ortschaft Khumjung im Khumbu geboren, wo seine Familie von der Landwirtschaft lebte. Er war einer der ersten Schüler der neu eröffneten Hillary School, die er von 1962 bis 1965 besuchte. Zwei seiner älteren Brüder hatten regelmäßig als Expeditionsbegleiter gearbeitet, und so war er mit dem Bergsteigen bestens vertraut. 1966 machte er sich auf den Weg nach Kathmandu, um für Colonel Jimmy Roberts zu arbeiten, den legendären Begründer des Trekking-Tourismus im Himalaja. Roberts, der *Mountain Travel*, Nepals erste Trekking-Agentur, gegründet hatte, erkannte sofort, dass Pertemba alle Voraussetzungen eines hervorragenden sirdar mitbrachte. Wenn Pertemba gerade nicht mit einer Trekking-Gruppe in den Bergen unterwegs war, was ihm ein bescheidenes, aber regelmäßiges Einkommen bescherte, verbrachte er seine Zeit in den Räumlichkeiten des Unternehmens in Kathmandu.

Mit dem Bergsteigen kam er erstmals 1968 in Berührung, als er mit einer großen Gruppe von Trekkern und Bergsteigern aus Deutschland in die Mardi-Himal-Region beim Annapurna-Massiv geschickt wurde. Obwohl er als Bergsteiger ein Neuling war, beeindruckte er die Teammitglieder aus dem Westen mit seiner Behändigkeit und seinem Mut und fasste den Entschluss, seine Arbeit im Himalaja in Zukunft in diese Richtung zu lenken. 1970 nahm er an seiner ersten großen Expedition teil, bei der er sich mit einem britischen Team an der Furcht einflößenden Südwand des Annapurna I versuchte. Die Expedition wurde von Chris Bonington geleitet und war ein voller Erfolg, doch ebenso wichtig war die lebenslange Freundschaft, die bei der Besteigung zwischen der britischen Bergsteigerlegende Bonington und Pertemba entstand. Bonington schrieb später in *The Everest Years: A Climber's Life* über Pertemba:

Der hochintelligente, gut aussehende und charismatische Pertemba schien sich unter seinen westlichen Begleitern stets zu Hause zu fühlen, hatte aber trotzdem die traditionellen Werte der Sherpa-Gesellschaft nicht vergessen. Wie so viele Sherpa zeichnete er sich durch augenzwinkernden Humor, Würde und Herzlichkeit aus.

1972 unternahm Pertemba zusammen mit Bonington den ersten ihrer beiden Besteigungsversuche der bis dahin unbezwungenen Südwestflanke des Everest. Das Team erreichte zwar nicht den Gipfel, konnte aber unschätzbare Erfahrungen und Kenntnisse über die Route sammeln und erhöhte damit seine Erfolgschancen für den nächsten Anlauf im Jahr 1975. Pertemba stellte bei der Unternehmung nicht nur sein herausragendes Organisationstalent als *sirdar*, sondern auch seine Fähigkeiten als Hochgebirgskletterer unter Beweis. Am 26. September 1975 erreichte er schließlich zusammen mit Pete Boardman (der später beim Durchsteigen der Kangshung-Flanke des Everest ums Leben kam) den Gipfel des Everest. Obwohl am Gipfeltag verheerende Wetterverhältnisse herrschten, die den ansonsten atemberaubenden Ausblick vom Gipfel fast völlig versperrten, war Pertemba von Freude und Aufregung überwältigt. Stolz befestigte er die Flagge Nepals an dem alten chinesischen Vermessungspfosten und begann den langen Abstieg.

Zwischen den großen Expeditionen arbeitete Pertemba für Jimmy Roberts und genoss das einfache Leben eines Trekking-*sirdar*. Durch seine Tätigkeit lernte er nicht nur Menschen aus aller Herren Länder kennen, was er sehr genoss, sondern hielt sich ständig in Topform für seine nächste Klettertour. Außerdem legte er dabei den Grundstein für seine spätere Selbstständigkeit.

1979 kehrte Pertemba mit einem deutschen Team zum Everest zurück. Diese Expedition war nicht nur die erste in der Geschichte der Everest-Besteigungen, bei der sämtliche Teammitglieder, darunter auch Pertemba, den Gipfel erreichten, sondern mit einer Gesamtdauer von nur 32 Tagen auch die kürzeste. Auf dem Gipfel empfand Pertemba allerdings nicht dasselbe Glücksgefühl wie beim ersten Mal, obwohl das Wetter diesmal nahezu perfekt war und der Ausblick alle seine Erwartungen erfüllte. Als er vom Dach der Welt in die Tiefe blickte, wusste er, dass er den Everest jetzt hinter sich lassen und in sein Leben als Trekking-Guide zurückkehren konnte. Dazu kam es allerdings nicht, denn 1985 wurde er gebeten, sich einem norwegischen Team unter der Leitung von Arne Naess anzuschließen, dem unter anderem auch Chris Bonington angehörte. Obwohl Pertemba mit 37 Jahren für einen Sherpa-Bergsteiger bereits verhältnismäßig alt war, brachte er es nicht über sich, das Angebot abzulehnen, und nahm den Posten des *sirdar* sowie einen Platz im Gipfelteam an.

Die Expedition brach etliche Rekorde: Sie führte zur ersten Gipfelbesteigung durch ein skandinavisches Team – 17 Bergsteiger, mehr als jemals zuvor, erreichten den Gipfel – und das amerikanische Teammitglied Dick Bass war mit 55 Jahren zu diesem Zeitpunkt der älteste Mensch, der den Everest bestiegen hatte, und gleichzeitig der erste Bergsteiger, der auf dem jeweils höchsten Punkt aller sieben Erdteile gestanden hatte. Außerdem gelang den Sherpa-Legenden Ang Rita und Sungdare Sherpa ihre dritte beziehungsweise vierte Everest-Besteigung, wobei Ang Rita den Gipfel ohne zusätzlichen Sauerstoff erreichte. Die Besteigung war Boningtons erste und Pertembas letzte.

Pertemba war auch später noch an etlichen Everest-Expeditionen beteiligt, allerdings nur als *sirdar*. Dazu zählte unter anderem die erfolgreiche nepalesische Frauenexpedition von 2000, bei der vier Sherpani den Gipfel erreichten.

Pertemba verspürt inzwischen kein Verlangen mehr nach dem Gipfel des Everest. Er ist der Meinung, dass drei Besteigungen jedem Gipfelstürmer genügen müssen und dass die allseitige Everest-Manie viele Bergsteiger davon abhält, sich an kleineren Gipfeln zu versuchen, die mindestens ebenso schön und anspruchsvoll sind wie der Chomolungma.

Heute leitet Pertemba in Nepal seine eigene Trekking-Agentur, gibt Kletterkurse im Langtang- und Annapurna-Massiv sowie im nepalesischen Teil des Himalaja und schließt sich manchmal einer seiner Trekking-Gruppen an, um sich die Beine zu vertreten und neue Leute kennen zu lernen. Daneben unternimmt er noch immer ausgiebige Reisen, sooft sich die Gelegenheit dazu bietet. Er ist in England, der Schweiz und vielen anderen Ländern geklettert, hat das australische Outback bereist und den Mount Whitney in Kalifornien bestiegen. Er bekleidet einen leitenden Posten in der *Nepal Mountaineering Association*, ist Komiteemitglied in Sir Edmund Hillarys *Himalayan Trust* und ein unermüdlicher Mitarbeiter im *Kathmandu Environmental Education Project*, das sich der Förderung des Umweltbewusstseins von Touristen und Nepalesen verschrieben hat.

Das Bergsteigen, sagt Pertemba, war für die Sherpa schon immer ein zweischneidiges Schwert. Seiner Ansicht nach hat das Eindringen der Außenwelt die Everest-Region und die Kultur der Sherpa unwiderruflich verändert und die Einheimischen haben dadurch einen wertvollen Teil ihrer althergebrachten Traditionen verloren. Er glaubt jedoch, dass die Veränderungen im Großen und Ganzen positiv waren. Sein Volk genießt jetzt Vorzüge, die ihm auf andere Weise nicht zuteil geworden wären, und konnte viele vorteilhafte Aspekte der westlichen Lebensform und Kultur (Gesundheitswesen und Hygiene, Schulsystem und Technologie) übernehmen. Aus den Sherpa-Hochgebirgsträgern sind erfahrene, gut ausgerüstete Bergsteiger geworden, die in der Regel gut bezahlt werden und denen das Bergsteigen eine gewisse finanzielle Absicherung für die Zukunft bietet.

Pertemba ist froh, seinen beiden Töchtern im Alter von zwei und vier Jahren eine Ausbildung ermöglichen zu können, die es ihnen später einmal gestatten wird, ihr Leben nach ihren Wünschen zu gestalten. Wenn sie sich für das Bergsteigen entscheiden sollten, wird er sie unterstützen, wichtiger ist ihm jedoch, dass er ihnen beibringt, die Natur zu lieben und zu respektieren. Mit Pertembas fachkundiger Unterweisung werden sie ganz sicher einmal ihren Teil dazu beitragen, der Fauna und Flora Nepals zu einer besseren Zukunft zu verhelfen.

Dorjee Sherpa
In dem winzigen Dorf Thamo, das einen kurzen Fußmarsch von Thamey entfernt liegt, kehren wir in einer *chiya*-Stube für ein Glas dieses süßen, milchigen Tees ein, der an kalten Tagen im Himalaja überaus willkommen ist. Auf einer Holzbank sitzt ein auffallend großer Sherpa, der aussieht, als könnte er ohne Schwierigkeiten eine ganze Gruppe westlicher Bergsteiger zum Gipfel des Everest tragen. Er wird Lambu Dorjee oder Big Dorjee genannt und ist jetzt, Anfang Dezember 2000, auf dem Weg zum Everest-Basislager, um dem Team seiner Expedition im kommenden Frühjahr einen Platz auf der Gletschermoräne zu reservieren. Eric Shipton und andere illustre Mitglieder des OBOE-Clubs (die ihre Expeditionen *On the Back Of an Envelope*, »auf der Rückseite eines Briefumschlags«, planten) würden sich im Grab umdrehen – zu Recht. Doch für Dorjee gehören solche Dinge einfach zum Geschäft. Der Everest ist ein Geschäft. Und der versierte Sherpa kennt dieses Geschäft gut, denn er hat den Everest acht Mal bestiegen. Würde er aus dem Westen stammen, wäre er eine lebende Legende; er würde mit Angeboten von Sponsoren überschwemmt werden und seine Zukunft wäre finanziell abgesichert. Wenn man ihn fragt, wie oft er den Everest noch besteigen möchte, rechnet er kurz im Kopf nach, ehe er antwortet: »Drei oder vier Mal.« Das würde ihm reichen, sagt er, um sich ein Haus zu kaufen und die Ausbildung seiner Kinder finanzieren zu können.

Bei solchen Gelegenheiten, wenn ein Menschenleben mit einem bestimmten Betrag in Rupien gleichgesetzt wird, geraten die Gefühle miteinander in Konflikt – auf der einen Seite der Stolz auf das Können, den Mut und die praktische Veranlagung der Sherpa und auf der anderen die Wut und der Groll darüber, dass diese anständigen und ehrlichen Menschen ihr Leben in den Bergen riskieren müssen, um ihre bescheidenen Grundbedürfnisse decken zu können. »Ich muss nicht bergsteigen«, sagt er jedoch nüchtern. »Wenn ich wollte, könnte ich auch als Trekking-Guide oder Bauer arbeiten. Aber Bergsteigen ist wesentlich besser bezahlt und ich bin gut darin.« Es ist schwer, dem etwas entgegenzusetzen.

Dorjee stammt aus Thamo, ist 34 Jahre alt und arbeitet seit 1987 auf Expeditionen. Damals wurde er bei einem Besteigungsversuch des Annapurna IV als Eilbote verpflichtet. Sich als Bergsteiger beweisen zu können, musste er jedoch bis zum Frühjahr 1990 warten, als er von einem Team, das den Everest von Norden aus besteigen wollte, als Bergbegleiter angeworben wurde. Da die chinesische Regierung den Sherpa zur damaligen Zeit nicht erlaubte, höher als über Camp II oder 6500 Meter aufzusteigen, drang Dorjee nicht bis zum Gipfel vor. Noch im selben Jahr erklomm er den Makalu und 1991 begleitete er eine spanische Expedition bei ihrem Everest-Versuch. Die Gelegenheit für eine Gipfelbesteigung ließ jedoch noch immer auf sich warten.

1992 stand Dorjee dann endlich zusammen mit Todd Burlesons amerikanischem Südostgrat-Team auf dem Dach der Welt. Seine Reaktion überraschte ihn, denn ihn überkam ein Glücksgefühl, mit dem er nicht gerechnet hatte. Im folgenden Jahr bestieg er den Gipfel zunächst am 10. Mai als Begleiter des indischen Frauenteams und dann noch einmal mit einem britischen Team im Herbst. Weitere Gipfelerfolge konnte er 1994 mit einer amerikanischen Expedition im Frühjahr und mit einer britischen Mannschaft in der

Nach-Monsun-Saison verbuchen. Das nächste Mal begab sich Dorjee erst wieder mit der britischen Expedition vom Frühjahr 1997 auf den Everest, als er Brigitte Muir zum Gipfel begleitete, die als erste Australierin den Everest bestieg. »Sie war eine ausgezeichnete Bergsteigerin«, erinnert er sich: »Wir begleiteten sie zwar, aber sie schaffte es ohne unsere Hilfe.«

Gipfelbesteigung Nummer sieben erfolgte 1999 zusammen mit dem hoch angesehenen amerikanischen Bergsteiger Pete Athans. Wie alle Sherpa spricht auch Dorjee mit größter Hochachtung von Athans. Der Grund dafür ist in erster Linie eine Everest-Expedition vom Frühjahr 1991 unter der Leitung von Lobsang Sherpa, der sich als einer der Ersten seines Volks für die öffentliche Anerkennung der Erfolge von Sherpa auf dem Everest einsetzte. Mit der eindrucksvollen Unterstützung von Athans und einigen seiner amerikanischen Kollegen bei der Beschaffung der finanziellen Mittel für einen Everest-Versuch, an dem ausschließlich Sherpa beteiligt waren, schaffte es Lobsang, dass drei Sherpa den Gipfel erreichten – Sonam Dendu, Ang Temba und Apa Sherpa. Am Rande sei erwähnt, dass Athans und einige seiner amerikanischen Freunde bei dieser Expedition als »Sherpa« das Kletterteam unterstützten – eine Geste, die dem Volk der Sherpa nicht entging.

Das neue Jahrtausend brachte Sherpa Dorjee die jüngste Gipfelbesteigung und in den kommenden Jahren werden weitere folgen. Den Gipfel zu erreichen ist ihm – abgesehen davon, dass es sich finanziell auszahlt – inzwischen nicht mehr wichtig. Wenn er den Gipfel nicht erreicht, ist er nicht enttäuscht, sondern betrachtet es als sein Karma für diese Besteigung. Welche Expedition war seine beste? »Alle«, sagt er und lacht. »Ich bin am Leben!« Empfindet er beim Bergsteigen hin und wieder Angst? »Nein, eigentlich nicht. Das Einzige, wovor ich Angst habe, sind Lawinen. Der Rest ist harte körperliche Arbeit, die keine echte Gefahr für mich darstellt.«

Dorjee hat kein Interesse daran, andere Berge im Himalaja zu besteigen, und zwar aus dem einfachen Grund, dass der Everest besser bezahlt wird. Im Moment hat die Zukunft seiner Familie oberste Priorität für ihn. Er rechnet nicht mit Unterstützung durch seine ausländischen Klettergefährten. Nach einer Expedition, so sagt er, hört er nur selten von ihnen und keiner hat ihm jemals angeboten, die Ausbildung seiner Kinder zu finanzieren oder für seine Zukunft zu sorgen. Trotzdem ist er weder enttäuscht noch verbittert, da sich seine ausländischen Gefährten auf dem Berg immer gut um ihn kümmern und dafür sorgen, dass er hochwertige Ausrüstung, gutes Essen und eine Lebensversicherung bekommt. Dafür ist er dankbar. Sein einziger Verbesserungsvorschlag betreffend seine Arbeitsbedingungen ist, dass erfahrene Sherpa-Bergbegleiter wie er direkt von den Leitern ausländischer Expedition verpflichtet werden sollten. Er findet es unfair, dass ein viel zu großer Teil dessen, was für seine Dienste bezahlt wird, an die Mittelsmänner vor Ort geht.

Apa Sherpa

Apa Sherpa aus Thamey ist zart gebaut, doch seine Augen strahlen innere Stärke und Mut aus. Die Sherpa sagen, dass er beim Bergsteigen so kaltes Blut bewahre und so cool sei wie der gewaltige Khumbu-Eisbruch und dass es in brenzligen Situationen keinen besseren Gefährten gäbe als ihn. Apas enorme Kraft liegt in seinem unbeugsamen Willen zum Erfolg, der ihn dazu getrieben hat, den Everest nicht weniger als elf Mal zu besteigen.

Apa besuchte die *Hillary School* in Thamey und kann nicht nur Nepali lesen und schreiben, sondern in zunehmendem Maße auch Englisch, obwohl seine Berufsmöglichkeiten wie für die meisten Sherpa anfangs auf Trekking und Bergsteigen beschränkt waren. Seine ersten Klettertouren waren alles andere als erfolgreich: Er scheiterte sowohl am Annapurna I als auch am benachbarten Dhaulagiri. Allerdings lernte er bei diesen Expeditionen, dass er an seiner Klettertechnik und seiner mentalen Einstellung arbeiten musste, was er mit großem Eifer tat. Nachdem er 1990 mit 28 Jahren auf dem Cho Oyu endlich einen Erfolg verbuchen konnte, nahm seine außerordentliche Bergsteigerkarriere ihren Lauf.

Zwischen 1990 und 2000 bestieg Apa den Everest jährlich mit Ausnahme von einem Jahr. Trotz seiner scheinbar mühelosen Erfolge blieb ihm die verdiente Anerkennung in seiner Heimat Nepal verwehrt. »In anderen Ländern hätten mir meine Erfolge viele Auszeichnungen eingebracht«, sagt er nüchtern, wenn auch etwas verärgert. Apa ist kein Mensch, der sich selbst vermarktet, und stille Erfolgstypen werden überall auf der Welt gern übersehen. So auch in Nepal. Apa behauptet, dass sein Streben nach dem Gipfel des Everest nicht von dem brennenden Wunsch motiviert sei, Rekorde zu brechen; es drängt sich jedoch der Verdacht auf, dass das nicht ganz der Wahrheit entspricht. Er steht seit langem in einem inoffiziellen Wettbewerb mit Ang Rita, einer anderen Sherpa-Legende, der den Everest bereits zehn Mal ohne zusätzlichen Sauerstoff bestiegen hat. Apa hat gelegentlich Flaschensauerstoff benutzt, steigt aber in der Regel ohne zum Gipfel auf. Wären die beiden Männer keine Sherpa und mit einer weniger kräftigen Konstitution gesegnet, könnte ihr Duell leicht tödlich enden. Beide haben ihren Stolz und sprechen trotz ihrer Unterschiede nie schlecht voneinander; beide stammen aus Thamey und wohnen in ihren Häusern in den Bergen weniger als zwei Stunden Fußmarsch voneinander entfernt, in Kathmandu trennen sie sogar nur fünf Minuten; beide leben bescheiden und meiden das Rampenlicht. Apa nutzt jede Gelegenheit, um nach Thamey zu reisen und bei seiner Familie und seinen Kindern zu sein.

Vielleicht liegt es einfach nur daran, dass beide Männer wie so viele Sherpa heutzutage professionelle Bergsteiger sind. Beide stammen aus bäuerlichen Verhältnissen, in denen das Bergsteigen einfach als eine Möglichkeit betrachtet wird, Geld zu verdienen. Wenn ihnen heute angeboten wird, sich einer Expedition in die Berge anzuschließen, sagen sie ebenso spontan zu, wie andere einen vorübergehenden Job annehmen, wenn sie gerade auf Arbeitssuche sind. Was auch immer Apas Gründe dafür sein mögen, dass er den Everest besteigt, er hat bewiesen, dass seine Entschlossenheit sowie seine körperliche und mentale Stärke unerreicht sind. Trotzdem ist er sich darüber im Klaren, dass man am Ende weder mit anderen Bergsteigern noch mit dem Berg konkurriert, sondern sowohl auf dem Weg zum Gipfel als auch sonst im Leben mit dem schlimmsten aller Feinde kämpft – mit sich selbst.

Babu Chhiri Sherpa

Babu Chhiri war 35 Jahre alt, Vater von fünf jungen Töchtern und ein wahrer Herkules der Sherpa-Welt, als er Ende April 2001 auf tragische Weise ums Leben kam. Er kam in Takshindo in der Solu-Region zur Welt, begann mit 13 seine Bergsteigerlaufbahn als Träger und erreichte seinen ersten Gipfel – den Kanchenjunga – im Alter von 23 Jahren. Später war er noch auf etlichen anderen Himalaja-Riesen erfolgreich, unter anderem auf dem Dhaulagiri, dem Shisha Pangma, dem Cho Oyu und der Ama Dablam. Seine zehn Everest-Gipfelbesteigungen (die meisten davon ohne zusätzlichen Sauerstoff) erfolgten über verschiedene Routen – über den Südwestgrat, den Nordgrat und den Westgrat – und er war der einzige Mensch, dem es gelang, den Everest zweimal innerhalb von 14 Tagen zu besteigen (1995). Während die meisten Bergsteiger nur zehn bis 15 Minuten auf dem Gipfel verbringen, ehe sie die Kälte und die Sorge über den Abstieg wieder nach unten treiben, stellte Babu Chhiri 1999 ein Zelt auf und blieb dort 21 Stunden lang – und das, so unglaublich es klingen mag, ohne Flaschensauerstoff! Währenddessen sang er über Funk die nepalesische Nationalhymne, die im Basislager für ihn aufgenommen wurde. Er tat alles, um sich in Bewegung zu halten und nicht einzuschlafen. »Ich musste ununterbrochen in mein Funkgerät sprechen, denn wenn ich mich nicht wach gehalten hätte, wäre ich erfroren und nie wieder aufgewacht«, erklärte er später. Man hätte das Buch der Rekorde an dieser Stelle schließen können, doch im Frühjahr 2000 beeindruckte er die Bergsteigerwelt noch einmal, als er am 20. Mai um 5 Uhr nachmittags vom Basislager aufbrach und am nächsten Morgen um 9.56 Uhr den Gipfel des Everest erreichte – eine Gesamt-Aufstiegszeit von nur 16 Stunden und 56 Minuten –, wobei er insgesamt nur 75 Minuten Pause machte, um sich auszuruhen und seine nassen Socken zu wechseln. »Ich hätte es noch schneller geschafft«, behauptete er gelassen, »wenn nicht so ein schrecklicher Schneesturm geherrscht hätte.« Den bisherigen Rekord hatte 1998 Kaji Sherpa aus Thamey aufgestellt, der den Aufstieg in 20 Stunden und 24 Minuten bewältigte. Die meisten westlichen Bergsteiger sind angesichts dieser Rekordzeit sprachlos.

Aus unserer manchmal ziemlich verklärten und egozentrischen westlichen Perspektive könnte man Babu Chhiris Leistungen als das Ergebnis ehrgeizigen Strebens nach Ruhm oder zumindest als das Resultat immenser Selbstgefälligkeit betrachten. Doch Babu Chhiris Motive waren aufrichtig und einfach: »Es ist mein Job, es ist gut fürs Geschäft und es wird mir dabei helfen, in meinem Dorf eine Schule für meine eigenen Kinder und die Kinder meiner Freunde zu bauen, die dort keine Ausbildungsmöglichkeiten haben.« Tragischerweise nahm Babu Chhiris außerordentliche Karriere als Bergsteiger ein jähes Ende, als er bei seiner elften Everest-Besteigung in der Nähe von Camp II in eine Gletscherspalte stürzte und ums Leben kam.

War Babu Chhiri enttäuscht oder verbittert, dass ihm seine phänomenalen Klettererfolge nicht zu weltweitem Ansehen verholfen hatten? »Welchen Sinn hat es, verbittert zu sein?«, erklärte er im Jahr 2000. »Die Sherpa stehen seit vielen Jahren im Schatten der Bergsteiger aus dem Westen und ihre Leistungen wurden meistens nicht einmal schriftlich festgehalten, obwohl sie die berühmten Bergsteiger aus dem Ausland beinahe auf Schritt und Tritt begleitet haben. Wir sind diese Situation inzwischen gewöhnt und freuen uns, dass wir zumindest in unserem eigenen Land Anerkennung erhalten. Ich glaube, wenn wir aus dem Ausland kämen und dasselbe getan hätten, wäre unser Leben jetzt völlig anders.«

Es wird höchste Zeit, dass die westliche Welt die Fähigkeiten und den Mut der Sherpa-Bergsteiger und ihren Beitrag zur Himalaja-Alpinistik öffentlich anerkennt. Und dies nicht nur in Form eines gönnerhaften symbolischen Schulterklopfens, sondern durch eine Berücksichtigung ihrer Gipfelerfolge in der Bergliteratur und den Expeditionsberichten, die über das Nennen der Namen hinausgeht, und durch größeres persönliches Interesse an den Sherpa-Bergsteigern, die für die Expeditionen verpflichtet werden. Die Sherpa erinnern sich voller Stolz und Dankbarkeit an die westlichen Bergsteiger und Bergsteigerinnen, die sich die Zeit nahmen, sie persönlich kennen zu lernen, und die den Beitrag der Sherpas in ihren Büchern und öffentlichen Vorträgen hervorgehoben haben.

Doch allzu oft erreichen Teams aus dem Westen ihr Ziel, für das ihr Sherpa-Team (und natürlich auch ihr eigenes) große Opfer bringen mussten, und reisen anschließend ab – ohne ein Wort des Dankes an ihre professionellen Begleiter. Die Risiken, die Sherpa auf den Bergen eingehen, lassen sich nicht mit Geld bezahlen, und ihre Einstellung, ihre Arbeit einfach nur als »Job« zu betrachten, täuscht darüber hinweg, welche Auswirkungen schwere Kletterunfälle für ihre Familien haben können. Im Himalaja gibt es keine Invalidenrente und keine Arbeitsunfähigkeitsversicherung, wenn ein Sherpa-

Bergsteiger auf Dauer erwerbsunfähig wird, und nur geringe Entschädigungen für seine Hinterbliebenen, wenn er bei einer Expedition ums Leben kommt.

Die Welt muss endlich lernen, die Sherpa als gleichberechtigte Partner im Himalaja-Geschäft zu sehen, und dieselben Vorkehrungen für sie treffen wie für ihre westlichen Teammitglieder. Es darf niemals vergessen werden, dass es für jeden Messner, Hillary, Bonington, Lowe und Bourkeev einen ebenbürtigen Sherpa gibt. Man braucht nur an Ang Rita Sherpa, Pertemba Sherpa, Sungdare Sherpa, Apa Sherpa, Ang Dorje und Ang Tshering zu denken. Es gibt noch viele andere Sherpa, die den Gipfel des Everest mehrmals erreicht haben, und es gibt hunderte von namenlosen Sherpa, die doppelt so schwere Lasten wie die Bergsteiger aus dem Westen zum Südsattel und zurück getragen haben.

Mehr als Berge

Es gibt nirgendwo auf der Welt einen Sherpa, der nicht zugeben würde, dass ihn heftiges Heimweh überkommt, wenn er eine Himalaja-Flöte hört oder ein Bild von den gewaltigsten aller Gipfel sieht. Das uralte Band zwischen den Sherpa und den riesigen Tälern und Bergen ihrer Heimat ist noch immer außerordentlich stark.

Der bergsteigerische Erfolg ihrer Vorfahren hat es vielen jungen Sherpa und Sherpani ermöglicht, ihren beruflichen Werdegang selbst zu bestimmen; sie haben eine gute Ausbildung genossen und führen jetzt ein angenehmes und sicheres Leben. Die Nachfahren der Tenzings, Ang Dorjes, Ang Tharkays, Mingmas und zahlloser anderer Sherpa, die als Lastenträger arbeiteten, leben ohne die Risiken und Gefahren des Bergsteigens und sind in vielen Fällen in der Lage, ihren aufopferungsbereiten Eltern einen angenehmen Lebensabend zu ermöglichen.

Das soll jedoch nicht darüber hinwegtäuschen, dass der Übergang von der alten zur neuen Lebensform für die Sherpa alles andere als einfach war. Abgesehen von der finanziellen Belastung, die es für viele bedeutete, ihre Kinder zur Schule und später an ausländische Universitäten zu schicken, bis sie auf eigenen Beinen stehen konnten und unabhängig waren, musste innerhalb von nur ein bis zwei Generationen eine beträchtliche kulturelle Kluft überwunden werden. Für einige aus der Sherpa-Gesellschaft erwies sich dieser Weg als Trauma und die Abkehr vom traditionellen Leben als Quelle von Unglück und Unzufriedenheit. Die meisten haben die Möglichkeiten, die sich ihnen boten, jedoch voll ausgeschöpft.

Inzwischen leben hunderte von Sherpa im Ausland; diejenigen, denen es angeboten oder erlaubt wurde, in Großbritannien, den Vereinigten Staaten, Australien, Frankreich und zahlreichen anderen Ländern zu leben und zu arbeiten, und diejenigen, die illegal dort leben und arbeiten, um genug Geld zu verdienen, damit sie nach Nepal zurückkehren und sich dort selbstständig machen oder Grund und ein Haus kaufen können. Daneben gibt es aber auch jene Sherpa, die es vorziehen, in ihrer Heimat Nepal oder Indien zu bleiben und dort für Hilfsorganisationen, Behörden oder in der Tourismusbranche zu arbeiten. Ihr Bildungsstand reicht von der elementarsten Schulbildung an einer *Himalayan-Trust-* oder Dorfschule bis hin zu den höchsten akademischen Abschlüssen oder der Lehrtätigkeit an internationalen Hochschulen. Ein Überblick über die unterschiedlichen Tätigkeiten erfolgreicher, nicht in der Alpinistik tätiger Sherpa verdeutlicht die Bandbreite der Begabungen und Fähigkeiten, die diese bemerkenswerten Menschen besitzen.

Es gibt zahlreiche Erfolgsgeschichten von Sherpa, die nicht den Weg des Bergsteigens eingeschlagen haben. Samden Lhatoo ist einer von ihnen. Sammy ist der Sohn von Dorjee Lhatoo und Sonam Doma und sein Weg zum Erfolg war nicht einfach. Wie die Kinder von Pem Pem musste Sammy während seines Medizinstudiums in Delhi mit dem zurechtkommen, was seine Eltern von ihrem bescheidenen Einkommen abzweigen konnten. Aufgrund seiner hervorragenden Leistungen öffneten sich ihm im Lauf der Zeit jedoch viele Türen. Nachdem er längere Zeit in einem Krankenhaus in Chandigarh – im nordindischen »Kohlenpott« – gearbeitet hatte, wanderte er nach Großbritannien aus, wo er heute als Neurologe auf Epilepsie spezialisiert ist und dem *Royal College of Physicians* in London angehört. Vor kurzem wurde Sammy in die Vereinigten Staaten eingeladen, wo ihm die *American Epilepsy Society* eine Auszeichnung für herausragende Forschungsarbeit verlieh. Er lebt mit seiner tibetischen Frau Sonam und seinem kleinen Sohn Karchen in Bristol und ist eine wahre Schatzgrube, was die Geschichte des Bergsteigens im Himalaja betrifft. Es besteht kein Zweifel daran, dass in dem Mediziner und Wissenschaftler ein Himalaja-Bergsteiger steckt, der nur darauf wartet, herausgelassen zu werden!

Die Fidschiinseln sind ein unwahrscheinliches Domizil für einen Sherpa aus Thamey, aber Kami Temba studierte dort mehrere Jahre, ehe er als Arzt nach Nepal zurückkehrte. Kamis Geschichte ist eine der größten Erfolgsgeschichten, die Sir Edmund Hillarys *Himalayan Trust* ermöglicht hat. Die Stiftung muss sich seit ihrer Gründung Anfang der 1960er-Jahre mit dem Problem auseinander setzen, dass einige der Sherpa, die sie im Ausland in verschiedenen Bereichen – vor allem in der Medizin – hatten ausbilden lassen, nicht ins Khumbu zurückkehren wollen, um ihrem Volk ihre Ausbildung zugute kommen zu lassen. Nachdem sie den Duft der großen weiten Welt geschnuppert haben, ist es oft schwierig, sie wieder in ihre Heimat zu locken. In den letzten Jahren wurde versucht, dieses Problem zu umgehen, indem man ihnen in Nepal Studien- und Ausbildungsplätze zur Verfügung gestellt hat, anstatt sie ins Ausland zu schicken. Da Kathmandu über immer bessere Ausbildungsmöglichkeiten verfügt, setzt die Stiftung in zunehmendem Maß auf diese Alternative. Für Kami bestand jedoch nie ein Zweifel daran, dass er ins Khumbu zurückkehren würde. Kamis Frau und Kinder leben noch immer in Thamey, wo sie die *Valley View Lodge* betreiben, während er selbst eine angesehene Position im *Khunde Hospital* innehat.

Natürlich haben die Sherpa viele Freunde im Ausland, die sie unterstützt haben und auch weiterhin unterstützen werden, um ihnen einen besseren Lebensstandard in den Bergen zu ermöglichen. Aber wie Sir Edmund Hillary treffend bemerkt: Sie müssen ihre Zukunft selbst in die Hand nehmen. Außenstehende werden ihnen immer dabei helfen, aber die treibende Kraft muss von ihnen selbst kommen; sie müssen für das Wohl ihrer Gemeinde und ihres Volks persönliche Opfer bringen. Sherpa wie Kami Temba haben diese Verantwortung bereitwillig auf sich genommen und die Stiftungen unterstützen sie dabei, so gut sie können. Menschen wie Kami Temba sind die Zukunft von Solu Khumbu.

Die 26 Schulen des *Himalayan Trust* legten den Grundstein für die Karrieren hunderter junger Sherpa. Einige von ihnen sind in die Tourismusbranche gegangen und dort in unterschiedlichen Funktionen tätig – als Hoteliers, Berg- und Trekkingführer oder in Reisebüros –, während andere Stipendien erhalten haben, um an einer Universität zu studieren. Ang Rita, der die Verwaltung des *Himalayan Trust* in Kathmandu leitet, ist ein solcher Sherpa. Er war einst einer von 47 verwahrlosten Schülern der allerersten Klasse der *Hillary Primary School* in Khumjung, der Ersten ihrer Art, und erinnert sich, dass sein erster offizieller Schultag ein ziemlicher Spaß war. Als der Schulleiter Tem Dorji Sherpa damals die Buchstaben des englischen und nepalesischen Alphabets an die Tafel schrieb, fanden die Kinder das aus unerklärlichen Gründen unerhört amüsant – im Gegensatz zu Tem Dorji, der ihnen sofort klar machte, dass sie eine einzigartige Chance bekommen hatten. Von den 47 Schülern erhielten später drei jeweils ein Hillary-Stipendium, das es ihnen ermöglichte, in Kathmandu eine weiterführende Schule zu besuchen. Einer der drei war Ang Rita.

Bei seinem Oberschulabschluss im Jahr 1969 erzielte Ang Rita das beste Ergebnis von 19.000 Schülern, die zusammen mit ihm die Abschlussprüfung ablegten. Anschließend setzte er seine Ausbildung fort und erwarb zwei weitere Abschlüsse – 1973 in Naturwissenschaften und 1976 in Verwaltungswesen. Was Ang Rita im Lauf der Jahre für den Himalayan Trust geleistet hat, ist von unschätzbarem Wert. Sir Emund Hillary und seine Kollegen sehen der Zukunft dieser außerordentlichen Organisation verständlicherweise gelassen entgegen, solange sie in den Händen solcher fähigen und verantwortungsbewussten Menschen liegt.

Der zweite Stipendiat war Mingma Norbu Sherpa, der in Neuseeland Forstwissenschaft studierte und darin promovierte, ehe er in seine Heimat zurückkehrte und im Sagarmatha-Nationalpark (Everest-Nationalpark) viele Jahre lang als Aufseher arbeitete. Heute vertritt er Nepal und Bhutan im *World Wildlife Fund*.

Lhakpa Norbu, der dritte Stipendiat, war eine Zeit lang Bürgermeister des Khumjung-Distrikts. Er schrieb eine Doktorarbeit über die Kultur und die Traditionen der Sherpa am Beispiel von Thamey und den umliegenden Ortschaften. Derzeit hat er eine bei den Sherpa hoch angesehene Position inne und kümmert sich um kulturelle und religiöse Belange.

Die vielleicht liebenswerteste und ergreifendste Sherpa-Erfolgsgeschichte ist die von Lhakpa Sonam Sherpa aus Namche Bazar: Lhakpa Sonam ist der Sohn von Sonam Girmi, einem bekannten Sherpa-Bergsteiger aus Namche. Seine Mutter war eng mit der Familie Tenzing befreundet und verbrachte viele Jahre in Darjeeling, wo sie Ang Lhamu bei ihren Pflichten in *Gang-La* unterstützte, ehe sie nach Namche zurückkehrte, um sich dort mit ihrem Mann, Sonam Girmi, niederzulassen. 1969 schloss der sich einer Expedition zum Tukche Peak im Annapurna-Massiv unter der Leitung des Schweizer Bergsteigers und Fotografen Ruedi Homberger an. Die Expedition war ein Erfolg, die Erstbesteigung dieses Gipfels gelang und Homberger und Sonam Girmi wurden enge Freunde.

Einige Jahre später kam Homberger nach Namche, um Sonam Girmi zu besuchen und dessen junge Familie kennen zu lernen. Lhakpa hatte die *Hillary School* in Khumjung besucht und später ein Stipendium des *Himalayan Trust* erhalten, um seine Ausbildung in Saleri in Solu fortsetzen zu können. Als Homberger 1982 nach

Namche zurückkehrte, musste er erfahren, dass der inzwischen 20-jährige Lhakpa infolge einer Hirnhautentzündung fast völlig taub geworden war. Unbeeindruckt von seinem Handicap fuhr Lahkpa fort, Aufzeichnungen, Statistiken und Literatur über Sherpa-Bergsteiger für das Mount-Everest-Dokumentationszentrum und Sherpa-Kulturmuseum in Namche zusammenzutragen, für das Homberger in der Schweiz Gelder gesammelt hatte. Homberger versuchte alles, um Lhakpa dabei zu helfen, sein Hörvermögen zurückzuerlangen, doch auch Schweizer Ärzte konnten nichts für ihn tun.

Das Mount-Everest-Zentrum erstellt zurzeit eine Dokumentation des Sherpa-Alpinismus mit Fotos von allen, die den Chomolungma bestiegen haben. Das Museum gewährt mit seiner kleinen, aber wunderschön präsentierten Sammlung von Kunstgegenständen einen Einblick in das traditionelle Leben in den oberen Khumbu-Tälern, das heutzutage immer mehr in Vergessenheit gerät.

Lhapka leitet beide Einrichtungen und plant einige weitere kleinere Projekte, wie die Erweiterung der Fotogalerie des Zentrums, den Bau eines großen buddhistischen Stupa und eines kupfernen Gebetsrads innerhalb des Gebäudekomplexes sowie die Errichtung einer Bibliothek, zur Unterbringung seiner wachsenden Sammlung von Bergliteratur.

Lhapka Sonam ist in vieler Hinsicht ein Paradebeispiel für die neue Generation von Sherpa. Er ist gebildet und weit gereist, ist sich aber trotzdem der Bedeutung und der Traditionen seiner Kultur bewusst, insbesondere ihrer bergsteigerischen Vergangenheit. Er versteht und akzeptiert die Veränderungen, die die erweiterte Welt ins Khumbu gebracht hat, und er hat es geschafft, diese Veränderungen mit seinem kulturellen Hintergrund in Einklang zu bringen. Er ist ein bemerkenswerter Mann, der sich einer Aufgabe verschrieben hat, die künftige Sherpa-Generationen schätzen und würdigen werden.

Die Sherpa: Wandel und Zukunft

Wie bereits erwähnt, hat sich die Welt der Sherpa grundlegend verändert, seit die Gentleman-Abenteurer der ersten beiden Jahrzehnte des 20. Jahrhunderts die ersten zögerlichen Schritte zum Gipfel des Everest unternahmen. Die lokale Politik, die globale Wirtschaftslage, der technische Fortschritt und Rivalitäten zwischen verschiedenen Sherpa-Gemeinden haben ihre Spuren hinterlassen. Trotzdem ist es den Sherpa gelungen, sich den veränderten Lebensumständen anzupassen und sich in den meisten Fällen auch die Vorteile zunutze zu machen, die diese Veränderungen mit sich brachten. Zweifelsohne haben sie für ihren neuen Wohlstand und ihr neues Ansehen einen Preis bezahlt, doch alle Sherpa, die man fragt – jung oder alt –, ob sie den alten Lebensstil vorziehen würden, antworten fast einstimmig mit »nein«. Stellt man diese Frage einem Sherpa, der seinen Lebensunterhalt früher ausschließlich mit seiner Yak-Herde verdiente und von den zunehmend unsicheren Handelsbeziehungen zu Tibet abhängig war, bekommt man zu hören, dass das Leben jetzt besser, viel besser sei. Fragt man dagegen eine Sherpa-Mutter, deren Kind in den Vergnügungsvierteln von Kathmandu in die Drogenabhängigkeit abgerutscht ist und ein zielloses Dasein fristet, wird die Antwort merklich anders ausfallen. Dennoch ist es unbestreitbar, dass das Bergsteigen und der Tourismus für die Sherpa im Großen und Ganzen einen Segen bedeutete. Vor den 1950er-Jahren war die Sterblichkeitsrate bei Kleinkindern sehr hoch; auch in Tenzings Familie überlebten nur sechs von 14 Geschwistern ihre frühe Kindheit. Medizinische Versorgung und Gesundheitspflege waren unbekannt, mit Ausnahme einiger traditioneller, auf religiösen Überzeugungen basierender Formen der Heilkunde. Und in einer klimatisch derart ungastlichen Region Landwirtschaft zu betreiben bedeutete, dass selbst die Eigenversorgung mit Grundnahrungsmitteln nicht immer gesichert war.

Die neuen Entwicklungen wirkten sich in den verschiedenen Sherpa-Gemeinden jedoch völlig unterschiedlich aus und brachten nicht allen die gleichen Zukunftsaussichten. Die Mehrheit der Sherpa lebt in Solu Khumbu und diese Gemeinde hat den Schlüssel zur Zukunft der Sherpa-Kultur und -Lebensweise in der Hand. Es ist zu einem großen Teil der Arbeit des *Himalayan Trust* zu verdanken, dass diese Region über eine im Himalaja einzigartige Anzahl von Schulen, Krankenhäusern und medizinischen Versorgungseinrichtungen verfügt. Für die Sherpa in Darjeeling sind die goldenen Zeiten allerdings längst vorbei. Die dortige Gemeinde schrumpft, da sich das Arbeitsangebot im Bergsteigen immer mehr nach Nepal verlagert. Wer nicht beim HMI beschäftigt ist, dessen Kundschaft inzwischen vorwiegend aus Indien stammt, oder für irgendein Privatunternehmen arbeitet, hat in Darjeeling als Sherpa in beruflicher Hinsicht kaum Zukunftsaussichten. Diejenigen, die noch immer dort wohnen, sind überwiegend ehemalige Bergsteiger im Ruhestand, deren gut ausgebildeter Nachwuchs in der Regel im Ausland lebt und nur gelegentlich zu Besuch kommt.

Nach der Erstbesteigung des Everest im Jahr 1953 war der Einfluss des Westens auf den Himalaja viele Jahre lang auf Expeditionen beschränkt, die vorwiegend im Frühjahr, der besten Klettersaison, stattfanden. Somit hielten sich für den größten Teil des Jahres nur wenige Fremde in Solu Khumbu auf, das am meisten vom Himalaja-Tourismus profitierte. Anfang der 1960er-Jahre begann dann die Arbeit von Sir Edmund Hillary und seinem *Himalayan Trust*. Das bedeutete, dass viele Sherpa eine elementare Ausbildung erhielten, bevor der Massentourismus einsetzte, was ihnen eine gewisse »Verschnaufpause« gewährte, in der sie sich mental und kulturell auf den Westen einstellen konnten. Hillary sah seine Rolle und die des Himalayan Trust jedoch nicht darin, einfach nur »zu verteilen und alles für die Sherpa zu tun«. Er packte das Projekt auf seine pragmatische und geradlinige Art an, indem er die Sherpa ermunterte, zu sagen, was sie brauchten, und auch zu erklären, wie sie glaubten, es bekommen zu können, und was sie persönlich dazu beitragen wollten. Anschließend entwarf er einen Plan und arbeitete ihn aus. Die Sherpa lernten auf diese Weise eine Menge über Zukunftsplanung und finanzielle Dinge, was ihnen bis dahin völlig unbekannt gewesen war. Außerdem wuchs ihr Selbstwertgefühl, da ihnen der *Himalayan Trust* den größten Teil der Verantwortung übertrug.

Obwohl die Zukunft der Sherpa nicht mehr ausschließlich von der Arbeit in den Bergen abhängt, verdient noch immer ein großer Teil der in Solu Khumbu ansässigen Sherpa auf diese Weise seinen Lebensunterhalt. Deshalb werden Veränderungen im Bergsteigen, insbesondere was kommerzielle Expeditionen betrifft, starke gesellschaftliche Auswirkungen auf die Sherpa haben. Von wenigen Ausnahmen abgesehen, besteigen die Sherpa Berge für Geld. Das ist die einfache Wahrheit. Die Bezahlung bei Hochgebirgstouren liegt weit über der bei Trekkingtouren und für Sherpa, die keine oder eine nur geringe Schulbildung haben (und von ihnen gibt es noch immer viele), stellt das Bergsteigen eine lukrative, wenn auch gefährliche Berufsmöglichkeit dar. Ein Sherpa-Hochgebirgsträger kann in zwei Monaten das verdienen, wofür ein Trekking-*sirdar* ein Jahr oder länger arbeiten muss. Außerdem ist bergsteigerischer Erfolg, vor allem ein Gipfelerfolg auf dem Everest, in Sherpa-Kreisen mit großem Ansehen verbunden. Den Gipfel des Everest erreicht zu haben garantiert einem Sherpa nicht nur Arbeit bei zukünftigen

Expeditionen, sondern verschafft ihm Respekt in seinem Dorf und seiner Gemeinde.

Die endlose Debatte über kommerzielle Kletter-Expeditionen, bei denen sich jeder einem organisierten Team von erfahrenen westlichen Bergsteigern und Sherpa-Gipfelbegleitern anschließen kann, der das nötige Kleingeld mitbringt und die Entschlossenheit für die Besteigung eines der Himalaja-Riesen – meist des Everest –, ist für die Sherpa eine rein akademische Diskussion. Diese Expeditionen schaffen Arbeitsmöglichkeiten und bringen damit Geld. Dennoch machen die Sherpa kein Hehl aus ihrer Verwunderung über die Amateurhaftigkeit einiger Teilnehmer, denn sie erkennen einen hoffnungslosen Fall bereits am ersten Tag einer Klettertour. Auch nach vielen Jahren der Erfahrung mit ausländischen Expeditionen staunen sie noch immer über die scheinbar unerschöpflichen Geldmittel, die die Ausländer für ihre finanziell gänzlich unrentablen Unternehmungen zur Verfügung haben. Außerdem amüsieren sie sich insgeheim sehr über die Eskapaden und die unrealistischen Hoffnungen vieler, die kommen, um einen ihrer Berge zu bezwingen. Doch wer auch immer zum Everest kommt, und egal, ob er den Gipfel erreicht oder nicht einmal bis zu Camp I gelangt – der Lohn für die Sherpa ist derselbe und ermöglicht es ihnen, ein Haus zu bauen oder die Schulgebühren zu bezahlen.

Für die meisten Sherpa spielt es keine Rolle, wer in ihre Heimat kommt, um bergzusteigen, und warum. Dass Bergsteiger auf dem Everest immer höhere Risiken eingehen, ist ihnen allerdings durchaus bewusst. Sich unter dem Hillary Step eine Stunde lang anstellen zu müssen, beunruhigt sie zutiefst, nicht nur, weil sie um ihre eigene Sicherheit fürchten, sondern auch, weil im Fall eines Unglücks meistens sie gerufen werden, um die Ausländer zu retten. Doch mit ihrem ihnen eigenen Pragmatismus akzeptieren sie diese Situation als Nebeneffekt des heutigen Everest-Bergsteigens. Sie fühlen sich machtlos, sind auch oft zögerlich, etwas daran ändern zu wollen. Alles, was die Zahl derer verringern könnte, die zum Everest kommen, stellt eine Bedrohung für ihren Lebensunterhalt dar und der hat für sie oberste Priorität. Da die Besteigungsgebühr für den Everest inzwischen für jede Expedition beachtliche 75.000 US-Dollar beträgt und immer mehr Bergsteiger und Möchtegern-Gipfelstürmer Genehmigungen beantragen, wird die nepalesische Regierung wohl kaum die Zahl von Bergsteigern reduzieren, die pro Saison auf dem Berg erlaubt sind. Das garantiert den Sherpa, die genügend Mut und keine beruflichen Alternativen haben, langfristig eine zuverlässige Einkommensquelle.

Vielen Sherpa hat der Ansturm auf den Everest aber auch ohne die Risiken und die Unsicherheit des Bergsteigens Wohlstand und bessere Zukunftsaussichten gebracht. Für diejenigen, die in den größeren Ortschaften entlang der Route zum Everest leben, und für jene, die genug Kapital und Geschäftssinn besaßen, um in den Tourismus zu investieren, waren die vergangenen zwei bis drei Jahrzehnte überaus lukrativ. Ortschaften wie Lukla, Phaphlu, Tengboche und vor allem Namche Bazar haben einen wahren Boom erlebt, während sich die Veränderungen in abgeschiedenen Dörfern wie Phortse oder Thamey langsamer vollzogen und Fortschritt und Wohlstand in kleineren Schritten Einzug gehalten haben.

Hinzu kommt, dass sich die Sherpa einen hervorragenden Ruf in der Trekking-Branche erworben haben und als *sirdar* und Führer sehr gefragt sind. Die Gründe für ihre Beliebtheit sind einfach: Sie sprechen meist ein wenig Englisch und lernen schnell und leicht andere Fremdsprachen, sie übernehmen Verantwortung und ergreifen in kritischen Situationen die Initiative. Und sie sind Sherpa und damit eine große Attraktion für westliche Touristen, die mit Geschichten über den Everest aufgewachsen sind und ein idealisiertes Bild von diesem Volk haben.

Ihr neuer Wohlstand ist meist ziemlich leicht zu erkennen. In früheren Zeiten war Reichtum nicht auf den ersten Blick festzustellen – die Armen lebten genauso wie die Reichen und sahen auch genauso aus. Es war nur das örtliche Wissen über Grund- und Yak-Besitz, das die Mittellosen von den Begüterten unterschied. Heutzutage sieht man jedoch auf Anhieb, wo sich Vermögen befindet, denn luxuriöse Häuser und Pensionen sowie die Abwesenheit von Kindern (die gute Schulen in Kathmandu besuchen) sind ein deutliches Kennzeichen der *nouveau riche* in der Sherpa-Welt.

Die ökonomische Umformung der Sherpa-Gesellschaft geht allerdings nicht ohne Schwierigkeiten vonstatten und führt zu generellen wirtschaftlichen Problemen wie etwa der Inflation. Der Fremdenverkehr treibt die Preise vor Ort in die Höhe und setzt ärmere Familien enorm unter Druck, die für Grundnahrungsmittel wie Reis und Öl sowie für Bekleidung inzwischen wesentlich mehr bezahlen müssen als früher. Waren, die früher aus Tibet oder den oberen Khumbu-Tälern bezogen wurden, können heute wesentlich billiger in Kathmandu erworben werden, was die Existenz jener Sherpa bedroht, die ihren Lebensunterhalt mit dem Handel verdienen. Dieses Problem wird weiter verschärft durch die Schließung Tibets und den damit für Tibeter und Sherpa eingeschränkten Grenzverkehr im Himalaja. Außerdem sind Sherpa es nicht gewohnt, Geld zu sparen. In der Regel werden überschüssige finanzielle Mittel in die Instandhaltung von Häusern oder Pensionen gesteckt oder für Schmuck ausgegeben, ein jahrhundertealtes Symbol für Wohlstand und gesellschaftliches Prestige. Deshalb haben Sherpa, wenn harte Zeiten anbrechen, oft nur geringe Geldreserven zur Verfügung.

Im Lauf der Zeit haben sich allerdings noch andere Probleme abgezeichnet, die die Gesellschaft der Sherpa in ihren Grundfesten erschüttern und ihren Lebensraum bedrohen. Von den Sherpa selbst wurden und werden sie weitgehend ignoriert, da ihre negativen Auswirkungen nicht offenkundig sind und keine direkte Bedrohung ihres Einkommens darstellen:

Wenn man in Solu Khumbu von Dorf zu Dorf geht, trifft man fast keine jungen Menschen mehr an. Die Alten und Gebrechlichen werden von ihren Geschwistern oder weiblichen Verwandten umsorgt, die sich dafür entschieden haben, in der rauen Umgebung des hohen Himalaja zu bleiben. Gelegentlich bekommen sie Besuch von ihren Kindern, und die wohlhabenderen unter ihnen nehmen ihre Eltern und alten Verwandten über den Winter oder wenn sie in ihren Dörfern nicht mehr alleine leben können nach Kathmandu mit. Die Kartoffel- und Gerstenfelder liegen brach, die mühsam aus Steinen errichteten Häuser und Feldumrandungen sind teilweise oder bereits ganz in sich zusammengefallen. Der Grund dafür ist, dass junge Sherpa ihr Leben nicht mit zermürbender Feldarbeit verbringen möchten, wenn sie ihr Geld ebenso mit Bergsteigen oder Trekking verdienen können oder sich in der Stadt die Möglichkeit zu einer besseren Ausbildung – und damit eine potenzielle Karriere in einem anderen, interessanten und lukrativen Bereich – bietet. Dieses Problem betrifft nicht nur die Sherpa, doch für sie hat sich der Wandel von ihrer traditionellen, auf Selbstversorgung basierenden Gesellschaft zu der kosmopolitischen, urbanen Lebensform, wie sie heute in Nepal vorherrscht, überdurchschnittlich schnell vollzogen. Für junge Sherpa wird es darum zunehmend schwieriger, an den Werten und Traditionen festzuhalten, die das Leben ihrer Vorfahren bestimmten. Im Fall eines Volkes, das so tief in seinem kulturellen Sittenkodex verwurzelt ist und ein derart starkes Bewusstsein für die spirituellen Aspekte seiner Traditionen hat, kann man nur bange den Auswirkungen entgegensehen, die dieser Verlust auf kommende Generationen haben wird. Es gibt einige junge Sherpa, die sich dieser Entwicklung bewusst sind und sich bemühen, ihren Kindern die alten Bräuche weiterzuvermitteln, doch die meisten schenken dem Problem keine weitere Beachtung. Sherpa denken in solchen Angelegenheiten nicht weit über die Gegenwart hinaus.

Die Folgen der Massenabwanderung in die Städte sind vielschichtig. Althergebrachte Handwerkszweige wie das Teppichknüpfen, die religiöse *thangka*-Malerei, die Wollspinnerei und das traditionelle Tischlerhandwerk sind im Begriff auszusterben. Importierte Waren sind jederzeit verfügbar und wesentlich preiswerter als einheimische Produkte. Außerdem lässt sich mit dem Verkauf von typisch einheimischen Produkten an Touristen mehr Geld verdienen als mit ihrer Herstellung, denn die in Massenproduktion hergestellten Souvenirs kann man in Kathmandu und Indien billig erwerben und anschließend im Khumbu als originale Sherpa-Kunstgegenstände an ahnungslose Urlauber verkaufen.

Auch die tibetisch-buddhistischen Klöster haben gelitten. Im Khumbu, wo einst nahezu jede Familie einen Sohn ins Kloster schickte, ist die Zahl der Mönche stark zurückgegangen. Der Wohlstand und das Ansehen, die den Familien oft zuteil wurden, wenn ihr Sohn in den klösterlichen Rängen aufstieg (vor allem, wenn es sich bei ihm um eine bedeutende Reinkarnation handelte), können heute auf andere Art und Weise erworben werden. Im Westen wird diese Entwicklung oft bedauert, doch wer nicht selbst einige Jahre lang das mönchische Leben in einem Kloster im Hochgebirge erlebt hat, sollte sich kein vorschnelles Urteil bilden. In der Sherpa-Gemeinde betrachten einige den Wandel im klösterlichen System sogar als positive Entwicklung, denn sie sind der Meinung, dass der tibetische Buddhismus, wie ihn die Sherpa heute praktizieren, sich stark gewandelt hat und zu einer reineren Form zurückgekehrt ist. Mittlerweile wird er nur noch von jenen studiert und praktiziert, die sich aufrichtig wünschen, ein mönchisches Leben zu führen, und sich voller Hingabe dem Studium der alten Schriften und Lehren widmen. Wenn junge Männer in Erwartung spirituellen Nutzens oder zur Entlastung der Familie ins Kloster geschickt wurden, trug das nicht immer zur Erhaltung der traditionellen buddhistischen Lehre bei.

Ein anderes Thema, das Anlass zu großer Sorge um die Zukunft der Sherpa bietet, sind die verwundbaren und zunehmend bedrohten Berge. Touristen sind in dieser Hinsicht vorschnell zu Sündenböcken gemacht worden, wenngleich es natürlich stimmt, dass sie einen großen Teil zu den Belastungen beitragen, denen das einzigartige Ökosystem des Himalaja ausgesetzt ist. Jährlich kommen fast 20.000 Touristen ins Khumbu und bleiben im Durchschnitt zwei Wochen. Die etwa 3000 Sherpa des Khumbu tragen allerdings ebenfalls zu diesem Problem bei, sowohl durch ihr mangelndes Umweltbewusstsein bei der Müllentsorgung und beim Holzverbrauch als auch durch Art und Weise, wie sie Jahr für Jahr mit dem riesigen Touristenansturm umgehen.

Die Probleme der Abholzung und der Erosion im Himalaja wurden inzwischen auf der ganzen Welt zur Kenntnis genommen. Ausländische Helfer haben enorme Anstrengungen unternommen, um dem entgegenzuwirken, und werden dabei zunehmend von einheimischen, in verschiedenen ökologischen Bereichen ausgebildeten Sherpa unterstützt. Mit der Gründung des Sagarmatha-Nationalparks in den 1970er-Jahren wurde nicht nur mit der Wiederaufforstung begonnen, sondern auch versucht, den Sherpa die absolute Priorität dieser Maßnahmen näher zu bringen. Die Bewohner von Solu Khumbu sind es jedoch gewöhnt, Bäume als Brennholz zum Kochen und Heizen zu fällen, und können nur schwer davon abgebracht werden, wenn die Alternativen teuer und unbequem sind. Projekte wie das österreichische Wasserkraftwerk in Khumbu oder das schweizerische Wasserkraftwerk in Solu haben dabei geholfen, die Wälder zu erhalten, können jedoch den Bedarf der Region, vor allem während der Tourismus-Hochsaison, nicht vollständig decken. Sherpa-Ferienhotelbesitzer sind nur ungern bereit, zugunsten der Erhaltung des Baumbestands ihren Gästen strenge Vorschriften bezüglich Beleuchtung, Heizung und unnötigem Warmwasserverbrauch aufzuerlegen. Die Situation unterliegt dem Prinzip von Angebot und Nachfrage. Die Nachfrage ist da und nimmt stetig zu und solange es genug Brennholz gibt, um diese Nachfrage zu befriedigen, wird die Ausbeutung der natürlichen Ressourcen von Solu Khumbu weitergehen.

Westliche »Aufräumexpeditionen«, die Abfälle von den Hängen und aus den Camps des Everest entfernen, sowie Projekte, die Sherpa zur Müllbeseitigung bei Expedition anspornen sollen, indem ihnen für jede leere Sauerstoffflasche, die sie aus dem Basislager mitbringen, ein bestimmter Geldbetrag bezahlt wird, sind bewundernswert, doch die Probleme gehen viel weiter als die Verschmutzung dieses einen Bergs. Um die Auswirkungen der Menschen auf die Region – egal, ob sie dort leben oder nur vorübergehend anwesend sind – zu minimieren, bedarf es vielmehr sachkundiger und aufeinander abgestimmter Anstrengungen von Sherpa und Touristen. Angesichts der anhaltenden Ausbeutung der natürlichen Ressourcen der Region während des vergangenen Jahrzehnts entsteht der Eindruck, dass keine der beiden Parteien bereit ist, Opfer zu bringen: Die westlichen Besucher möchten nicht auf ihr leibliches Wohl verzichten und für die Sherpa hat nach wie vor der Profit höchste Priorität.

Die Zukunft der Sherpa – ihre Tradition, ihre Heimat, ihre Kultur und ihre Religion – liegt in den Händen der heutigen Generation. Diese ist zweifellos mit Hindernissen konfrontiert, nicht zuletzt durch die zunehmend flatterhafte nepalesische Politik, die dem Tourismus jederzeit vollständig einen Riegel vorschieben könnte.

Dennoch besitzt sie mehr Macht als alle Generationen vor ihr, was den Schutz und die Erhaltung ihrer Heimat und ihrer einzigartigen Kultur und Gesellschaft anbetrifft.

Von ihren Vorfahren haben die Sherpa der heutigen Generation außerordentliche Kraft, Entschlossenheit und die Liebe für die Berge geerbt. Wenn es ihnen gelingt, dieses großartige Erbe zu bewahren und es mit den Ausbildungsmöglichkeiten und der Weltlichkeit des neuen Jahrhunderts zu verbinden, ist die Zukunft des Volks der Sherpa und ihres geliebten Himalaja gesichert.

Möge der Segen von Jomo Miyolangsangma mit ihnen sein!

Dank

Zuallererst möchten wir uns bei unseren Kindern bedanken, bei Pasang Gyalpo und Dechen Lhamu, die sich im letzten Jahr mit einer Zeitrechnung von Wochen und Monaten »n. B.« – »nach dem Buch« – abfinden mussten. Jetzt können wir endlich wieder zusammen Rollerblades fahren! Außerdem möchten wir unseren lieben Freunden und Angehörigen danken, die akzeptiert haben, dass sie manchmal lange nichts von uns hörten und ihre Telefonanrufe unbeantwortet blieben, während wir uns viele Male bergauf und bergab über die Hänge des Everest tippten.

Wir danken unserer *amala* Pem Pem Tshering, deren einzigartige Erinnerungen an die Tage vor und nach der Everest-Besteigung von 1953 einige Kapitel dieses Buchs ins Leben gerufen haben und deren Liebe zu ihrer Familie und dem Himalaja ihrem Volk der Sherpa zur Ehre gereicht; und ihrer Schwester Nima Tenzing Galang, deren wunderbare, ungeschminkte Schilderung jener Zeiten uns dabei half, die Objektivität zu wahren.

Bei Coralie Younger möchte ich mich dafür bedanken, dass sie uns so lange in den Ohren lag, bis wir uns mit dem Manuskript an einen Verlag wandten. John Ferguson, Jesse Fink und Alison Urquhart von *HarperCollinsPublishers* in Australien gebührt unser Dank für ihren ungebrochenen Enthusiasmus, mit dem sie unser Projekt gefördert haben.

Zu Dank verpflichtet sind wir auch jenen, die uns während der Recherche für dieses Buch ihre kostbare Zeit widmeten und ihre unschätzbar wertvolle Hilfe zuteil werden ließen: Annelies Sutter,

»Tante Sutter« (Schweiz); Lieutenant Colonel Charles Wylie, »Onkel Wylie«, und Sheila Wylie (England); Annette Lambert, »Tante Lambert« (Schweiz); George und Mary Lowe (England); Maria Feuz, »Tante Feuz« (Schweiz); George Band (England); der inzwischen verstorbenen Leon Flory (Schweiz); John und Eileen Jackson (Wales); Ernst Hofstetter (Schweiz); Michael Ward (England); Arnold und Silvia Glatthard (Schweiz); Michael Westmacott (England); dem inzwischen verstorbenen Dolf Reist (Schweiz); Jean-Jacques Asper (Schweiz); Tony Streather (England); Norman G. Dyhrenfurth (Österreich); Amy Warring von der *Schweizerischen Stiftung für alpine Forschung*, Zürich; den wundervollen Frauen vom *British Alpine Club*, London; Joanna Wright von der *Royal Geographical Society*, London; Audrey Salkeld (England); Sir Christian Bonington (England); Dr. Samden Lhatoo (England, dessen Herz immer im Himalaja bleiben wird); Brian und Jane Pullee vom Pen-Y-Gwryd-Hotel (Wales); der *National Geographic Society*, Washington, D. C.; dem *American Alpine Club*; Paul Stuber (ehemals Rolex, Schweiz) und dem inzwischen verstorbenen John Hunt, Lord Hunt of Llanfair Waterdine, für seine Unterstützung vor und nach unserem Everest-Versuch im Jahr 1993.

In Darjeeling: unserer *amala* Pem Pem Tshering und unserem *pala* Dhendup Tshering; Dorjee und Doma Lhatoo; Nawang Gombu; Jamling Tenzing Norgay; Rabindranath Mitra; Ang Tshering; Ang Phuri; Ang Nimi; Topgay Sherpa und Pasang Phutar.

In Kathmandu: Elizabeth Hawley; Glen Tulip; Phintso Ongdi und *International Trekkers*; dem Liederexperten Razzu Tuladhar; Pertemba Sherpa; Gary McCue; Jamyang Wangmo; Tony Parr; Bikrum Pandey vom *Himalaya Centre*; Tendy Sherpa; Sonam Gyalchhen Sherpa von *Sherpa Sewa Kendra* und dem inzwischen verstorbenen Babu Chhiri Sherpa (Takshindo).

Im Khumbu: Ani Mingma und Lhakpa Sonam Sherpa mit Familie (Namche); Ani Kantha mit Familie (Pheriche); Ang Dorje Sherpa

(Samde); Yangee Sherpa mit Familie (Lobuche); Kami Temba mit Familie (Thamey); Ani Pem Phuti mit Familie (Samde); Dorjee Sherpa (Thamo) und Apa Sherpa (Thamey).

In Dharamsala: Seiner Heiligkeit dem Dalai Lama, Tenzing Gyatso, für seine Liebenswürdigkeit gegenüber den Sherpa und der Familie Tenzing und für sein respektvolles Vorwort in diesem Buch.

In Delhi: Rita Gombu Marwah.

In San Francisco: Norbu Tenzing Norgay.

In Neuseeland: Sir Edmund Hillary, »Onkel Hillary«, für seine lebenslange Treue zu den Sherpa und sein überaus treffendes und herzliches Vorwort, und Colin Monteath von der *Hedgehog House Photographic Library*, Christchurch.

In Sydney: Rod Pyne und Michael Pyne für ihre schriftstellerische Hilfe und ihre moralische Unterstützung; Sonam und Tseten Tshering für ihre Ratschläge, ihre Übersetzungen und die Kinderbetreuung; Clare Forte für ihre Unterstützung und ihr Vertrauen in schweren Zeiten; Basil Mourtos für seine Fotos und seine Hilfe; Adrian Seaforth von der Austral-Fotobibliothek; Bunt Avieson und Therese Norgard vom *Hyde Park Club*, Sydney.

Außerdem möchten wir uns bei Tim und Elsbeth Cunningham aus Genf dafür bedanken, dass sie Tashi mit der ehrenvollen Aufgabe betraut haben, einen Teil der Asche von Leon Flory (Teilnehmerin der Schweizer Everest-Expedition vom Frühjahr 1952) im Mai 2000 auf dem Mount Everest zu verstreuen.

Zuletzt möchte sich Judy bei ihrer Mutter Kathleen Mary Pyne (geborene Cleary) bedanken, die ihr in jungen Jahren Tenzings Autobiographie schenkte und damit den Keim ihrer lebenslangen Leidenschaft für den Himalaja legte. Kathleen verstarb, während dieses Buch entstand.

Eine Anmerkung zur Physiologie der Sherpa

Es ist kein Geheimnis, dass sich Sherpa, ebenso wie die Yaks, die sie auf hoch gelegenen Hängen im Himalaja hüten, außerordentlich gut an große Höhen anpassen können. Woran liegt das? Die Antwort lautet ganz einfach: Weil sie in großen Höhen leben. Die Anpassung an den Lebensraum ist ein von der Natur festgelegter Prozess.

Neuere Untersuchungen haben jedoch faszinierende Facetten der Anpassung von Hochgebirgs-Völkern an ihre Umgebung ans Tageslicht gebracht und belegt, dass sich manche ethnische Gruppen aus verschiedenen Gründen besser angepasst haben als andere. Genetische Voraussetzungen spielen dabei offenbar eine entscheidende Rolle, doch es wird noch einige Zeit dauern, bis diese Vermutung bestätigt werden kann.

Sherpa sind in genetischer Hinsicht mit den Tibetern verwandt und haben sich infolge natürlicher Auslese physiologisch so entwickelt, dass ihr Organismus auch in Höhen von 3000 Meter oder mehr annähernd normal funktioniert. In diesen Regionen haben Menschen, die sonst auf Meereshöhe leben, aufgrund des abnehmenden Sauerstoffgehalts in der Atmosphäre oft schon mit körperlichen Problemen zu kämpfen. Doch selbst die Sherpa können es in puncto Leistungsfähigkeit im Hochgebirge nicht mit den Bewohnern des tibetischen Hochlands aufnehmen, die ihr ganzes Leben in Höhen von durchschnittlich 4000 Meter verbringen. Die Tibeter sind länger im Hochgebirge zu Hause als jede andere Volksgruppe – seit ungefähr 100.000 Jahren, im Vergleich zu etwa 50.000 Jahren im Fall der Altiplano-Bewohner. Deshalb hatte die natürliche Auslese bei ihnen mehr Zeit zur Verfeinerung des Anpassungsprozesses, was zur Folge hat, dass die Tibeter in dieser Hinsicht einen enormen Vorsprung haben. Sie sind die einzigen Menschen auf der Welt, deren rechte Herzkammer – die das sauerstoffarme Blut in den Lungenkreislauf pumpt – sich bei Anstrengung in großen Höhen nicht vergrößert. Sie haben sich so hervorragend akklimatisiert, dass ihr Herz verhältnismäßig problemlos mit dem niedrigen Sauerstoffgehalt der Luft zurechtkommt. Dasselbe gilt für ihre Yaks.

Bei Sherpa und südamerikanischen Indianern ist eine leichte Vergrößerung der rechten Herzhälfte festzustellen, allerdings in wesentlich geringerem Umfang als bei Menschen, die auf Meereshöhe leben. In der Regel geht von dieser Vergrößerung keine Gefahr aus, sie stellt jedoch auf jeden Fall eine Belastung für das Herz dar und kann zu Herzversagen führen. Tibeter haben in dieser Hinsicht offenbar keine oder nur geringe Probleme, da sie sich aber selten oder nie in niedrigere Regionen begeben, leiden sie unter den Symptomen chronischer Höhenkrankheit – Beschwerden, an die sie sich gewöhnt haben und die sie als Selbstverständlichkeit hinnehmen.

Wie alle Hochgebirgsvölker atmen Sherpa größere Luftmengen pro Minute und verfügen über eine etwas erhöhte Konzentration von Hämoglobin, das für den Sauerstofftransport im Blut zuständig ist. Darüber hinaus besitzen sie dichtere Kapillaren in den Muskeln, die den Sauerstofffluss bei Anstrengung verbessern. Außerdem leiden Sherpa in großen Höhen weniger unter Schlafstörungen und Gewichtsverlust, zwei der größten Probleme für Hochgebirgskletterer.

Wenn sich Menschen, die auf Meereshöhe leben, schrittweise akklimatisieren, können sie für eine kurze Zeitspanne im Hochgebirge zurechtkommen. Wird dieser begrenzte Zeitraum jedoch überschritten, lassen die körperlichen und mentalen Kräfte nach und die Unfähigkeit abzusteigen führt zum sicheren Tod.

Everest-Besteigungen durch Sherpa 1953–2000

Diese Liste wurde für den Zeitraum von 1953 bis 1999 von Elizabeth Hawley, Kathmandu, zusammengestellt und mit Peter Gillmans Aufzeichnungen für das Jahr 2000 ergänzt. Sie beinhaltet auch Nepalesen, die keine Sherpa sind, aber beim Aufstieg zum Gipfel des Everest als »Sherpa« gearbeitet haben.

489 Besteigungen durch Sherpa/Nepalesen von insgesamt 1318 Everest-Besteigungen.

⊖ ohne Flaschensauerstoff

Gipfel-besteigung	Name, Herkunft	Kletter-route	Expeditions-land	Details
29.05.53	Tenzing Norgay, Darjeeling	S-Sattel	Großbritannien	† 09.05.86
01.05.63 20.05.65	Nawang Gombu, Darjeeling	S-Sattel S-Sattel	USA Indien	
22.05.65	Sonam Gyatso, Darjeeling	S-Sattel	Italien	
24.05.65	Ang Kami, Darjeeling	S-Sattel	Indien	† 06.70
29.05.65	Phu Dorje, Khumjung	S-Sattel	Indien	† 10.69
12.05.70	Chotare, Namche	S-Sattel	Japan	† 01.94

05.05.73	Lhakpa Tenzing, Namche	S-Sattel	Italien	
05.05.73 28.08.85	Tamang Shambhu Reshango	S-Sattel N-Sattel	Italien Spanien	
07.05.73	Sonam Gyaltsen, Takshindo	S-Sattel	Italien	
16.05.75	Ang Tshering, Namche	S-Sattel	Japan	
26.09.75 01.10.79 21.04.85	Pertemba, Khumjung	SW-Flanke S-Sattel S-Sattel	Großbritannien USA Norwegen	
15.09.77	Pemba Norbu, Namche	S-Sattel	Südkorea	
03.05.78 15.05.79	Ang Phu, Khumjung	S-Sattel W-Grat	Österreich Jugoslawien	† Everest 05.79
16.10.78 23.04.90	Ang Kami, Tsermadingma Khumbu	S-Sattel S-Sattel	BRD Nepal	
16.10.78 23.05.84	Ang Dorje, Thamo	S-Sattel S-Sattel	BRD Indien	Θ Θ † Everest 10.84
16.10.78	Mingma Nuru, Khumjung	S-Sattel	BRD	Θ
01.10.79	Lhakpa Gyalzen, Phortse	S-Sattel	BRD	
02.10.79	Ang Jangbu, Pangboche	S-Sattel	BRD	
02.10.79	Ang Phurba, Namche	S-Sattel	BRD	
02.10.79 21.10.81 05.10.82 29.04.85 10.05.88	Sungdare, Pangboche	S-Sattel S-Pfeiler S-Sattel S-Sattel S-Sattel	BRD USA Kanada Norwegen Japan/China/Nepal	† 10.89

14.05.80	Pasang Temba, Lhawa/Ghat	S-Sattel	Spanien	
24.10.81	Young Tenzing (Yong/Yung Tenzing), Namche	S-Pfeiler	USA	
05.10.82 15.05.91	Lhakpa Dorje, Kunde	S-Sattel N-Sattel	Kanada USA	
07.10.82 29.04.85 26.09.88	Pema Dorje, Khumjung	S-Sattel S-Sattel S-Pfeiler	Kanada Norwegen Südkorea	
07.10.82 23.05.97 27.05.98 21.05.00	Lhakpa Tshering, Kunde	S-Sattel S-Sattel S-Sattel N-Sattel	Kanada Kanada/USA USA China	
07.05.83 15.10.84 29.04.85 22.12.87 14.10.88 23.04.90 15.05.92 16.05.93 13.05.95 23.05.96	Ang Rita, Yelanjung, Thamey	S-Sattel auf S-Pfeiler, ab S-Sattel S-Sattel S-Sattel S-Sattel S-Sattel S-Sattel S-Sattel N-Sattel S-Pfeiler	USA Tschechoslowakei Norwegen Südkorea Spanien Nepal Chile Spanien Russland Schweden	
14.05.83	Lhakpa Dorje, Phortse	S-Sattel	USA	
16.12.83	Nawang Yonden, Lukla	S-Sattel	Japan	
09.05.84	Phu Dorje, Darjeeling	S-Sattel	Indien	† 05.87
23.05.84	Dorjee Lhatoo, Darjeeling	S-Sattel	Indien	
23.05.84	Sonam Paljor, Darjeeling	S-Sattel	Indien	

21.04.85	Lhakpa Dorje,	S-Sattel	Norwegen	† Everest
	Kunde			12.88
	(Ang Lhakpa,			
	Ang Lhakpa Dorje)			
21.04.85	Dawa Norbu,	S-Sattel	Norwegen	† Everest
	Yelangjung, Thamey			10.86
29.04.85	Chowang Rinzing,	S-Sattel	Norwegen	
	Namche			
30.04.85	Ang Phurba,	S-Sattel	Norwegen	
05.05.88	Thamey Og	auf S-Sattel,	Japan/China/Nepal	
		ab N-Sattel		
16.05.93		S-Sattel	Spanien	
28.08.85	Ang Karma,		N-Sattel	Spanien
	Dhorbu Solu			
28.08.85	Shrestha Narayan,	N-Sattel	Spanien	† Everest
	Dhulikel			09.87
05.05.88	Lhakpa Nuru	auf N-Sattel,	Japan/China/Nepal	
	(Ang Lhakpa),	ab S-Sattel		
24.05.89	Kunde	S-Sattel	USA	† 12.89
05.05.88	Lhakpa Sona,	N-Sattel	Japan/China/Nepal	
	Phortse			
10.05.88	Tamang Padma	S-Sattel	Japan/China/Nepal	
	Bahadur,			
	Ramechap			
10.05.88	Tshering Dorje	N-Sattel	China	
26.09.88	Ajiwa,	S-Sattel	Frankreich	† 09.89
10.05.89	Thamey	S-Sattel	Jugoslawien	
26.09.88	Sonam Tshering,	S-Sattel	Frankreich	
10.05.89	Beding	S-Sattel	Jugoslawien	Θ
12.05.92		S-Sattel	Neuseeland	
04.10.92		S-Sattel	BRD	
22.04.93		S-Sattel	Nepal	† Everest 04.93
26.09.88	Pasang Tshering,	S-Sattel	Frankreich	
13.05.94	Beding	S-Pfeiler	Japan	
11.05.96		N-Sattel	Japan	

29.09.88	Pasang Gyaljen, Thumbuk	S-Sattel	USA	
02.10.88 10.05.90 25.05.97 18.05.99	Nima Tashi, Pangboche	S-Sattel S-Sattel S-Sattel S-Sattel	USA USA USA USA	
02.10.88	Dawa Tshering, Rimijung	S-Sattel	USA	
02.10.88 16.05.89	Phu Dorje, Pangboche	S-Sattel S-Sattel	USA USA/ Mexiko	† Everest 5.89
13.10.88	Lhakpa Sonam	S-Sattel	Frankreich	† 10.88
14.10.88 23.10.89 15.05.95 20.05.98	Nima Rita, Thamey	S-Sattel W-Grat von S S-Sattel S-Sattel	Spanien Südkorea USA USA	Θ
16.05.89	Ang Dannu, Kunde	S-Sattel	USA/Mexiko	
24.05.89 05.10.90 08.05.91 10.05.93 09.05.94	Sona Dendu (Sonam Dendu), Khumjung	S-Sattel S-Sattel S-Sattel S-Sattel S-Sattel	USA Frankreich Nepal/USA Südkorea USA	
13.10.89	Chuldin Dorje, Khumjung	S-Sattel	Japan	
13.10.89	Tchiring Chumbi Lama (Tchiring Thebe, Tshering Tshemba Lama), Nupri nördl. v. Gorkha	S-Sattel	Japan	† 12.89
23.10.89	Nuru Jangbu, Ghat	W-Grat	Südkorea	
23.04.90	Pasang Norbu, Namche	S-Sattel	Nepal	

23.04.90	Khatri Top Banadur Jhubung Gulmi	S-Sattel	Nepal	
07.05.90	Gyalbu,	N-Sattel	China	
28.05.99	Lhasa	N-Sattel		
10.05.90	Ang Jangbu Phortse	S-Sattel	USA	
10.05.90	Apa Sherpa	S-Sattel	Neuseeland	
08.05.91	Thamey Og	S-Sattel	USA/Nepal	
12.05.92		S-Sattel	Neuseeland	
09.10.92		S-Sattel	USA/Mexiko	
10.05.93		S-Sattel	USA	
10.10.94		S-Sattel	Japan	
15.05.95		S-Sattel	USA	
26.04.97		S-Sattel	Indonesien	
20.05.98		S-Sattel	USA	
26.05.99		N-Sattel	USA	
24.05.00		S-Sattel	USA	
10.05.90	Dawa Nuru	S-Sattel	USA	
10.05.93	(Danuru, Da Nuru), Phortse	S-Sattel	USA	
10.05.90	Wangyak	N-Sattel	China/USA/ UdSSR	
05.10.90	Ang Temba, Beding	S-Sattel	USA	
05.10.90	Nawang Thile	S-Sattel	Frankreich	
22.04.93	(Pemba Dorje,	S-Sattel	Nepal	
17.05.00	Ang Nawang), Beding	N-Sattel	International	
06.10.90	Babu Tshering	S-Sattel	Frankreich	
22.05.91	(Babu Chhiri	N-Sattel	Großbritannien	
10.10.93	oder Ang Babu),	N-Sattel	Großbritannien	
14.05.95	Takshindo Solu	N-Sattel	Großbritannien/Frankreich	
26.05.95		N-Sattel	Großbritannien/Frankreich	
23.05.96		S-Sattel	Frankreich	
21.05.97		S-Sattel	Großbritannien/Island	
06.–07.05.99		S-Sattel	Schweden	blieb 21 Std. auf Gipfel Θ

26.05.99		S-Sattel	Schweden	Θ
21.05.00		S-Sattel	Nepal	† Everest 04.01
06.10.90	Dawa Sange, Chaurikarka	S-Sattel	Südkorea/Japan	† 09.91
06.10.90	Pemba Dorje, Pangboche	S-Sattel	Südkorea/Japan	
07.10.90	Lhakpa Rita (Bruder von Kami Rita aus Yilajung),	S-Sattel	Jugoslawien	
15.05.92	Thamey	S-Sattel	USA	
13.05.94		S-Sattel	USA	
25.05.97		S-Sattel	USA	
07.10.90	Ang Phurba, Beding	S-Sattel	Frankreich	
07.10.90	Phinzo,	S-Sattel	USA	
16.05.93	Beding	S-Sattel	USA	
16.05.95		N-Sattel	USA	
07.10.90	Nima Dorje	S-Sattel	Frankreich	
27.05.91	(Dorje),	N-Sattel	Japan	
16.05.93	Beding	S-Sattel	Indien	
08.05.94		S-Pfeiler	Japan	
11.05.95		NO-Grat	Japan	
13.05.96		N-Sattel	Japan	
08.05.91	Ang Temba, Kunde	S-Sattel	Nepal/USA	
15.05.91	Ang Dawa, Lumsa	N-Sattel	USA	
12.05.92	Tapting,	S-Sattel	Neuseeland	
10.05.93	Solu	S-Sattel	Südkorea	
15.05.91	Gyalbu,	N-Flanke	Schweden	
06.10.93	Beding	S-Sattel	Frankreich	
18.05.96		N-Sattel	Norwegen	
23.05.97		S-Sattel	Kanada/USA	
15.05.91	Mingma Norbu, Beding	N-Flanke	Schweden	† 09.94

22.05.91 10.05.93	Chuldin Temba, Namche	N-Sattel S-Sattel	Großbritannien USA
27.05.91 19.05.98	Phinzo Norbu, Beding	N-Sattel N-Sattel	Japan Indien
12.05.92 10.05.93 09.05.94 10.05.96 23.05.97 21.05.00 07.10.00	Ang Dorje (Chuldin), Pangboche	S-Sattel S-Sattel S-Sattel S-Sattel S-Sattel S-Sattel S-Sattel	Neuseeland Neuseeland Neuseeland Neuseeland Neuseeland Kanada Slowenien
12.05.92	Ang Gyalzen, Namche	S-Sattel	USA
12.05.92	Lobsang, Darjeeling	S-Sattel	Indien
12.05.92	Nima Temba, Beding	S-Sattel	Niederlande
12.05.92 17.05.96 28.05.99	Sange, Indien	S-Sattel N-Sattel O-Flanke	Indien Indien Indien
12.05.92 14.10.95 10.05.96 23.05.97 20.05.98 27.05.98 17.10.98 22.05.00	Tashi Tshering, Pangboche	S-Sattel N-Sattel S-Sattel S-Sattel S-Sattel S-Sattel S-Sattel S-Sattel	Neuseeland Südkorea USA Kanada/USA USA USA Nepal USA
12.05.92	Wangchuk Makalu Barun	S-Sattel	Indien
12.05.92 22.04.93 06.10.93 13.05.94 17.05.96 18.05.98	Dawa Tashi Beding	S-Sattel S-Sattel S-Sattel S-Pfeiler N-Sattel N-Sattel	Niederlande Nepal Frankreich Japan Norwegen Indien

12.05.92 11.10.94 23.05.97 26.05.99 20.05.00	Dawa Temba, Thamo	S-Sattel S-Sattel S-Sattel S-Sattel S-Pfeiler/ SO-Grat	USA Großbritannien Malaysia Schweden Dänemark	
15.05.92	Ang Phuri, Sailung Beni Solu	S-Sattel	Chile	
15.05.92 28.09.92 22.04.93 09.10.93 08.05.94 01.05.95	Lhakpa Nuru, Karikhola	S-Pfeiler S-Sattel S-Sattel N-Sattel S-Pfeiler NO-Grat	Spanien Italien Nepal Großbritannien Japan Japan	 † Everest 09.95
15.05.92 22.04.93	Pemba Norbu (Nuru), Monjo Chaurikarka	S-Pfeiler S-Sattel	Spanien Nepal	
15.05.92 10.05.93 07.10.93 13.05.94 11.10.94 27.05.97 05.05.99 17.05.00	Dorjee (Lambu Dorjee, Big Dorjee), Thamo	S-Sattel S-Sattel S-Sattel S-Sattel S-Sattel S-Sattel S-Sattel S-Sattel	USA Indien Großbritannien USA Großbritannien Großbritannien USA International	
15.05.92 13.05.94 26.05.99	Tamang, Man Bahadur (Gopal) Jangding, Salleri	S-Sattel S-Sattel N-Sattel	USA USA Georgien	
09.10.92 16.05.93 14.05.95 26.09.96 17.10.98	Kaji (Pasang Kami, Pasang Kazi), Loding, Junbesi	S-Sattel S-Sattel N-Sattel N-Sattel S-Sattel	USA/Mexiko Südkorea USA Indonesien Nepal	 Aufstieg auf Zeit Θ
13.04.93	Ngati, Phortse	auf N-Sattel, ab S-Sattel	Südkorea	† 03.97
22.04.93	Mrs Pasang Lhamu, Lukla	S-Sattel	Nepal	† Everest 04.93

10.05.93	Ang Chumbi unbekannt	S-Sattel	Neuseeland	
10.05.93	Ang Tshering Kunde	S-Sattel	Südkorea	
10.05.93	Gurung Motilal, Sedua	S-Sattel	USA	
10.05.93 17.05.96 25.05.98 28.05.99	Kusang Dorje, Darjeeling	S-Sattel N-Sattel S-Sattel O-Flanke	Indien Indien Großbritannien Indien	
10.05.93	Lobsang Tshering Bhutia, Darjeeling	S-Sattel	Australien	† Everest 10.05.93
10.05.93 16.05.93 07.10.93 09.10.93 08.05.94 17.05.96 23.05.97 18.05.98 05.05.99	Na (Nga)Temba, Sikli, nahe Karikhola	S-Sattel S-Sattel S-Sattel S-Sattel S-Pfeiler N-Sattel S-Sattel N-Sattel S-Sattel	Indien Indien Großbritannien Großbritannien Japan Japan Malaysia Japan USA	
10.05.93 09.10.93 09.05.94 10.05.96 27.05.98 18.05.00	Norbu (Nuru), Beding	S-Sattel S-Sattel S-Sattel S-Sattel S-Sattel N-Sattel	Neuseeland Frankreich Neuseeland Neuseeland USA Japan/Österreich	
10.05.93 07.10.93 14.05.95	Ongda Chiring (Wangda Tshering), Dinching, Sedua (Makalu)	S-Sattel S-Pfeiler N-Sattel	Indien Spanien USA	
10.05.93	Pemba Temba, Pangboche	S-Sattel	USA	
10.05.93	Rinzin, Tapting, Solu	S-Sattel	Südkorea	

16.05.93	Dorje,	S-Sattel	USA	
	Tapting, Solu			
16.05.93	Jangbu,	S-Sattel	Spanien	
	Lumsa, Salleri			
16.05.93	Lobsang Jangbu	S-Sattel	Indien	
09.05.94	Sangbu, Beding	S-Sattel	USA	Θ
07.05.95		S-Sattel	Neuseeland	Θ
10.05.96		S-Sattel	USA	Θ
				† Everest
				21.9.96
16.05.93	Nima Norbu	S-Sattel	Indien	
	Dolma,			
	Darjeeling			
16.05.93	Durga Tamang	S-Sattel	USA	
	unbekannt			
16.05.93	Tenzing,	S-Sattel	Indien	
09.10.93	Thamey	S-Sattel	Großbritannien	
10.05.96		S-Sattel	USA	
23.05.97		S-Sattel	Großbritannien	
12.05.99		S-Sattel	Großbritannien	
18.05.00		N-Sattel	Japan/Österreich	
17.05.93	Ang Pasang,	S-Sattel	Großbritannien	
25.05.97	Pangboche	S-Sattel	USA	
18.05.00		S-Sattel	Nepal	
17.05.93	Kami Tshering	S-Sattel	Großbritannien	
23.05.97	(Ang Tshering),	S-Sattel	Kanada/USA	
22.05.00	Pangboche	S-Sattel	USA	
06.10.93	Panuru,	N-Sattel	Südkorea	
11.10.96	Phortse	S-Sattel	Südkorea	
27.05.98		N-Sattel	USA	
07.10.93	Pasang Kami,	S-Sattel	Großbritannien	
11.05.95	Karikhola	NO-Grat	Japan	
11.05.96		N-Sattel	Japan	
18.05.98		N-Sattel	Japan	
09.10.93	Ang Pasang	S-Sattel	Großbritannien	
	Karikhola			

09.10.93	Lhakpa Gelu	S-Sattel	Großbritannien	
24/05/95	(Bruder von	N-Sattel	Großbritannien	
19.05.96	Dawa Norbu),	N-Sattel	Großbritannien	
23.05.97	Ruptsa, nahe	S-Sattel	Großbritannien	
24.05.98	Kharikola	N-Sattel	Südafrika	
13.05.99		S-Sattel	Großbritannien	
17.05.00		S-Sattel	International	
09.10.93	Nima Gombu	S-Sattel	Frankreich	
09.05.94	(Gombu),	S-Sattel	Neuseeland	
10.05.96	Beding	S-Sattel	Taiwan	
25.05.98		S-Sattel	Großbritannien	
12.05.99		S-Sattel	Großbritannien/USA	
24.05.00		S-Sattel	International	
08.05.94	Dawa Tshering,	S-Pfeiler	Japan	
11.05.95	Beding	NO-Grat	Japan	
17.05.96		N-Sattel	Norwegen	
13.05.94	Chuwang Nima	S-Sattel	USA	
10.10.94	(Chhewang Nima),	S-Sattel	Japan	
13.05.96	Thamey	N-Sattel	Japan	
26.09.96		N-Sattel	Indonesien	
19.05.98		N-Sattel	Japan	
05.05.99		S-Sattel	USA	
18.05.99		S-Sattel	USA	
23.05.00		S-Sattel	USA/Kanada	
13.05.94	Kami Rita (Topke),	S-Sattel	USA	
25.05.97	Yilajung, nahe	S-Sattel	USA	
15.05.98	Thamey	S-Sattel	Singapur	
13.05.99		S-Sattel	Großbritannien	
23.05.00		S-Sattel	USA/Kanada	
13.05.94	Nima Temba, Lukla	S-Pfeiler	Japan	
10.10.94	Dawa Tshering,	S-Sattel	Japan	
13.05.96	Thamey	N-Sattel	Japan	
26.09.96		N-Sattel	Indonesien	
19.05.98		N-Sattel	Japan	
13.09.99		S-Sattel	Japan	
12.05.95	Lhakpa Dorje	N-Sattel	Taiwan	
23.05.96	Karima, Solu	S-Sattel	USA	Θ

12.05.95	Tenzing Nuru,	N-Sattel	Taiwan	
25.05.97	Yilajung Namche	S-Sattel	USA	† Everest 25.5.97
12.05.95	Mingma Tshering,	N-Sattel	Taiwan	
10.05.96	Beding	S-Sattel	Taiwan	
23.05.97		S-Sattel	Neuseeland	
19.05.98		N-Sattel	Japan	
05.05.99		S-Sattel	Schweden	
17.05.00		N-Sattel	Japan/Österreich	
15.05.95	Arita (Bruder von	S-Sattel	USA	
20.05.98	Apa Sherpa),	S-Sattel	USA	
24.05.00	Thamey	S-Sattel	USA	
16.05.95	Jangbu,	N-Sattel	USA	
23.05.96	Changba Tapting,	S-Sattel	USA	
23.05.97	Solu	S-Sattel	USA	
16.05.95	Musal Kaji Tamang, Gorakhani, Solu	N-Sattel	USA	
24.05.95	Tshering Dorje	N-Sattel	Großbritannien	
13.05.99	Karikhola	S-Sattel	Großbritannien	
26.05.95	Karsang (Ang	N-Sattel	Großbritannien	
25.05.98	Ritas Sohn),	N-Sattel	Neuseeland/Japan	
27.05.99	Thamey	N-Sattel	Neuseeland	
26.05.95	Lama Jangbu,	N-Sattel	Großbritannien	
25.05.96	Karikhola	S-Sattel	Südafrika	
24.05.98		N-Sattel	Südafrika	
29.05.99		N-Sattel	Südafrika/Großbritannien	
16.05.00		S-Sattel	Großbritannien	
26.05.95	Lobsang Temba,	N-Sattel	Großbritannien	
27.05.99	Khumjung	N-Sattel	Neuseeland	
14.10.95	Keepa (Kipa),	SW-Flanke	Südkorea	
11.10.96	Hille nahe	S-Sattel	Südkorea	
27.05.97	Karikhola	S-Sattel	Großbritannien	
14.10.95	Ang Dawa Tamang	SW-Flanke	Südkorea	
11.10.96	(Dawa),	S-Sattel	Südkorea	
07.05.97	Gorekhani, Solu	N-Sattel	Südkorea	

14.10.95	Zangbu, Nele nahe Paphlu	N-Sattel	Südkorea	† Everest 14.10.95
10.05.96	Dorje Morup, Darjeeling	N-Sattel	Indien	† 05.96
10.05.96 19.05.00	Nawang Dorje (Da Nawang Dorje), Rolwaling	S-Sattel N-Sattel	USA Japan/Österreich	
10.05.96	Tsewang Paljor, Darjeeling	N-Sattel	Indien	† Everest 10/11.05.96
10.05.96	Tsewang, Smanla	N-Sattel	Indien	† Everest 10/11.05.96
11.05.96 26.09.96 18.05.98	Ang Gyalzen, Wong, Thamey	N-Sattel N-Sattel N-Sattel	Japan Indonesien Japan	
17.05.96	Pemba Tsering, Thamo	N-Sattel	Japan	
17.05.96	Nadra, Indien	N-Sattel	Indien	
19.05.96	Mingma Dorje, Karikhola	N-Sattel	Großbritannien	
19.05.96	Phur Gyalzen, Karikhola	N-Sattel	Großbritannien	
23.05.96 21.05.97 06.05.99 26.05.99 21.05.00	Dawa, Takshindo	S-Sattel S-Sattel S-Sattel S-Sattel S-Sattel	Frankreich Großbritannien Schweden Schweden Nepal	
23.05.96 23.05.97 25.05.98 05.05.99 17.05.00	Dorje Nunthala, Solu	S-Sattel S-Sattel S-Sattel S-Sattel S-Sattel	USA USA Singapur Kanada International	
23.05.96	Jamling Tenzing Norgay, Darjeeling	S-Sattel	USA	

23.05.96	Muktu Lhakpa, Tashigaon, Makalu	S-Sattel	USA
23.05.96	Thilen (Bruder von Muktu Lhakpa), Tashigaon	S-Sattel	USA
25.05.96	Ang Dorje, Tate, Khumbu	S-Sattel	Südafrika
25.05.96 25.05.97 29.05.99	Pemba Tenji (Tenjee, Pekka Tenja) Chatu, Solu	S-Sattel S-Sattel N-Sattel	Südafrika USA Südafrika
26.09.96 23.05.97 20.05.98 05.05.99	Gyalzen, Loding	N-Sattel S-Sattel N-Sattel S-Sattel	Indonesien Malaysia Japan USA
27.04.97 18.05.98	Dawa Nuru (Norbu), Thamey	S-Sattel N-Sattel	Indonesien Indien
21.05.97	Danuri (Danu), Simigaon, Rolwaling	S-Sattel	Nepal
23.5.97	Ang Phuri Gyalzen, Sikli, nahe Karikhola	S-Sattel	Malaysia
23.05.97 20.05.98	Dawa (Datenzi), Karikhola	S-Sattel S-Sattel	Großbritannien Iran
23.05.97 05.05.99	Kami Pagam, Kerung	S-Sattel S-Sattel	USA Schweden
23.05.97 25.05.98 27.05.99	Fura Dorje Sotang, Solu	S-Sattel S-Sattel N-Sattel	Malaysia Singapur Mexiko
23.05.97	Tashi Tenzing, Darjeeling	S-Sattel	Neuseeland
25.05.97 26.05.99	Mingma Chhiri (Tshering), Thamey	S-Sattel S-Sattel	USA Mexiko
27.05.97 27.05.98 18.05.99	Dawa Sona Pangboche	S-Sattel S-Sattel S-Sattel	Großbritannien/USA USA USA

29.05.97	Tenzing Dorje China	N-Sattel	China
18.05.98 18.05.00	Ang Mingma, Yilaung, nahe Thamey	N-Sattel S-Sattel	Japan Nepal
18.05.98	Nawang Tenzing (Tenzing), Beding	N-Sattel	Indien
18.05.98	Thomting Beding	N-Sattel	Indien
19.05.98 13.05.99 17.05.00	Nima Gyalzen, Beding	N-Sattel S-Sattel N-Sattel	Indien Großbritannien Japan
19.05.98 13.06.99 19.05.00	Pasang Kitar, Beding	N-Sattel S-Sattel N-Sattel	Japan Großbritannien Japan/Österreich
19.05.98	Tshering Dorje, Rolwaling	N-Sattel	Japan
20.05.98	Ang Pasang, Thamey	S-Sattel	USA
20.05.98	Chuldim, Khumjung	S-Sattel	Iran
20.05.98	Chuldim Nuru, Phute, nahe Thamey	S-Sattel	USA
20.05.98	Gyalzen, Phute, nahe Thamey	S-Sattel	USA
20.05.98 24.05.00	Pemba Norbu, Namche	S-Sattel S-Sattel	USA USA
20.05.98 13.05.99	Pemba Rinzi (Bruder von Tshering Dorje), Karikhola	S-Sattel S-Sattel	Iran Großbritannien
22.05.98	Dawa, Loding	N-Sattel	Japan

25.05.98	Dawa Nuru, Phortse	N-Sattel	USA
25.05.98	Lhakpa Rita, Phortse	N-Sattel	USA
25.05.98	Nawang Phurbu, Beding	S-Sattel	Singapur
25.05.98 06.05.99 26.05.99	Nima Dorje (Bocha Lama), Makalu-Barun	S-Sattel S-Sattel S-Sattel	Großbritannien Schweden Schweden
25.09.98 13.05.99	Nima Wangchu, Kamujung	N-Sattel S-Sattel	Großbritannien Japan
26.05.98 05.05.99	Pasang Tshering (Ang Tsering), Pangboche	S-Sattel S-Sattel	Großbritannien Großbritannien
26.05.98 13.05.99	Pasang Dawa (Pa Dawa), Pangboche	S-Sattel S-Sattel	Großbritannien Großbritannien
05.05.99	Ang Chiri, Beding	S-Sattel	Schweden
05.05.99	Chhongra Nuru, Taka, Solu	S-Sattel	Kanada
05.05.99 22.05.00	Phu Tashi, Pangboche	S-Sattel S-Sattel	USA USA
12.05.99 22.05.00	Chewang Dorje, Thamey	S-Sattel S-Sattel	Georgien USA
12.05.99 19.05.00	Nawang Tenzing, Phortse	S-Sattel N-Sattel	Georgien Japan
13.05.99 17.05.00	Dawa Nurbu (Damuru, Bruder von Lhakpa Gelu), Karikhola	S-Sattel S-Sattel	Großbritannien International
13.05.99 24.05.00	Nawang Wangchu (Ngawang Wangchuk), Chaplung, Chaunrikarka	S-Sattel S-Sattel	Japan International

13.05.99	Tamang, Krishna Bahadur (Jeta), Kanku, Solu	S-Sattel	Japan
26.05.99	Lhakpa Nuru Thamey	S-Sattel	Mexiko
26/05/99	Nanda Dorje (Nawang Chumbi), Khumjung	N-Sattel	USA
26.05.99	Samdu Arun, Makalu	N-Sattel	Italien
27.05.99	Phurba Tashi, Khumjung	N-Sattel	Neuseeland
28.05.99	Pemba Tashi China	N-Sattel	China
28.05.99	Tashi Tshering (Zhgshiciren), Tibet	N-Sattel	China
16.05.00	Thamting	S-Sattel	Spanien
16.05.00	Nima Nuru	S-Sattel	Spanien
16.05.00	Pemba Gyalzen	S-Sattel	Großbritannien
17.05.00	Phinzo	N-Sattel	Japan
17.05.00	Palden Namgye	N-Sattel	Japan
17.05.00	Pemba Gyalzen II	N-Sattel	Japan/Österreich
17.05.00	Pemba Dorji II	N-Sattel	Japan
18.05.00	Lhakpa Sherpa	S-Sattel	Nepal
18.05.00	Ang Phurba	S-Sattel	Nepal
19.05.00	Pemba Doma	N-Sattel	International
19.05.00	Gyalu Lama	N-Sattel	Japan
19.05.00	Pasang Kami	N-Sattel	Japan
20.05.00	Dawa Chiri	S-Pfeiler SO-Grat	Dänemark

21.05.00	Nima Dawa	S-Pfeiler SO-Grat	Dänemark
21.05.00	Lhakpa Tshering II	S-Sattel	Kanada
21.05.00	Mingma Tenzing	S-Sattel	Kanada
21.05.00	Mingma	S-Sattel	Kanada
21.05.00	Tenzing Dorje	S-Sattel	Kanada
21.05.00	Nuru Wangdi	S-Sattel	Kanada
21.05.00	Karchen Dawa	S-Sattel	Kanada
22.05.00	Pasang Tshering III	S-Sattel	Polen
23.05.00	Mingma Chiri	S-Sattel	USA/Kanada
24.05.00	Lhakpa Tshering III	S-Sattel	USA
24.05.00	Kami Rita II	S-Sattel	USA
24.05.00	Pemba Tshering II	S-Sattel	USA
24.05.00	Pemba Chuti	S-Sattel	USA
24.05.00	Pasang Tharke	S-Sattel	USA
24.05.00	Nima (Ang Nima)	S-Sattel	USA
24.05.00	Dawa Jangbu	S-Sattel	USA
26.05.00	Mingma Nuru II	S-Sattel	International
27.05.00	Lhakpa Gyalzen II	N-Sattel	Spanien/Argentinien
07.10.00	Pasang Tenzing	S-Sattel	Slowenien

Bibliographie

Binsack, Evelyne, *Schritte an der Grenze*. Frederking & Thaler, München 2004

Bonington, Chris, *The Everest Years: A Climber's Life*. Viking, New York 1987

Habeler, Peter, *Der einsame Sieg*. Frederking & Thaler, München 2000

Groom, Mike, *Sheer Will*. Heinemann, Sydney 1997

Hillary, Edmund, *Ich stand auf dem Everest*. Brockhaus, Wiesbaden 1956

Hillary, Edmund, *Die Abenteuer meines Lebens. Der Himalaja und andere Herausforderungen*. Ullstein, München 2001

Hillary, Edmund, *Wer wagt, gewinnt*. Frederking & Thaler, München 2002

Hunt, John, *Kampf und Sieg*. Ullstein, Wien 1954

Krakauer, Jon, *In eisige Höhen*. Piper, München 2000

Shipton, Eric, *Upon that Mountain*. Hodder & Stoughton, London 1943

Tenzing, Norgay, *Der Tiger vom Everest*. Rheinische Verlags-Anstalt, Wiesbaden 1955

Venables, Stephen, *Everest*. Frederking & Thaler, München 2003

Younghusband, Francis, *The Epic of Mount Everest*. Arnold, London 1926

Bildnachweis

Band, George / Royal Geographical Society (RGS) BT I, S. 5 o.
Chris Bonington Picture Library BT II, S. 6 o.l.
Dyhrenfurth, Norman G. / Schweizerische Stiftung für alpine Forschung BT I, S. 2
Feuz, Maria BT I, S. 7 o.
Friedli, Peter BT I, S. 8 u.r.
Galang, Nima Tenzing BT I, S. 8 o.l.
Gregory, Alfred / RGS BT I, S. 3
Hedgehog House Photographic Library BT I, S. 8 o.r.
Hillary, Edmund / RGS BT I, S. 4
Jackson, John BT II, S. 4 u.
Jamling Tenzing Norgay Collection BT II, S. 2 o.
Kellas, Alexander / RGS BT I, S. 1 o.
Lowe, George / RGS BT I, S. 8 u.l.
RGS BT I, S. 1 u.
Tashi Tenzing Photo Library BT II, S.1, 2 u., 3, 4 o., 5, 6 o.r., 6 u., 7, 8
Tenzing, Familie S. 4, BT I, S. 5 u., 6
Wylie, Lt. Col. Charles BT I, S. 7 u.

REISEN · MENSCHEN · ABENTEUER

NATIONAL GEOGRAPHIC TASCHENBÜCHER
VON FREDERKING & THALER

EISIGE WELTEN

Jon Turk
Abenteuer im Eismeer
Mit Kajak und Hundeschlitten unterwegs
ISBN 3-89405-172-8

Abenteuer Ehe, Abenteuer Eismeer: Bei den Expeditionen von Jon und seiner Frau Chris, ob mit Kajak oder Hundeschlitten, verbindet sich beides zu Grenzerfahrungen im ursprünglichen Sinne. Auch wenn das Ziel sich oft als etwas anderes erweist als vermutet …

John Harrison
Wo das Land zu Ende ist
Von Patagonien in die Antarktis
ISBN 3-89405-173-6

Seit Bruce Chatwin ist Patagonien ein klassisches Ziel für Abenteurer. Doch Harrison weiß nicht nur mehr über Geographie, Geschichte und Natur, er gelangt auch weiter nach Süden: Ein Eisbrecher bietet ihm die Chance, zur Antarktis zu gelangen …

Farley Mowat
Verlorene Wege
Das Schicksal einer Inuit-Familie
ISBN 3-89405-176-0

Eine komplexe Geschichte: ein Doppelmord, eine zerstörte Familie, ein vertriebenes Volk. Eine Inuit-Frau macht sich auf die Suche nach ihren Wurzeln und deckt den Hintergrund einer Tragödie auf: die Eroberung von Kanadas Norden durch die Weißen.

So spannend wie die Welt.

NATIONAL GEOGRAPHIC
FREDERKING & THALER
www.frederking-thaler.de